# A AÇÃO POPULAR COMO INSTRUMENTO DE INVALIDAÇÃO DA SENTENÇA LESIVA AO PATRIMÔNIO PÚBLICO

Lúcio Eduardo de Brito

*Prefácio*
Humberto Theodoro Júnior

# A AÇÃO POPULAR COMO INSTRUMENTO DE INVALIDAÇÃO DA SENTENÇA LESIVA AO PATRIMÔNIO PÚBLICO

Belo Horizonte

2010

© 2010 Editora Fórum Ltda.

É proibida a reprodução total ou parcial desta obra, por qualquer meio eletrônico, inclusive por processos xerográficos, sem autorização expressa do Editor.

Conselho Editorial

Adilson Abreu Dallari
André Ramos Tavares
Carlos Ayres Britto
Carlos Mário da Silva Velloso
Carlos Pinto Coelho Motta
Cármen Lúcia Antunes Rocha
Clovis Beznos
Cristiana Fortini
Diogo de Figueiredo Moreira Neto
Egon Bockmann Moreira
Emerson Gabardo
Fabrício Motta
Fernando Rossi
Flávio Henrique Unes Pereira

Floriano de Azevedo Marques Neto
Gustavo Justino de Oliveira
Jorge Ulisses Jacoby Fernandes
José Nilo de Castro
Juarez Freitas
Lúcia Valle Figueiredo (*in memoriam*)
Luciano Ferraz
Lúcio Delfino
Márcio Cammarosano
Maria Sylvia Zanella Di Pietro
Oswaldo Othon de Pontes Saraiva Filho
Paulo Modesto
Romeu Felipe Bacellar Filho
Sérgio Guerra

Luís Cláudio Rodrigues Ferreira
Presidente e Editor

Coordenação editorial: Olga M. A. Sousa
Revisão: Adalberto Nunes Pereira Filho
Bibliotecário: Ricardo Neto – CRB 2752 – 6ª Região
Projeto gráfico: Walter Santos
Capa e formatação: Bruno Lopes

Av. Afonso Pena, 2770 – 15º/16º andares – Funcionários – CEP 30130-007
Belo Horizonte – Minas Gerais – Tel.: (31) 2121.4900 / 2121.4949
www.editoraforum.com.br – editoraforum@editoraforum.com.br

---

B862a    Brito, Lúcio Eduardo de

A ação popular como instrumento de invalidação da sentença lesiva ao patrimônio público / Lúcio Eduardo de Brito; prefácio de Humberto Theodoro Júnior. Belo Horizonte: Fórum, 2010.

234 p.
ISBN 978-85-7700-361-7

1. Direito público. 2. Direito administrativo. 3. Direito constitucional. 4. Direito processual civil. I. Theodoro Júnior, Humberto. II. Título.

CDD: 341
CDU: 342

---

Informação bibliográfica deste livro, conforme a NBR 6023:2002 da Associação Brasileira de Normas Técnicas (ABNT):

BRITO, Lúcio Eduardo de. *A ação popular como instrumento de invalidação da sentença lesiva ao patrimônio público*. Belo Horizonte: Fórum, 2010. 234 p. ISBN 978-85-7700-361-7.

*Dedico a presente obra ao cidadão brasileiro e
a todos os operadores do Direito que atuam na
defesa do patrimônio público e da moralidade
administrativa.*

Agradeço aos que direta e indiretamente contribuíram para a conclusão desta obra, em especial aos meus pais, Pedro e Alzira, pelo amor e educação que me deram; à esposa Nádia e aos filhos Pedro e Paulo, pela paciência e o tempo suprimido de convivência durante os longos estudos; aos Doutores Luiz Carlos Figueira de Melo e Leosino Bizinoto Macedo, dedicados orientadores, que foram verdadeiros amigos, proporcionando um crescimento cultural rico e agradável; ao Professor Humberto Theodoro Júnior, processualista que admiro desde os tempos da Faculdade, meu examinador na banca de Mestrado, que gentilmente se dispôs a prefaciar esta obra; ao Doutor Lúcio Delfino, pela indispensável ajuda que viabilizou a publicação deste livro.

*O princípio da supremacia requer que todas as situações jurídicas se conformem com os princípios e preceitos da Constituição.* *

---

\* SILVA, José Afonso. *Curso de direito constitucional positivo.* 19. ed. São Paulo: Malheiros, 2001. p. 46.

# Sumário

PREFÁCIO
**Humberto Theodoro Júnior** .................................................... 15

INTRODUÇÃO .................................................................................... 19

CAPÍTULO 1
## MANIFESTAÇÃO HISTÓRICA DA AÇÃO POPULAR .................. 25
1.1      Ação popular: instrumento de exercício da democracia ............. 25
1.1.1    Importância política da ação popular ............................... 25
1.1.2    Democracia ..................................................................... 29
1.1.3    Papel da ação popular no exercício da cidadania ..................... 35
1.2      Origem e evolução da ação popular ................................... 37
1.2.1    A origem no Direito Romano ............................................. 37
1.2.2    A Idade Média ................................................................. 39
1.2.3    Renascimento da ação popular no Direito contemporâneo ......... 40

CAPÍTULO 2
## AÇÃO POPULAR NOS DIREITOS ALIENÍGENA E BRASILEIRO ................................................................................ 43
2.1      O direito estrangeiro ....................................................... 43
2.1.1    Breve análise da legislação alienígena ............................... 43
2.1.1.1   Portugal ........................................................................ 43
2.1.1.2   Espanha ......................................................................... 46
2.1.1.3   Itália .............................................................................. 50
2.1.1.4   França ............................................................................ 53
2.1.1.5   Alemanha ....................................................................... 55
2.2      Ação popular no Direito brasileiro ..................................... 58
2.2.1    A introdução da ação popular na legislação pátria ................. 58
2.2.2    Ação popular e outras ações constitucionais ........................ 62
2.2.2.1   Ação popular e *habeas corpus* ............................................ 62
2.2.2.2   Ação popular e mandado de segurança ............................... 63
2.2.2.3   Ação popular e mandado de injunção .................................. 66
2.2.2.4   Ação popular e *habeas data* .............................................. 67
2.2.2.5   Ação popular e ação civil pública ...................................... 68

## CAPÍTULO 3
## AÇÃO POPULAR: NATUREZA JURÍDICA, OBJETO E CONDIÇÕES ..................................................................................... 73

| | | |
|---|---|---|
| 3.1 | Natureza jurídica da ação popular ......................................... 73 |
| 3.2 | Objeto da Ação Popular .......................................................... 75 |
| 3.2.1 | Tradicional objeto da ação popular ....................................... 75 |
| 3.2.2 | Violação do princípio da moralidade decorrente da lesão ......... 88 |
| 3.3 | Condições e requisitos da ação popular ................................ 91 |
| 3.3.1 | Condições da ação em geral .................................................... 91 |
| 3.3.1.1 | Possibilidade jurídica do pedido na ação popular .................... 96 |
| 3.3.1.2 | O interesse processual de agir na ação popular ..................... 99 |
| 3.3.1.3 | A legitimidade de partes na ação popular ............................. 103 |
| 3.3.1.3.1 | "Cidadania mínima", como crítica à exigência da qualidade de eleitor .................................................................................. 107 |

## CAPÍTULO 4
## PONTOS CONTROVERTIDOS DA AÇÃO POPULAR ..................... 109

| | | |
|---|---|---|
| 4.1 | O prazo para propor ação popular ....................................... 109 |
| 4.1.1 | O prazo do art. 21 da Lei nº 4.717/65 .................................. 109 |
| 4.1.2 | Interesse coletivo *versus* interesse individual ..................... 113 |
| 4.1.3 | O art. 21 da Lei nº 4.717/65 e a sentença inexistente ............. 115 |
| 4.1.4 | Da não recepção do art. 21 da Lei nº 4.717/65 pela Constituição de 1988 ....................................................... 117 |
| 4.2 | Reconvenção ......................................................................... 120 |
| 4.3 | Sentença lesiva proferida em ação popular ........................ 123 |
| 4.3.1 | Ação popular improcedente por deficiência de prova e a coisa julgada .......................................................................... 124 |
| 4.3.2 | Ação popular infundada e extinção do processo por carência de ação ................................................................... 127 |
| 4.4 | O acórdão lesivo ao patrimônio público ............................. 129 |
| 4.5 | Limites para a invalidação de sentença ou acórdão lesivo ao erário .................................................................................. 132 |

## CAPÍTULO 5
## ATO JURISDICIONAL E COISA JULGADA ................................... 135

| | | |
|---|---|---|
| 5.1 | Ato jurisdicional .................................................................. 135 |
| 5.1.1 | Ato tipicamente jurisdicional .............................................. 135 |
| 5.1.2 | O tratamento jurisprudencial .............................................. 142 |
| 5.1.3 | Sujeição do ato jurisdicional ao princípio da moralidade ......... 147 |
| 5.2 | O instituto da coisa julgada ................................................ 151 |
| 5.2.1 | A coisa julgada ..................................................................... 151 |
| 5.2.2 | A coisa julgada material e formal ........................................ 154 |

| | | |
|---|---|---|
| 5.2.3 | Eficácia da sentença e sua imutabilidade | 157 |
| 5.2.4 | Limites objetivos da coisa julgada | 159 |
| 5.2.5 | Limites subjetivos da coisa julgada | 161 |
| 5.2.6 | Fundamentos e teorias da coisa julgada | 163 |

## Capítulo 6
## Coisa Julgada Inconstitucional e as Novas Concepções ... 169

| | | |
|---|---|---|
| 6.1 | Coisa julgada inconstitucional | 169 |
| 6.1.1 | Enquadramento normativo da coisa julgada | 169 |
| 6.1.2 | Coisa julgada e justiça da decisão | 170 |
| 6.2 | Posicionamentos doutrinários | 174 |
| 6.2.1 | O ponto de vista do português Paulo Otero | 175 |
| 6.2.2 | A tese de Humberto Theodoro Júnior e Juliana Cordeiro de Faria | 177 |
| 6.2.3 | As ideias de Cândido Rangel Dinamarco | 179 |
| 6.2.4 | O pensamento do Ministro José Augusto Delgado | 181 |
| 6.2.5 | Os argumentos de Alexandre Freitas Câmara | 182 |
| 6.2.6 | A tese de Teresa Arruda Alvim Wambier e José Miguel Garcia Medina | 184 |
| 6.3 | Síntese das novas concepções doutrinárias | 187 |

## Capítulo 7
## A Invalidação do Ato Jurisdicional Lesivo ao Erário Público ... 191

| | | |
|---|---|---|
| 7.1 | A coisa julgada lesiva ao erário público | 191 |
| 7.2 | A invalidação da sentença lesiva através de ação popular e os seus limites | 194 |
| 7.3 | Limites para invalidação da sentença lesiva através de ação popular | 205 |
| 7.4 | Sentença imoral, sentença inexistente | 206 |

## Conclusão ... 219

## Referências ... 225

# Prefácio

O presente estudo de Lúcio Eduardo de Brito é da mais evidente atualidade. Insere-se no movimento jurisdicional, doutrinário e legal que busca outras dimensões para o antigo instituto da coisa julgada, despindo-a da aura de sacralidade que lhe conferia um caráter de absoluta intangibilidade, para equacioná-la com o moderno Estado Democrático de Direito e melhor avaliá-la à luz da supremacia das normas, princípios e valores consagrados e tutelados na ordem constitucional.

O terreno palmilhado pelo cuidadoso ensaio é, sem dúvida, de percurso penoso, dada a complexidade do tema e o apego arraigado a tradições e preconceitos que teimam em se manter, sem embargo do atrito em que se põem com os desígnios traçados pelas constituições de nosso tempo, por exigências éticas que o direito até pouco tempo fazia questão de ignorar, mas que se tornaram os pilares de sustentação política e social do Estado Democrático de Direito.

Por mais que se resista à modernidade, ninguém pode ocultar a verdade de que a sociedade tem consciência da estrutura estatal hodierna fundada, antes e acima de tudo, nos direitos fundamentais, como garantia suprema de toda a ordem jurídica positiva.

Enquanto no Estado liberal, a preocupação maior era com a segurança jurídica, dentro da qual a coisa julgada desempenhava papel de grande dimensão, o Estado Democrático de Direito, tem como traço caracterizante os valores éticos, com os quais se pretende "construir uma sociedade livre, justa e solidária" (CF, art. 3º, I), cujo epicentro se localize no respeito e tutela da "dignidade da pessoa humana" (CF, art. 1º, III).

De um estado expectador e neutro, em que a visão liberal se contentava em declarar a liberdade e igualdade de todos, passou-se ao estado atuante, não apenas declarador, mas agente comprometido com a realização de todos os direitos fundamentais e com a política de efetivação das liberdades, da justiça e da solidariedade social.

Num quadro como este, de valorização dos princípios éticos constitucionalizados, era inevitável que o instituto da coisa julgada fosse revisitado e viesse a perder seus vínculos apenas com a fria justificação de segurança jurídica.

É o que o legislador, impulsionado pela doutrina mais evoluída, tem feito nos últimos tempos, já que o Estado Democrático de Direito exige, inquestionavelmente, "a revisitação do mito e o dogma da coisa julgada material em prol das soluções justas", com a aproximação, sempre crescente, "do binômio direito e processo como meio de se alcançar uma eficácia social da tutela jurisdicional".[1]

Basta lembrar, por exemplo, que a coisa julgada que a lei atual regula no disciplinamento das ações coletivas é amplamente flexibilizada e nada tem a ver com os rígidos padrões outrora prevalentes nas ações singulares.

Nas próprias ações individuais, reformas recentes do Código de Processo Civil consagraram a inexequibilidade de sentenças cujo fundamento seja lei ou interpretação de lei declaradas inconstitucionais pelo Supremo Tribunal Federal, mesmo que os decisórios ofensivos à Constituição tenham transitado em julgado (CPC, art. 475-L, §1º, e art. 741, parágrafo único).

Esse posicionamento faz com que, na realidade, "a questão relacionada à inconstitucionalidade da sentença aponta que esta não passa em julgado nem está sujeita à preclusão, podendo ser apreciada a qualquer momento".[2]

Lembram Gelson Amaro de Souza e Gelson Amaro de Souza Filho que "a sentença inconstitucional, mesmo que se admita possa ela transitar em julgado, mesmo assim perde a sua exigibilidade e por isso não se presta para fundamentar a execução" (CPC, arts. 475-L, §1º, e art. 741, parágrafo único). Por outro lado, não há necessidade de se recorrer à ação rescisória para privar a sentença inconstitucional de sua exequibilidade. "É dever do juiz" — segundo os mesmos autores — "não aplicar norma inconstitucional e, como a sentença tem força de lei (art. 468 do CPC), sempre que esta também for inconstitucional, não deve ser exigido o seu cumprimento".[3]

Pode-se até discordar da amplitude que o ensaio tenha dado à possibilidade de negativa de eficácia à sentença inconstitucional por lesão injurídica ao patrimônio público. Mas é inegável o valor

---

[1] RODRIGUES, Marcelo Abelha. Ação civil pública. In: DIDIER JÚNIOR, Fredie (Org.). As ações constitucionais. 2. ed. Salvador: JusPodivm, 2007. p. 252.

[2] SOUZA, Gelson Amaro de; SOUZA FILHO, Gelson Amaro de. Coisa julgada inconstitucional. Revista Jurídica, n. 377, p. 53-54, mar. 2009.

[3] Op. cit., p. 56-57.

da tese em seus múltiplos aspectos jurídicos, políticos e sociais, valorizados pela excelência da pesquisa e dos argumentos dispensados ao complexo e atualíssimo tema da sentença inconstitucional, bem como à história e ao papel da ação popular no Estado Democrático de Direito.

Nela se encontra um trabalho valioso cientificamente, que, qualquer que seja o posicionamento jurídico do leitor, funcionará como um apelo veemente a meditar sobre um dos problemas mais atuais e prementes enfrentado pelo direito processual em sua conexão com a esfera constitucional.

Vale a pena acompanhar o pensamento e o raciocínio do autor, não só pela agradável leitura do texto, mas principalmente pelo seu valioso conteúdo.

Maio de 2009.

**Humberto Theodoro Júnior**

# Introdução

Muitos direitos fundamentais, a exemplo do direito à educação, à saúde, à segurança, à previdência social digna, dentre outros, são suprimidos do gozo do cidadão em razão da prática de atos lesivos ao erário público, surrupiado, com frequência, por dirigentes inescrupulosos no comando da administração da máquina pública.

Muito embora praticadas mais comumente pelos que exercem a função administrativa, também podem ocorrer lesões ao erário público por parte do servidor que desempenha ato típico da função jurisdicional. E, por ser levada a efeito sob a proteção de sentença, acobertada pelo secular instituto da coisa julgada, essa modalidade de ato lesivo ao erário fica, à primeira vista, fora do alcance da invalidação.

No entanto, no exercício da plena cidadania, com vistas à concretização daqueles direitos fundamentais sonegados ao cidadão pela conduta desonesta de agentes públicos, tanto no âmbito da Administração quanto no do Poder Judiciário, os atos lesivos aos interesses da coletividade podem e devem desfazer-se por iniciativa de qualquer cidadão.

É preciso ter em mente que o exercício da cidadania, perante os agentes do Estado (inclusive os juízes), deve ser pleno a ponto de viabilizar a fiscalização, por qualquer cidadão, dos atos por eles praticados.

Para esse fim, existem a ação popular e outros remédios constitucionais, a exemplo do mandado de segurança e do *habeas corpus*; são eles instrumentos próprios para estabelecer o controle jurisdicional dos atos emanados do poder público, inclusive aqueles tipicamente jurisdicionais.

Por que o ato jurisdicional típico, contra o qual não cabem mais recursos, não está sob o controle de constitucionalidade pelo próprio Poder Judiciário? Esta não deixa de ser uma questão intrigante.

Posto que pela expressão "ato praticado por agente público" deve ser entendido não apenas aquele tipicamente de administração ou de produção de leis, mas também o ato de dizer o direito, atribuído aos juízes, também este deve estar sujeito ao controle do cidadão, se lesivo ou mesmo inconstitucional, em razão de atentar contra a moralidade administrativa, a ser observada por agentes públicos de qualquer das três funções do Estado, por força art. 37 da Constituição de 1988.

Ora, no conceito "imoralidade" insere-se o de "lesão ao erário público"; esta, por ser imoral, obviamente é inconstitucional, porque uma das exigências da Carta Magna relativamente à conduta a ser adotada pelos agentes de qualquer dos três poderes é a honestidade no trato com a coisa pública.

A referência à inconstitucionalidade do ato judicial em virtude da violação do princípio da moralidade é feita aqui para traçar paralelo através do qual se nota que nenhuma preocupação há em relação à sentença ou acórdão lesivo ao erário público. E a imoralidade é acentuada quando resulta da desonestidade do agente; e a sua consequência é a lesão ao patrimônio público.

Aliás, a lesividade ao erário público e a consequente inconstitucionalidade são como doenças congênitas; elas autorizam o sacrifício do ato, porque ferem princípios que regem a administração e desfalca o patrimônio do povo, destinatário final dos atos emanados do Poder Público. Daí a análise que se propõe em relação à lesividade e à inconstitucionalidade: são dois males com que não se preocupa quando eles emanam de ato jurisdicional típico.

Vive-se hoje o chamado Estado Democrático de Direito; nele, o próprio poder político do Estado encontra limites fixados pela Carta Magna para assegurar o pleno exercício da cidadania. Conforme dispõe o parágrafo único do art. 1º da Carta Magna de 1988, "todo o poder emana do povo, que o exerce por meio de representantes eleitos ou diretamente".

Exige-se, pois, que não apenas os atos do Poder Executivo, mas todos os atos do Estado conformem-se, em hierárquica obediência, à Lei Máxima.

Para que se garanta o cumprimento da constitucionalidade pelo Poder Público, mecanismos existem, como é o caso da ação direta de inconstitucionalidade, de competência do STF, e o próprio controle difuso, através de decisões singulares proferidas por juízes, com efeito apenas na relação processual em que vierem a ser pronunciadas.

No entanto, observa-se que, ao se falar em inconstitucionalidade, pensa-se, exclusivamente, em atos administrativos e legislativos (estes com efeitos concretos) e não se refere à constitucionalidade dos atos tipicamente jurisdicionais, que também podem estar em choque com a Constituição. O mesmo ocorre quando se fala em ato lesivo ao bem público (que por ser imoral ou ilegal, é também inconstitucional). Pensa-se somente no ato do administrador público e se esquece do ato jurisdicional, como se o Juiz não fosse nunca praticar atos contrários à Constituição ou lesivos à coisa pública.

Parte-se da ideia de que o Poder Judiciário, por ser aplicador do ordenamento jurídico vigente, inclusive da Constituição, não violaria os ditames desta em suas decisões. Ora, a experiência mostra que em fraudes processuais é perfeitamente possível deparar-se com sentenças ou acórdãos com comando lesivo ao patrimônio público ou à moralidade administrativa.

Segundo prevê a Constituição Federal, art. 5º, inc. XXXV, pelo princípio da inafastabilidade do controle judiciário "a lei não excluirá da apreciação do Poder Judiciário lesão ou ameaça a direito".

Aceito esse raciocínio, a não exclusão da apreciação do Poder Judiciário de lesão ao erário público deve ser levada às últimas consequências. Isto é, deve ser apreciado pelo Poder Judiciário ato lesivo praticado inclusive por representante do próprio Poder Judiciário, ainda que o desfalque seja perpetrado através de uma sentença.

É certo que a sentença está sujeita a recurso ou embargos, ou mesmo a ação rescisória, e, por isso, ainda há oportunidade para revisão do ato jurisdicional e sua consequente invalidação. Mas, situações podem ocorrer em que o ato jurisdicional, potencialmente lesivo ao erário público, já transitou em julgado e o prazo para ação rescisória já expirou.

Questiona-se, então, se se trata de sentença juridicamente existente e, consequentemente, sujeita a ação rescisória.

Nesta linha de raciocínio, o presente livro propõe-se a analisar e a sustentar que, além do ato administrativo e do ato legislativo de efeitos concretos e imediatos (exceto *lei autorizativa*), também atos tipicamente jurisdicionais, como é o caso de sentenças lesivas ao erário, transitadas em julgado ou não, ainda que passíveis de ação rescisória, podem ser invalidados pelo cidadão, através de ação popular, a qualquer tempo.

É perfeitamente possível ocorrerem situações em que a aparente sentença judicial transitada em julgada não poderia mais ser desfeita via ação rescisória, seja porque o prazo esgotou-se, seja pelo fato de que não é ela cabível.

Pode-se também deparar com a situação concreta em que a sentença judicial, na fase de sua execução, não é mais alterável via embargos à execução de título judicial contra a fazenda pública, pelo esgotamento do prazo ou por não ocorrer nenhuma das situações indicadas nos incisos e no parágrafo único do art. 741, do CPC.

Ora, o cidadão, a favor de quem o ordenamento jurídico foi instituído, tem a seu dispor instrumento capaz de anular e afastar a lesão ao patrimônio público, ainda que o alvo desta poderosa arma seja uma sentença judicial ou mesmo o acórdão de tribunal superior. Esse instrumento, como se verá, é a ação popular.

Assim, a presente obra se dedicará primeiramente ao estudo da ação popular, relembrando as origens históricas do instituto, desde a Roma antiga, seu ressurgimento depois da Idade Média e seus contornos nos dias atuais.

Sobretudo a legislação de Portugal, dada a nossa herança legislativa, mas também a de outros países, será alvo de rápida incursão comparativa, em que se mostrarão semelhanças e diferenças de institutos afins à nossa ação popular. Em seguida a ação popular será confrontada com as demais ações constitucionais, inclusive a ação civil pública.

No terceiro capítulo serão analisadas as condições e vistos os requisitos processuais para o manejo da ação popular, bem como, o seu objeto, que, tradicionalmente, é o ato administrativo. O capítulo seguinte se ocupará da análise dos pontos controvertidos da ação popular: o prazo para propositura depois da Constituição de 1988, a situação de uma sentença lesiva ao erário formada em uma outra ação popular e o acórdão lesivo ao patrimônio público. Serão também analisadas as consequências jurídicas na hipótese da ação popular que é julgada improcedente por deficiência de prova ou por ser infundada e caso de extinção do processo por carência de ação.

O ato jurisdicional, visto como ato de Estado, será reestudado e apontado como alvo do controle jurisdicional de constitucionalidade no quinto capítulo. Na sequência, ainda no quinto capítulo, analisar-se-á o instituto da coisa julgada a par, em especial, de sua justificativa, confrontando-o com outros princípios constitucionais, frente aos anseios de um processo justo, exigido pela moderna teoria processual. Desse modo, as análises alcançarão a coisa julgada material, sendo apresentadas razões no sentido de que a mesma não é óbice à invalidação da sentença lesiva ao erário e à moralidade administrativa, através de ação popular, dentro de certos limites.

No sexto capítulo mostrar-se-á, pois, que a coisa julgada já não detém o prestígio de antes e que doutrinadores de renome já defendem a relativização da coisa julgada inconstitucional. Suas teses e proposições serão estudadas em tópicos específicos que se ocuparão do atualíssimo e palpitante tema.

Por ser o tema central do presente livro, será tratado, enfim, no sétimo capítulo, a invalidação da sentença lesiva ao patrimônio público e à moralidade administrativa, bem como os limites naturais que devem ser observados em nome da segurança jurídica.

Para trabalhar o tema focado, em busca de respostas às indagações propostas, foram adotados principalmente o método dedutivo e o interpretativo, a partir das doutrinas existentes.

Desenvolver as ideias formuladas, a partir da noção prévia de ação popular, adiante trabalhada, até chegar às conclusões finais, inevitavelmente, foi um empreendimento que implicou em ampla pesquisa e análise da doutrina pátria e estrangeira, principalmente em temas do Direito Constitucional, do Direito Administrativo e do Direito Processual, bem como da recente jurisprudência pertinente ao assunto abordado.

CAPÍTULO 1

# MANIFESTAÇÃO HISTÓRICA DA AÇÃO POPULAR

**Sumário: 1.1** Ação popular: instrumento de exercício da democracia – **1.1.1** Importância política da ação popular – **1.1.2** Democracia – **1.1.3** Papel da ação popular no exercício da cidadania – **1.2** Origem e evolução da ação popular – **1.2.1** A origem no Direito Romano – **1.2.2** A Idade Média – **1.2.3** Renascimento da ação popular no Direito contemporâneo

## 1.1 Ação popular: instrumento de exercício da democracia

### 1.1.1 Importância política da ação popular

Importante instrumento à disposição do cidadão, a ação popular tem por finalidade o controle e a revisão dos atos praticados pelos agentes públicos, notadamente na hipótese de atos lesivos ao patrimônio público e à moralidade administrativa.

Surgiu pela primeira vez, em nosso ordenamento jurídico, por força do inciso 38 do art. 113 da Constituição Federal de 1934, mas como se verá, trata-se de instituto secular, com berço no Direito Romano.

A ação popular é, sem dúvida, direito público subjetivo através do qual o cidadão pode se valer como garantia em favor ou em face do Estado e viabiliza a sua participação ativa e direta na vida política do país.

Na opinião de Elival da Silva Ramos:

> É extreme de dúvidas que o direito de ação popular se insere na categoria dos direitos públicos subjetivos em que o Estado figura como sujeito da situação jurídica passiva ou de desvantagem.

Com efeito, trata-se, enquanto direito de ação, de um direito de exigir a tutela jurisdicional do Estado para uma situação de direito substancial deduzida pelo autor em juízo. Logo, é o direito de ação popular um direito público subjetivo de natureza cívica, na classificação de Jellinek.[1]

A própria nomenclatura "ação popular" já diz tudo: atribui a qualquer cidadão legitimidade para requerer a tutela jurisdicional de interesse que pertence não só a ele, mas a todos os membros da comunidade e, por isso, é garantia constitucional dada ao efetivo exercício da cidadania.

Para José Afonso da Silva ação popular é

[...] remédio constitucional pelo qual qualquer cidadão fica investido de legitimidade para o exercício de um poder de natureza essencialmente política, e constitui manifestação direta da soberania popular consubstanciada no art. 1º, parágrafo único, da Constituição: todo poder emana do povo, que o exerce por meio de seus representantes eleitos ou diretamente. Sob esse aspecto é uma garantia constitucional política. Revela-se como uma forma de participação do cidadão na vida pública, no exercício de uma função que lhe pertence primariamente.[2]

Nota-se, pela percepção do renomado constitucionalista, que o cidadão age como se exercesse verdadeira função pública, que sempre lhe pertenceu. No entanto, na visão de Elival da Silva Ramos, o autor da ação popular [...] "não exerce função pública diretamente e sim indiretamente, provocando o Poder Judiciário para que exerça o controle jurídico da atividade da Administração".[3] Conclui que é o Judiciário e, não, o cidadão, quem exerce a função pública no âmbito da ação popular. A polêmica será abordada com maior detalhamento ao serem analisadas as condições da ação popular, em especial a legitimidade ativa, em capítulo dedicado ao assunto.

Por outras palavras, qualquer cidadão não só pode eleger seus governantes e representantes, como também tem o poder de vigiar-lhes os atos, aprimorando a noção de responsabilidade dos administradores.

---

[1] RAMOS, Elival da Silva. *A ação popular como instrumento de participação política*. São Paulo: Revista dos Tribunais, 1991. p. 190.

[2] SILVA, José Afonso. *Curso de direito constitucional positivo*. 19. ed. São Paulo: Malheiros, 2001. p. 464.

[3] 1991, p. 200.

Como se sabe, a chamada "Constituição Cidadã" de 1988 ampliou o espectro de proteção da ação popular, antes restrito a atos lesivos ao patrimônio de entidades públicas: colocou sob sua alça de mira também a moralidade administrativa, o meio ambiente e o patrimônio histórico e cultural. Portanto, o cidadão não só pode vigiar os governantes, que se enveredam pela desonestidade com a coisa pública, mas também pode valer-se da ação popular para resguardar a moralidade administrativa ou, ainda, para proteger o meio ambiente que o rodeia e o patrimônio histórico e cultural da cidade onde vive. Expressa na Constituição Federal, essa garantia de participação, na visão de Eduardo García de Enterría e Tomás-Ramón Fernández, apoiados em Smend, deve ser compreendida como uma forma vital dos cidadãos que participam da atividade estatal. Em seguida concluem:

> Os valores comuns expressados e servidos pela Constituição operam, pois, como valores de integração coletiva dos cidadãos e assim devem ser, sobre todo ser, compreendidos e aplicados.[4]

Sobre a importância da ação popular no cenário político de qualquer nação, destaca Luzia Nunes Dandam que

> A ação popular é o instrumento mais adequado de controle dos atos administrativos. Através dela qualquer cidadão, e não apenas algumas pessoas legitimadas, pode pedir a invalidação de atos lesivos ao patrimônio público e à moralidade administrativa.[5]

Atualmente a Constituição Federal de 1988 dispõe, em seu art. 5º, inc. LXXIII, que

> qualquer cidadão é parte legítima para propor ação popular que vise a anular ato lesivo ao patrimônio público ou de entidade de que o Estado participe, à moralidade administrativa, ao meio ambiente e ao patrimônio histórico e cultural, ficando o autor, salvo comprovada má-fé, isento de custas judiciais e do ônus da sucumbência.[6]

---

[4] GARCÍA DE ENTERRÍA, Eduardo; FERNÁNDEZ, Tomás-Ramón. *Curso de direito administrativo.* Trad. Arnaldo Setti. São Paulo: Revista dos Tribunais, 1991. p. 142.

[5] DADAM, Luzia Nunes. *Ação popular:* controle jurisdicional e razoabilidade. Rio de Janeiro: Lumem Juris, 2000. p. 53.

[6] BRASIL. *Constituição Federal* (1988). 29. ed. São Paulo: Saraiva, 2002. p. 12. (Coleção Saraiva de Legislação).

Como se vê, o transcrito cânone constitucional integra o rol dos direitos e garantias fundamentais.

Por isso mesmo, como adverte José Afonso da Silva, o instituto da ação popular somente poderá ser suprimido do ordenamento jurídico nacional através do próprio Poder Constituinte e "sequer pode ser restringido ou modificado, por via ordinária, qualquer de seus requisitos constitucionais".[7]

Apenas e tão somente o Poder Constituinte originário pode suprimir do ordenamento a ação popular. Isso porque a ação popular é um dos direitos e garantias individuais, já que, topograficamente, está prevista no inc. LXXIII, do art. 5º da Constituição Federal. Assim, por força do art. 60, §4º, inc. IV, não pode sequer tramitar no Congresso Nacional emenda constitucional com vistas a abolir a ação popular. Na qualidade de cláusula pétrea, é imutável; impede que o poder constituinte reformador até mesmo apresente proposta de emenda constitucional que vise suprimi-la do ordenamento jurídico.

Isto traduz-se em verdadeira garantia constitucional, dada ao cidadão, da permanente existência de arma eficaz a seu dispor para a proteção de bens da vida que a todos pertencem.

Maria Sylvia Zanella Di Pietro destaca o papel político da ação popular ao afirmar que o autor popular "pede a prestação jurisdicional para defender o interesse público, razão pela qual tem sido considerado como um direito de natureza política, já que implica controle do cidadão sobre atos lesivos aos interesses que a Constituição quis proteger".[8]

Certo é que o vocábulo "popular" está intimamente ligado à noção daquilo que é de todos; a partir desse raciocínio, conclui-se, logicamente, que a ação popular existe em função da proteção da coisa pública, daquilo que pertence ao povo.

A propósito, Alcebíades da Silva Minhoto Júnior escreve:

> Dentro das características da intervenção do povo nos atos de governo considerados lesivos ao interesse público, a que mais se evidencia pela sua larga aplicação na sistemática constitucional dos países ocidentais é a ação popular.[9]

---

[7] SILVA, José Afonso. *Ação popular constitucional*: doutrina e processo. São Paulo: Revista dos Tribunais, 1968. p. 70.

[8] DI PIETRO, Maria Sylvia Zanella. *Direito administrativo*. 5. ed. São Paulo: Atlas, 1995. p. 525.

[9] MINHOTO JÚNIOR, Alcebíades da Silva. *Teoria e prática da ação popular constitucional*. São Paulo: Revista dos Tribunais, 1985. p. 47.

A ideia de que deve estar o povo na defesa do que é do povo decorre naturalmente do regime democrático, porque só há defesa de iniciativa do povo em prol dele próprio se vigente a democracia. Sem um regime democrático, não há que se falar em ação popular. E a essência da democracia traduz-se nas memoráveis palavras de Lincoln, ditas em 19 de novembro de 1863, em Gettysburg: "governo do povo, pelo povo e para o povo".

Seja como estilo de vida política, seja como forma ou espírito unido ao corpo social, que o anima e o distingue, o certo é que a democracia resume-se, essencialmente, numa forma de governo em que o poder emana da vontade do povo e, antes de tudo, respeita a pessoa humana, em sua dignidade, liberdade e igualdade.

Sobre o tema, Jürgen Habermas afirma que "a fonte de toda legitimidade está no processo democrático da legiferação; e esta apela, por seu turno, para o princípio da soberania do povo".[10]

Pela doutrina mais tradicional, a democracia estaria fundamentada em três princípios: o da maioria, o da igualdade e o da liberdade. Mas, na verdade, maioria, igualdade e liberdade são valores.

Ensina o constitucionalista José Afonso da Silva que a democracia deve obedecer dois princípios fundamentais e indispensáveis, sem os quais não há que se falar em democracia. São eles:

(a) o da soberania popular, segundo o qual o povo é a única fonte do poder, que se exprime pela regra de que todo o poder emana do povo; (b) a participação, direta ou indireta, do povo no poder, para que este seja efetiva expressão da vontade popular.[11]

Como à presente obra interessa, sobretudo, o princípio da participação direta do povo no poder, em função deste aspecto, mister se faz breve incursão no assunto, para melhor compreensão da importância singular do instituto da ação popular no regime democrático.

## 1.1.2 Democracia

Ao longo da trajetória histórica do homem em sociedade organizada, a expressão democracia, surgida na Grécia antiga,

---

[10] HABERMAS, Jürgen. *Direito e democracia*: entre facticidade e validade. Trad. Flávio Beno Siebeneichler. Rio de Janeiro: Tempo Brasileiro, 1997a. v. 1, p. 122.
[11] 2001, p. 135.

adotou acepções diferentes, mas seu significado mais importante é o de participação de todos na tomada de decisões sobre assuntos de interesse de todos, porque os "direitos do homem, fundamentados na autonomia moral dos indivíduos, só podem adquirir uma figura positiva através da autonomia política dos cidadãos",[12] escreveu Jürgen Habermas.

Mário Lúcio Quintão Soares assinala que a "democracia moderna propõe-se a proteger a liberdade do indivíduo enquanto pessoa, estabelecendo os mecanismos da representação política e limites ao poder estatal".[13]

Os constitucionalistas indicam a existência de três tipos de democracia, a saber: a direta, a representativa e a semidireta; estas, na concepção de Hans Kelsen, nada mais são do que métodos diferentes de implementar uma forma de governo:

> Se a participação se dá por via direta ou indireta, isto é, se existe uma democracia direta ou representativa, trata-se, em ambos os casos, de um processo, um método específico de criar ou aplicar a ordem social que constitui a comunidade, que é o critério do sistema político apropriadamente chamado democracia.[14]

Norberto Bobbio, por sua vez, ensina que

> A expressão "democracia representativa" significa genericamente que as deliberações coletivas, isto é, as deliberações que dizem respeito à coletividade inteira, são tomadas não diretamente por aqueles que dela fazem parte mas por pessoas eleitas para esta finalidade.[15]

A democracia direta é aquela em que o povo mesmo se reúne e delibera sobre o que é de interesse da coletividade. É o tipo ideal de democracia, como ressalta Mário Lúcio Quintão Soares, porque possibilita que "as funções públicas sejam exercidas de modo imediato e direto pela totalidade de cidadãos, dotados de plenos direitos políticos, em assembléia popular ou assembléia primária".[16]

---

[12] 1997a, v. 1, p. 127.

[13] SOARES, Mário Lúcio Quintão. *Teoria do Estado*: o substrato clássico e os novos paradigmas como pré-compreensão para o direito constitucional. Belo Horizonte: Del Rey, 2001. p. 313.

[14] KELSEN, Hans. *A democracia*. Trad. João Baptista Machado. São Paulo: Martins Fontes, 1993. p. 142.

[15] BOBBIO, Norberto. *O futuro da democracia*: uma defesa das regras do jogo. 5. ed. São Paulo: Paz e Terra, 1986. p. 45.

[16] 2001, p. 342.

J.J. Gomes Canotilho, ao discorrer sobre a democracia participativa, observa que é

[...] a estruturação de processos que ofereçam aos cidadãos efectivas possibilidades de aprender a democracia, participar nos processos de decisão, exercer controlo crítico na divergência de opiniões, produzir *inputs* políticos democráticos.[17]

Como hoje é impossível, do ponto de vista material, a efetivação da democracia direta ou participativa plena, a outra melhor opção é a representativa. É materialmente inconcebível, do ponto de vista prático, todos os brasileiros decidirem sobre, por exemplo, o orçamento do ano seguinte. O custo e as dificuldades materiais inviabilizam a prática da democracia direta, embora seja a ideal. Hoje, esta modalidade perdura em apenas alguns cantões suíços, onde o povo se reúne em praça pública e delibera sobre matérias de interesse geral.

Ante a já citada impossibilidade da prática da democracia direta e o próprio aparecimento do Estado liberal, é que surgiu nova forma de se praticar a democracia; nesta, os cidadãos participam nas decisões através de seus representantes, escolhidos diretamente pelos próprios cidadãos. O povo elege representantes e estes exercem o poder em nome da coletividade. É a democracia representativa.

Tem-se, ainda, a democracia semidireta, fruto da junção de mecanismos da democracia direta e da indireta. Há a participação direta de cidadãos em assuntos de especial interesse de todos através de procedimentos como a iniciativa popular, o plebiscito e o *referendum*, que são os mais conhecidos entre nós. No Brasil, por exemplo, realizou-se em 1993, plebiscito para escolha do sistema de governo.

Conforme afirmado, em um país como o Brasil, de dimensões territoriais continentais e com milhões de habitantes, a melhor opção foi, sem dúvida, a adoção da democracia representativa.

No Brasil, país de democracia representativa, em que o povo é governado através dos representantes que elege e estes, em nome de todos, tomam as decisões políticas, emite atos e os executa no interesse de todos, faz-se imprescindível a existência de instrumento que garanta, aos governados, o poder de desfazer atos contrários ao interesse coletivo.

---

[17] CANOTILHO, J. J. Gomes. *Direito constitucional e teoria da Constituição*. 3. ed. Coimbra: Almedina, 1998. p. 282.

Um desses mecanismos é a ação popular, que qualquer cidadão pode invocar.

A ação popular, poder conferido a qualquer cidadão, é um mecanismo pelo qual se pratica democracia participativa, conceituada como aquela em que o cidadão exerce direta e pessoalmente a cidadania e interfere, se necessário, em atos de governo.

Isto porque o cidadão, de forma individual, pessoal e direta, poderá, por exemplo, via ação popular, desfazer ato de Estado que lese o erário público.

É interessante observar que o Promotor de Justiça estadual somente pode ajuizar ação civil pública por improbidade no Estado onde está lotado e contra agentes públicos estaduais e municipais. Para o cidadão não há esses limites: mesmo residindo no Rio Grande do Sul, poderá, em tese, ajuizar ação popular para desfazer ato lesivo praticado pelo governador do Estado do Acre ou invalidar ato lesivo que teve a participação de um Ministro e até do Presidente da República.

Via de regra, a prática do ato lesivo ao bem público, no exercício de função administrativa, é perpetrada por agente político. Este, por sua vez, em decorrência da prática da democracia representativa, está no poder para representar e gerir interesses do povo que o elegeu.

De outro lado, ocorre que o direito de anulação deste mesmo ato, contrário ao interesse de todos, pode ser exercido sob a modalidade de democracia participativa, ou seja, a participação direta do cidadão nos interesses da Nação.

Isso porque consegue-se a invalidação do ato lesivo, via ação popular, sob a modalidade direta. É o próprio cidadão, por si, sem se fazer representar, que, diretamente, irá buscar, em juízo, o desfazimento do ato lesivo.

Com efeito, a ação popular, como via processual que é para o pleno exercício da cidadania e concretização dos direitos fundamentais, constitui mecanismo de participação ativa e direta na administração, por qualquer cidadão.

Dessa forma, o ponto de vista de Elival da Silva Ramos, entendendo que quem "exerce a função pública no âmbito da ação popular é o Judiciário e não o cidadão-autor",[18] não parece ser o mais correto. A não ser que o referido doutrinador limite o exercício de função pública somente àquele que ocupe cargo público.

---

[18] 1991, p. 200.

Ora, o exercício de função pública, para análise da posição do autor popular, tem que ser ampla; não pode se limitar, por exemplo, àquela exercida pelo jurado, em dia de julgamento pelo tribunal do júri ou pelo mesário, em dia de eleição. Assim, qualquer atuação cujos resultados irão atingir o interesse de todos é exercício de função pública em sua acepção mais ampla. Com efeito, o cidadão, na posição de autor popular, exerce, sim, função pública, porque o resultado a todos interessa, certamente com interesse maior que a função desempenhada pelo jurado ou pelo mesário.

Sobre o assunto, interessante é o raciocínio defendido pela Professora Têmis Limberger:

> Assim, tem-se que não existe um direito público subjetivo à administração proba e eficiente, uma vez que não há um dispositivo legal a assegurar tal direito, e o indivíduo isoladamente não pode defendê-lo. Caracteriza-se, então, dessa forma, um interesse de natureza difusa, uma vez que pertencente a todo o cidadão em geral e a nenhum em particular.[19]

No entanto, a concepção dominante é no sentido de que a ação popular constitucional, corretiva, tal qual é a nossa, é forma direta de participação do eleitor na vida política e, por isso, é instituto de democracia direta. Por esse motivo é que José Afonso da Silva conclui que a legitimação constitucional dada ao cidadão para propor a ação popular "abre uma exceção ao princípio da democracia representativa, para acolher um instituto de democracia direta, da mesma natureza da iniciativa popular, do veto popular, do referendo popular, da revocação popular ou do 'recall'".[20]

Para buscar essa participação direta, é claro que o cidadão terá que se dirigir ao Estado-Juiz através de advogado, que o representará em Juízo, até porque o advogado é indispensável à administração da justiça. Mas, isso não retira o caráter de participação direta na defesa de bens da vida, que a todos interessa. A figura do advogado é exigência para se postular em Juízo, que não retira a titularidade do direito de ação ajuizada pelo autor, em cuja esfera jurídica surtirão os efeitos finais da sentença. A pensar diferentemente, como defende Elival da Silva Ramos, o autor de qualquer ação não estaria

---

[19] LIMBERGER, Têmis. *Atos da Administração lesivos ao patrimônio público*: os princípios constitucionais da legalidade e moralidade. Porto Alegre: Livraria do Advogado, 1998. p. 105.

[20] 1968, p. 87-88.

diretamente na defesa de interesse particular seu e, sim, o juiz da vara perante a qual tramita a demanda.

A importância política da ação popular reside, então, no fato de que o cidadão tem acesso direto ao poder. Qualquer cidadão exerce direta e pessoalmente (sem qualquer forma de representatividade) o poder de interferir na destinação da coisa pública, através de garantia constitucional própria do Estado Democrático de Direito em que se vive.

A cidadania deve ser exercida de maneira plena e sem embaraços.

Ensina Mário Lúcio Quintão Soares que a "cidadania ativa no estado democrático de direito pressupõe um cidadão político, apto a fazer valer suas reivindicações perante os governantes, que devem arcar com as responsabilidades de seus atos".[21]

Infelizmente, sabe-se muito bem da grande dificuldade da utilização, na prática, das ações populares. Muitas vezes o cidadão não quer ou não pode se indispor contra quem está à frente dos Poderes, o que representa forte desestímulo para seu manejo. Isso, sem falar na cultura atrofiada da grande maioria dos cidadãos, decorrente da educação ínfima ofertada pelos próprios governantes, que não querem ser incomodados por uma indesejável cidadania ativa.

Soma-se a isso o pequeno retorno aparente para si próprio, que o cidadão percebe com a visão míope e egoística, proporcionada pela falta da cultura política. É o que destacam Mauro Capelletti e Bryant Garth, quando analisam os interesses difusos frente ao acesso à Justiça:

> O problema básico que eles apresentam — a razão de sua natureza difusa — é que, ou ninguém tem direito a corrigir a lesão a um interesse coletivo, ou o prêmio para qualquer indivíduo buscar essa correção é pequeno demais para induzi-lo a tentar uma ação.[22]

Vendo essa deficiência, Fábio Konder Comparato, ao escrever sobre os obstáculos ao exercício da democracia, no Brasil e em Portugal, traça diretrizes para que eles sejam vencidos:

> São exemplos dessa participação ativa dos cidadãos no exercício do governo a autorização popular para a tomada de decisões políticas

---

[21] 2001, p. 307.
[22] CAPPELLETTI, Mauro; GARTH, Bryant. *Acesso à justiça*. Trad. Ellen Gracie Northfleet. Porto Alegre: Sergio Antonio Fabris, 1988. p. 26.

de longo e profundo alcance [...]; a ampla legitimação de agir em juízo atribuída a associações civis, na defesa dos direitos econômicos, sociais e culturais; o reforço da ação popular cível e a reintrodução da ação popular criminal[23] [...]

Não há como não concordar com o ilustre publicista. O fortalecimento e a permanente participação do cidadão na administração da coisa pública somente irão contribuir para o aperfeiçoamento do funcionamento da máquina estatal, para que mais pessoas tenham acesso aos bens da vida, sempre em pé de igualdade, o que certamente irá efetivar a tão sonhada dignidade da pessoa humana, preconizada como um dos fundamentos do Estado Democrático de Direito, proposto no art. 1º da Constituição Federal de 1988.

Calmon de Passos alerta:

> Deferir poder, numa democracia, sem se institucionalizarem meios efetivos de responsabilização daquele a quem se outorgou o poder é, como já advertido por muitos, contradizer os princípios da democracia, incompatível com a existência de qualquer poder incontrolado. E incontrolado é todo poder que se arvora a prerrogativa de autocontrolar-se, eliminando ou tornando ineficaz o controle político-social.[24]

Possivelmente, é por isso que Nagib Slaibi Filho inova, ao propor, de *lege ferenda*, o surgimento, no cenário jurídico, daquilo que chama de "ação popular mandatória" ou "ação popular mandamental", através do qual "o administrado, em Juízo, em igualdade de tratamento com o administrador, exige a prestação de serviço público específico, regular eficiente e acessível".[25]

## 1.1.3 Papel da ação popular no exercício da cidadania

De tudo que foi exposto, conclui-se que a ação popular é, antes de tudo, garantia constitucional para defesa de interesses difusos porventura lesados pelos agentes públicos.

---

[23] COMPARATO, Fábio Konder. Os obstáculos históricos à vida democrática em Portugal e no Brasil. *Revista Latino-Americana de Estudos Constitucionais*, Belo Horizonte, n. 1, p. 201, jan./jul. 2003.

[24] PASSOS, J. J. Calmon de. *Esboço de uma teoria das nulidades aplicada às nulidades processuais*. Rio de Janeiro: Forense, 2002. p. 119.

[25] SLAIBI FILHO, Nagib. *Ação popular mandatória*. Rio de Janeiro: Forense, 2001. p. 3.

Historicamente, a ação popular foi a primeira demanda que surgiu no ordenamento jurídico brasileiro para a defesa de interesses difusos, prevista em várias Constituições. As outras surgiram em épocas bem mais modernas, quando já sedimentada a consciência da defesa de direitos e interesses coletivos e difusos.

O art. 11 da Lei nº 4.717/65 prescreve que a "sentença que, julgando a ação popular, decretar a invalidade do ato impugnado, condenará ao pagamento de perdas e danos os responsáveis pela sua prática e os beneficiários dele"[26] [...]

Com efeito, a sentença buscada em uma ação popular é necessariamente constitutivo-negativa e declaratória, porque invalida o ato impugnado, declara nova relação jurídica e condena o responsável em perdas e danos, constituindo título de crédito judicial em favor do Estado, daí ter caráter eminentemente corretivo, em que pese a condenação do autor do ato e dos beneficiários.

Com razão está Mancuso, ao afirmar que o pedido da ação popular é "desconstitutivo/condenatório".[27]

Embora com origem no texto constitucional, é ação com característica eminentemente civil, tanto que a ela, por força da própria lei disciplinadora, aplicam-se as regras do Código de Processo Civil.

Sem desconsiderar os aspectos processuais que a distingue das demais ações constitucionais, que serão comparadas no capítulo 2, a importância e destaque maior da ação popular está no aspecto de ser formidável instrumento de politização e de participação democrática.

É a ação popular, nas palavras de Luzia Dadam, "instrumento de participação política de toda a coletividade",[28] ou seja, é ferramenta para efetivo exercício de cidadania, "talvez, a única providência judicial realmente temida pelos administradores",[29] na feliz colocação de Celso Antônio Bandeira de Mello.

Adverte Jorge Miranda que, num "mundo em que dominam os Estados, participar num Estado é participar na vida jurídica e política que ele propicia e beneficiar da defesa e da promoção de direitos que ele concede — tanto na ordem interna como nas relações com outros Estados".[30]

---

[26] NEGRÃO, Theotonio. *Código Civil e legislação civil em vigor*. 21. ed. Colaboração de José Roberto Ferreira Gouvêa. São Paulo: Saraiva, 2002b. p. 1458.

[27] 1998, p. 121.

[28] 2000, p. 47.

[29] MELLO, Celso Antônio Bandeira de. *Curso de direito administrativo*. 4. ed. São Paulo: Malheiros, 1993. p. 119.

[30] MIRANDA, Jorge. *Teoria do Estado e da Constituição*. Rio de Janeiro: Forense, 2002. p. 207.

Conforme antes sustentado, a ação popular se revela como uma das formas diretas de participação na vida política do Estado, principalmente se seus dirigentes tendem a desvirtuar a finalidade da coisa pública. Gregório Assagra de Almeida, ao tratar dos institutos que classifica como do "ramo do direito processual coletivo", dá à ação popular especial atenção, "por considerá-la a via mais legítima de tutela dos direitos difusos".[31]

Tem-se, enfim, no instituto da ação popular a esperança maior de um canal da participação direta do povo nos rumos da coisa pública, sempre em benefício do próprio povo.

## 1.2 Origem e evolução da ação popular

### 1.2.1 A origem no Direito Romano

As origens da ação popular remontam à Roma antiga. São palavras de J. M. Othon Sidou:

> É que em Roma, emparelhando os crimes e os delitos, havia ilícitos que, sem constituírem ofensa enorme à sociedade ou ao indivíduo, isto é, não tão amplos que vulnerassem o Estado lato sensu, nem tão restritos que se circunscrevessem ao indivíduo, eram entretanto, ofensivos à sociedade inteira ou a uma coletividade determinada, e contra os quais se concediam ações a quem as quisesse intentar.[32]

Naquela época, a concepção de "Estado" não era a mesma de hoje, mas havia forte liame natural entre o cidadão e a nação. Os romanos tinham o sentimento de que a *res publica* pertencia a todos, legitimando, individualmente, o cidadão a buscar proteção pretoriana em favor daquilo que pertencia à coletividade.

O cidadão romano pleiteava com as ações populares objetivos que não pertenciam somente a ele, mas a todos os romanos. O aforismo de Paulo, *Reipublicae interest quam plurimus ad defendam suam causa* (interessa à República que sejam muitos os defensores de sua causa) era seguido e se acatavam as ações populares.

As ações populares romanas, em sua maior parte objetivavam penalizar, mas muitas tinham por escopo a atividade de polícia,

---

[31] ALMEIDA, Gregório Assagra de. *Direito processual coletivo brasileiro*: um novo ramo do direito processual. São Paulo: Saraiva, 2003. p. 333.

[32] SIDOU, J. M. Othon. *"Habeas corpus", mandado de segurança, mandado de injunção, "habeas data", ação popular*: as garantias ativas dos direitos coletivos. 6. ed. Rio de Janeiro: Forense, 2002. p. 300.

outras terminavam na aplicação de multa e havia aquelas com cunho cominatório.

As ações populares eram instituídas por lei ou pelo edito, e o rigor das fórmulas contidas no *album*, vigente no período do processo formular, estabelecia as várias ações populares na época de Roma antiga.

Dentre as modalidades de ações populares romanas, fundadas no edito, destaca-se a *de albo corrupto*, que poderia ser ajuizada contra quem corrompesse o edito perpétuo do pretor, com imposição de pena pecuniária; havia a *de effusis et deiectis*, contra os que atirassem objetos na via pública sobre os transeuntes; existia a *de positis et suspensis*, em desfavor daquele que deixasse objetos em sacada ou beira de telhado com o risco de queda e, para aquele que violasse sepultura ou coisa sacra, aplicava-se a *de sepulchro violato*. Outras *actio popularis* existiam, mas como a finalidade deste livro é outra, limita-se às modalidades citadas, que é o suficiente para evidenciar o caráter notadamente altruísta nelas visado, sempre em busca do bem da coletividade.

Ações populares com fundamento legal, em Roma havia a da *lex Quintia de acquedutibus*, do ano 9 a.C., para os que causassem dano doloso aos aquedutos de Roma; as da *lex Malacitana*, do ano de 81, específica para a cidade de Málaga, destinada a reprimir quem impedisse a realização de comícios municipais e punir o proprietário que demolisse edifício para especular com os materiais empregados; a da *Mamilia de gromatici*, de 59 a.C. (lei agrária de Júlio César), destinada aos que, dolosamente, removessem marcos e limites campestres e, na cidade de Salpensa, existia a ação popular prevista na *lex Iulia salpensana*, de 81 d.C., que se destinava a punir os duúnviros, prefeitos e questores que não prestassem juramento ao assumir suas funções.

Certo é que as ações populares romanas visavam, genericamente, respeitar o direito comunitário violado por ato ilícito, razão pela qual eram invocadas em proveito direto da coletividade, o que também beneficiava o autor popular, posto que era membro da coletividade lesada.

Para Rodolfo de Camargo Mancuso, ao tutelar a moralidade administrativa, o meio ambiente e patrimônio histórico e cultural, a Constituição Federal de 1988 revalidou social e juridicamente a *actio popularis* romana.[33]

---

[33] MANCUSO, Rodolfo de Camargo. *Ação popular*: proteção do erário, do patrimônio público, da moralidade administrativa e do meio ambiente. 3. ed. São Paulo: Revista dos Tribunais, 1998. p. 40.

Citando Rafael Bielsa, Rodolfo de Camargo Mancuso afirma "que agora se deu uma revalidação da *actio popularis*, porque a tutela da moralidade administrativa já estava no contexto da ação popular romana"[34] [...] E quanto ao meio ambiente e patrimônio cultural, por estarem inseridos na gestão da *res publica*, "sua preservação constitui encargo comum ao Estado e à coletividade",[35] arremata Rodolfo de Camargo Mancuso.

## 1.2.2 A Idade Média

Na Idade Média, época das trevas, em face do regime autoritário dos senhores feudais, do absolutismo e das perseguições da Inquisição, não houve espaço para a ação popular. Dada a sua natureza própria de exercício de cidadania, obviamente, encontrou solo estéril naquela obscura fase da humanidade.

É o que registra Têmis Limberger:

> Durante o período medieval, obviamente não se ofereceu ao indivíduo o meio de defender as coisas públicas como se fosse suas, nem um meio de conscientizá-lo das questões de cidadania enquanto membro participante do Estado. Citando as palavras de Nélson Carneiro: "A Idade Média não cultivou as ações populares, flores exóticas nos regimes absolutistas". O Estado Absolutista fez com que houvesse a separação do Estado (como sujeito ativo) e dos súditos (como objeto passivo). [...] Somente com o retorno ao sistema de participação do povo na vida pública é que veio à nota o instrumento democrático, que é a ação popular.[36]

E nem mesmo a acusação pública da época pode ser tomada como uma modalidade de ação popular. Na acusação pública, via de regra, o autor é que era "qualquer pessoa", ficando desvestido de caráter político, cuja expressão "populares" tinha sentido mais amplo. Rodolfo Mancuso vê "um certo dissenso quanto a saber se terão as ações populares vicejado no direito intermédio".[37]

Elival da Silva Ramos, por sua vez, defende que "embora rudemente golpeadas pelas condições políticas reinantes, as ações

---

[34] 1998, p. 40.
[35] 1998, p. 40.
[36] 1998, p. 52-53.
[37] 1998, p. 41.

populares sobreviveram ao que os iluministas chamaram de 'longa noite medieval'"[38] [...] O referido autor[39] cita José Afonso da Silva e Othon Sidou, que por sua vez invocaram o Cardeal de Lucca, para sustentar a existência de ação popular na Idade Média, segundo o qual seriam ações populares as propostas por qualquer do povo em benefício da cidade, ou em favor do órfão ou do louco, ou da igreja, ou de uma causa pia.

Contudo, o próprio J. M. Othon Sidou, apoiado em Carnazza-Amari, ao discorrer sobre a natural aptidão do homem em defender o que é do Estado como prolongamento de seu patrimônio, argumenta:

> Este conteúdo filosófico inato do homem, no qual Carnazza-Amari vê "a mais bela exteriorização daquele sentimento filantrópico que impele cada um a promover a defesa dos débeis e dos oprimidos", pode ter estado amortecido na Idade Média, à espera do clarear do dia, para se manifestar com o mesmo vigor nas várias leis modernas sobre a ação popular.[40]

Opiniões à parte, o certo é que o momento propício ao renascimento da ação popular, com as nuances modernas hoje conhecidas, ocorreu somente com o advento da Estado Liberal, conforme será enfocado no próximo tópico.

## 1.2.3 Renascimento da ação popular no Direito contemporâneo

Contemporaneamente, o instituto da ação popular surgiu pela primeira vez na Bélgica, através da lei comunal de 30 de março de 1836, seguida pela França, no ano seguinte.

Depois, já no ano de 1859, surgiu na Itália, mas restrita a questões eleitorais. Aí, obviamente, foi suprimida com a instalação do regime fascista.

Os portugueses previram a ação popular no Código Administrativo, de 1878, mas desde as Ordenações havia previsão de instituto que tinha por objetivo a defesa das coisas de uso comum do povo.

---

[38] 1991, p. 120.
[39] 1991, p. 120.
[40] 2002, p. 315.

No Brasil, a Constituição Imperial previa que qualquer cidadão poderia propor ação contra juízes de Direito e oficiais de justiça por suborno, peita, peculato e concussão (arts. 156 e 157) e, com feições modernas, o instituto surgiu com a Constituição de 1934, mas precocemente foi suprimida pela Constituição Federal de 1937. Voltou a ter *status* constitucional com a promulgação da Constituição de 1946, mas a sua regulamentação veio com a Lei Federal nº 4.717, de 29 de junho de 1965. Em que pese a sua tardia regulamentação, diversas ações populares foram ajuizadas com base apenas na Constituição, posto que o dispositivo constitucional foi reconhecido como autoaplicável.

O próximo capítulo será dedicado à compreensão da ação popular nos Direitos alienígena e brasileiro; nele será, também, confrontado o instituto da ação popular com as demais ações ou remédios constitucionais, inclusive com a ação civil pública.

# Capítulo 2

# Ação Popular nos Direitos Alienígena e Brasileiro

**Sumário: 2.1** O direito estrangeiro – **2.1.1** Breve análise da legislação alienígena – **2.1.1.1** Portugal – **2.1.1.2** Espanha – **2.1.1.3** Itália – **2.1.1.4** França – **2.1.1.5** Alemanha – **2.2** Ação popular no Direito brasileiro – **2.2.1** A introdução da ação popular na legislação pátria – **2.2.2** Ação popular e outras ações constitucionais – **2.2.2.1** Ação popular e *habeas corpus* – **2.2.2.2** Ação popular e mandado de segurança – **2.2.2.3** Ação popular e mandado de injunção – **2.2.2.4** Ação popular e *habeas data* – **2.2.2.5** Ação popular e ação civil pública

## 2.1 O direito estrangeiro

## 2.1.1 Breve análise da legislação alienígena

Nos tópicos seguintes será feita uma breve incursão pelas leis estrangeiras que tratam de institutos semelhantes à ação popular brasileira.

Por fidelidade às origens históricas do Brasil, em primeiro lugar serão analisadas as leis portuguesas.

Em seguida dedicar-se-ão brevíssimas linhas ao ordenamento jurídico de outros países, com intenção meramente ilustrativa, de modo que, em rápidas notas, serão tecidas algumas considerações sobre o tema na Espanha, Itália, França e Alemanha.

## 2.1.1.1 Portugal

Embora antes em Portugal fosse recomendada a aplicação do *Digesto* na defesa de bens públicos de uso comum, foi em 1878, através do Código Administrativo português, que veio a lume a ação popular. Tinha cunho supletivo e poderia ser ajuizada por qualquer eleitor, em nome e no interesse do distrito, município ou paróquia em que fosse domiciliado, para reivindicar bens ou direitos indevidamente usurpados ou possuídos. Contudo, referida ação popular era subordinada à autorização prévia da junta geral ou do distrito ou do governo, o que, obviamente, restringiu a legitimidade do eleitor.

Apoiado em Marcelo Caetano, o professor J. M. Othon Sidou afirma que

> o art. 702 do mencionado ordenamento define a ação como sendo a faculdade conferida a qualquer eleitor ou contribuinte das contribuições diretas do Estado, no gozo de seus direitos civis e políticos, de recorrer das deliberações, que tenha por ilegais, dos corpos e comissões administrativas, federações de municípios, juntas de turismo e dos portos, comissões venatórias e com jurisdição nas circunscrições em que se ache recenseado ou por onde seja coletado o recorrente.[41]

Já com natureza corretiva, em matéria administrativa, surgiu através da lei de 06 de agosto de 1892 ação popular que facultava a qualquer cidadão, no gozo dos seus direitos civis ou políticos, se insurgir contra as deliberações dos corpos administrativos contrários ao interesse público ou à lei.

Destaca José Afonso da Silva a existência, nesta época, de duas modalidades de ação popular em Portugal:

> [...] a) uma de natureza civil, que é aquela destinada a defender e conservar as coisas públicas, prevista no art. 313 do Código Administrativo; b) outra de natureza administrativa, que é aquela destinada a impugnar deliberações ilegais de órgãos administrativos, prevista no art. 702 do Código Administrativo.[42]

Lembra o autor que uma era ajuizada no foro cível, originando uma relação processual de natureza civil, para a qual qualquer cidadão estava legitimado a dela lançar mão para defender a coisa pública; a outra, diz o constitucionalista, citando Marcello Caetano, era intentada no contencioso administrativo, o que não ocorre em outras legislações, mas é situação normal em Portugal, no qual o eleitor

---

[41] 2002, p. 321.
[42] 1968, p. 57-58.

e o contribuinte defendem interesse de todos contra a má gestão da coisa pública. Nessa posição, o autor popular passa à condição de fiscal da administração, para defender interesse que é de todos, situação que mais se assemelha à do autor popular brasileiro.

Atualmente, a Constituição portuguesa de 1976 disciplina, em seu artigo 52, o direito de petição e a ação popular, que concedem a todos os cidadãos o direito de peticionar, representar, reclamar ou apresentar queixa, individual ou coletivamente, aos órgãos de soberania ou a quaisquer autoridades, para defender seus direitos, a Constituição, as leis ou o interesse geral. O referido dispositivo reconhece, portanto, de forma expressa, o direito de ação popular, nos casos e nos termos previstos em lei. Como o art. 66 da Constituição afirma que todos têm o direito a um ambiente de vida humana sadio e ecologicamente equilibrado, o item 3 do referido dispositivo confere a "todos o direito de promover, nos termos da lei, a prevenção ou a cessação dos fatores de degradação do ambiente".

Já o direito de participação popular em procedimentos administrativos e a regulamentação do direito de ação popular estão previstos na Lei nº 83, de 31.08.1995, que atribui, a quaisquer cidadãos, no gozo de seus direitos civis e políticos, a legitimidade para ajuizar ação popular, mesmo sem ter interesse direto na demanda. Podem ser objeto da ação popular portuguesa a saúde pública, o ambiente, a qualidade de vida, a proteção do consumo de bens e serviços, o patrimônio público e o domínio público.

Como se vê, tal qual no Brasil, o direito de ação popular vem, primeiramente, previsto na Constituição e o seu regramento é feito por lei infraconstitucional.

Referida lei legitima também as associações e fundações defensoras dos mesmos interesses acima indicados e também as autarquias locais, desde que os titulares dos interesses a serem tutelados residam na área da respectiva circunscrição. Nesse ponto, difere da ação popular brasileira, que legitima apenas a pessoa física, no gozo de seus direitos políticos, conforme será visto adiante.

Por último, é interessante observar que a ação popular lusa, tal qual ocorre no Brasil, não faz coisa julgada na hipótese de ser julgada improcedente por insuficiência de provas ou no caso de o julgador decidir de forma diversa, fundamentado em motivações próprias do caso concreto, conforme prevê o art. 19 da Lei nº 83, de 31.08.1995.

## 2.1.1.2 Espanha

A Constituição republicana espanhola de 1931 previa em seu art. 123, nº 4, que toda pessoa, individual ou coletiva, mesmo que não diretamente lesada, podia manejar ação perante o Tribunal de Garantias Constitucionais.

Mas, como observa Rodolfo de Camargo Mancuso, "com o advento do 'franquismo', como é óbvio, desapareceu o instituto".[43] No entanto, o mesmo autor, antes destaca que, no direito ibérico, existe uma ação popular de natureza penal, prevista no art. 101 da "Ley de Enjuiciamiento Criminal", ou LECrim, que prevê ser pública a ação penal, podendo "todos los ciudadanos españoles" exercitá-la seguindo as regras e prescrições da lei.

Virgilio Latorre Latorre observa que:

> La acción popular tiene su reconocimiento expreso en la legalidade ordinaria a través de los artículos 101 LECrim y 19.1 LOPJ, y en la constitucional, por medio del artículo 125 CE.[44]

Referido instituto, por ser específico para ação penal e por ter objetivo de punir criminalmente, é óbvio que se afasta da natureza da ação popular brasileira.

O artigo 125 da Constituição de 29 de dezembro de 1978, legitima a qualquer cidadão exercer a ação popular e tomar parte da administração da justiça, mediante o instituto do júri, com vistas a participar dos processos penais que a lei determina e ainda dos tribunais consuetudinários e tradicionais.

Virgílio Latorre Latorre destaca, ainda, a existência do art. 7.3 da LOPJ, destinado à defesa dos interesses coletivos:

> Esta cobertura aún se hace más fuerte a tenor de lo dispuesto en el artículo 7.3 de la LOPJ, que inmediata y una reacción similar a la del artículo 24.1. CE, dispone que *para la defesa de estos últimos (los interesses colectivos) se reconocerá la legitimación de las corporaciones, asociaciones y grupos que resulten afectados o que estén legalmente habilitados para su defensa y promoción.*[45]

---

[43] 1998, p. 47-48.
[44] LATORRE, Virgilio Latorre. *Acción Popular/Acción Colectiva*. Madrid: Civitas Ediciones, 2000. p. 13.
[45] 2000, p. 42.

Como se vê, para os interesses coletivos, terão legitimidade corporações, associações e grupos afetados, sempre "que haya e juego intereses colectivos, entendidos como difusos o supraindividuales",[46] por força do art. 7.3 da LOPJ, ressaltando, no entanto, que a matéria há que ser penal. Ou seja, não se cogita que o cidadão possa defender o bem público.

Na Espanha, não existe, como se nota, legislação apropriada à defesa de direitos individuais homogêneos, conforme destaca Assagra de Almeida, para quem "ainda resta muito à Espanha para que ela possa implantar um sistema moderno e adequado de tutela jurisdicional dos direitos massificados".[47]

Em relação a direitos coletivos, é este o quadro da legislação espanhola.

No que tange à eventual atuação do poder público, principalmente, naquelas situações em que o administrador pode invocar poder discricionário, é interessante destacar que a Constituição espanhola adotou o princípio da *interdição do arbítrio*, que veda a falta de fundamento objetivo nas tomadas de decisão dos administradores, cujas vontades ou caprichos próprios não podem prevalecer.

Em suma, na Espanha, o "poder discricionário fica circunscrito por causa de um esforço de razão, pois é claro que os fins correspondentes a cada função exercida pelos agentes públicos podem ser fixados relativamente à própria razão de ser atribuída pela ordenação jurídica ao poder público",[48] conforme destaca José Cretella Júnior.

Sobre o tema, Eduardo García de Enterría e Tomás-Ramón Fernández[49] destacam que, na Espanha, para controlar o poder discricionário existem três maneiras: através do controle dos elementos do ato discricionário e o desvio de poder; os fatos determinantes; o emprego dos princípios gerais do Direito e do princípio da iniquidade manifesta.

Em suma, não há subjetivismos; e isso, sem dúvida, municia muito mais o cidadão espanhol de forte argumento toda vez que o ato do administrador não for, objetivamente, fundamentado ou incorrer em desvio.

---

[46] 2000, p. 49.
[47] 2003, p. 119.
[48] CRETELLA JÚNIOR, José. *O "desvio de poder" na Administração Pública*. 4. ed. Rio de Janeiro: Forense, 1997. p. 152.
[49] 1991, p. 401.

A Espanha carece, no entanto, de modalidade de ação que pode ser proposta por qualquer cidadão, como outrora previa o art. 123, nº 4, da Constituição de 1931, que a ditadura de Franco, infelizmente, suprimiu do ordenamento jurídico ibérico. Há o chamado "recurso de amparo", para o qual não está legitimado apenas o ofendido: ao contrário, o art. 162.1.b da CE "extiende la legitimación a todo aquel que invoque un interés legítimo en el proceso",[50] esclarece Latorre Latorre.

Ocorre que o "interesse legítimo", na visão do citado autor espanhol, deve encampar os direitos subjetivos de grupos e coletivos, que se irradiam sobre indivíduos ligados a eles de forma direta ou indireta, assim como os interesses gerais, sociais e difusos, o que não é o mesmo que "sucedía em la II República — art. 123.5º CE — que extendía la legitimación a toda persona individual o colectiva aunque no fuera titular de los derechos fundamentales lesionados",[51] adverte Virgilio Latorre.

A "acción popular" é "propia de la jurisdicción penal",[52] afirma Virgilio Latorre Latorre, que adverte:

> La acción popular está proscrita en nuestro ordenamiento jurídico, excepto en los casos de acción penal (art. 125 CE), en materia de urbanismo (art. 23.5 de la Ley del Suelo), en materia de Patrimonio Histórico (art. 8.2 LPHE) y en el terreno de la responsabilidad contable (Art. 47.3 de la Ley Orgánica del Tribunal de Cuentas).[53]

Especificamente sobre o contencioso administrativo, no campo urbanístico, o mesmo autor observa, no entanto, que na Espanha

> Existe una copiosa jurisprudencia que excluye la acción popular, salvo en algunas materias, de la competencia de la jurisdicción contecioso-adminnistrativa: así se admite en materia de urbanismo (Ley del Suelo)[54] [...]

A *Ley del Suelo, del Patrimônio Histórico y la de Costas* flexibiliza a legitimidade ativa, exigindo, para o exercício de uma pretensão, um interesse direto, não genérico, entendido como tal, o interesse

---

[50] 2000, p. 95.
[51] 2000, p. 97.
[52] 2000, p. 74.
[53] 2000, p. 89.
[54] 2000, p. 87.

material, moral e jurídico da anulação do ato. A respeito da referida Lei do Solo, Eduardo García de Enterría e Tomás-Ramón Fernández, enumerando os casos de participação funcional, em que "o cidadão, sem deixar de sê-lo, adota uma posição puramente individual de colaborador da Administração", citam o caso de "Exercício de ações populares (arts. 235, LS, e 375, LRL) ou de ações de entes públicos em sub-rogação dos mesmos (art. 271, LRI)".[55] Especificamente a Lei do Regime Local, LRL, em seu art. 370 estabelece, de forma genérica, sobre a obrigação das Corporações Locais exercerem as ações necessárias para a defesa de seus bens ou direitos. Eduardo García de Enterría e Tomás-Ramón Fernández destacam que, para assegurar eventual abandono ou negligência por parte do administrador, que cause a diminuição ou prejuízo ao patrimônio dos entes locais, o art. 371 facultava

> aos munícipes que se achem em pleno gozo de seus direitos civis e políticos para instar àquelas ao exercício das ações que as assistam, permitindo-lhes, inclusive, na hipótese de que as corporações requeridas não adotem os acordos oportunos ao efeito, sub-rogar-se em seu lugar e exercitar, por si mesmos, ditas ações, "em nome e em interesse da entidade local, sempre que o autorize o Governador Civil, ouvido o advogado do Estado", reconhecendo-lhes o direito a ser reembolsado das custas processuais se prosperasse a ação exercitada.[56]

Os autores citados afirmam que a previsão legal comentada é uma hipótese típica de "participação 'funcional' dos cidadãos nas funções administrativas, quer dizer, um caso claro de colaboração dos particulares nas tarefas da Administração" [...] que "não atuam em defesa de pretensões próprias, senão das mesmas pretensões que poderia fazer valer a prefeitura".[57]

De qualquer forma, restrições existem: o munícipe somente poderá atuar se ocorrer situação negativa da corporação, titular da ação, formalmente definida, depois de requerimento por ele apresentado e este deverá aguardar dois meses para a concretização da posição omissa ou negligente da entidade local. Além disso, o munícipe tem que suportar as despesas processuais e somente será reembolsado se obtiver êxito, razão pela qual compreende-se

---

[55] 1991, p. 808.
[56] 1991, p. 948.
[57] 1991, p. 949.

"facilmente até que ponto carece de incentivos o sistema em vigor e quão reduzida é sua efetividade na prática",[58] lembram Enterría e Fernandez.

### 2.1.1.3 Itália

Com caráter supletivo, estava prevista a ação popular na lei comunal e provincial de 1889, reafirmada pelo art. 225 da lei comunal de 04 de fevereiro de 1915; previa que a *Junta Administrativa provincial* poderia autorizar a qualquer contribuinte ajuizar ações para as quais estaria legitimada a Comuna ou fração da mesma.

Nessa mesma época, havia a possibilidade de ser manejada ação popular por qualquer cidadão, que podia exigir o pagamento de um legado pio destinado a uma instituição de beneficência, caso os administradores desta não tomassem a iniciativa de cobrar o legado. E a lei comunal de 03 de março de 1934 previa, em seu art. 310, que todo contribuinte estava legitimado a recorrer à comissão comunal e à Junta provincial administrativa para exigir, inclusive, que o imposto fosse corretamente cobrado de quem tivesse recebido indevida isenção ou fosse cobrado de forma branda.

Mais recentemente, a Lei italiana nº 765, de 06 de agosto de 1967, possibilitou ajuizar-se ação popular voltada para o direito urbanístico e a construção civil, toda vez que o projeto de edificação estiver "em contraste com disposição da lei, regulamento ou com prescrição do plano regulador geral".[59]

De um modo geral, na Itália pode-se manejar ação popular contra os atos da administração pública. Admite-se a tutela jurisdicional de direitos e interesses legítimos perante órgãos de jurisdição ordinária ou administrativa e não pode ser excluída ou limitados a particulares os meios de impugnação ou para determinadas categorias de atos, e os órgãos de jurisdição que podem anular os atos da administração pública são indicados por lei, bem como, em quais casos e efeitos se obtêm.

Deverá, no entanto, haver interesse legítimo, ligado diretamente ao bem comum, indiretamente tutelado, para garantir o bem geral, cuja definição será vista linhas adiante. Nesse caso, é cabível recurso à justiça administrativa competente, que não tem poderes

---

[58] 1991, p. 950.
[59] Tradução livre.

para condenar, mas somente para declarar ou constituir, em razão da separação dos Poderes, quando do surgimento do chamado interesse legítimo. É possível, porém, apenas a impugnação de atos formais da administração.

No caso de lesão a direito subjetivo, que viole expressa norma legal, é possível ajuizar ação perante a justiça comum, e esta só pode dar prestação condenatória de ressarcimento ou declaratória de ilegalidade. É vedado constituir ou desconstituir atos.

Importante lembrar que, na Itália, assim como em França, há o *Conselho de Estado* para apreciar questões que envolvam a Administração Pública. No entanto, José Afonso da Silva lembra que "a justiça administrativa, na Itália, forma, realmente, uma jurisdição especial, sendo lícito conceberem-se, como ação, certos recursos intentados perante ela".[60]

Ao analisar o quadro jurídico depois de voltar a Itália à democracia, Elival da Silva Ramos sintetiza as ações populares atualmente presentes na península. São elas:

a) ações populares civis supletivas, que os cidadãos de uma comuna podem promover em face da inércia dos órgãos comunais não tomarem idênticas medidas; b) ações populares, em sentido amplo, contra os atos ilegais praticados pelos órgãos das instituições pias ou beneficentes; c) ações populares que podem ser intentadas por qualquer um contra os atos violadores das normas urbanísticas (artigo 10 da Lei nº 765, de 6 de agosto de 1975); d) ações populares eleitorais, acerca da inscrição ou falta de inscrição de eleitores nas listas apropriadas e, em geral, acerca da regularidade das operações eleitorais.[61]

É de se destacar a existência, na Itália, de ações populares tanto de natureza penal, como de natureza civil, e esta abrange matéria eleitoral e administrativa. A ação popular de natureza civil pode ser supletiva ou corretiva.

"A posição do autor popular é concebida, segundo a ação seja corretiva ou supletiva, como exercício de uma função própria ou de uma substituição processual",[62] ensina José Afonso da Silva.

A propósito do ato administrativo atacável por ação popular, José Cretella Júnior, esmiúça o tema "desvio de poder" e, apoiado

---

[60] 1968, p. 46.
[61] 1991, p. 138.
[62] 1968, p. 47.

em Santi Romano e Silvio Lessona, alerta que, na Itália, deve sempre haver correspondência entre o ato administrativo e o fim. Em seguida, Cretella Júnior destaca o seguinte:

A mais moderna doutrina italiana ensina que a atividade da Administração Pública deve inspirar-se em duas espécies de normas de ação que têm naturezas diversas, isto é, em normas jurídicas e administrativas ou regras de boa Administração. Se o ato administrativo é contrário ao direito objetivo, tal ato é inquinado de vícios jurídicos ou de ilegitimidade; se é contrário às regras da boa Administração é eivado de vícios administrativos ou de mérito.[63]

Dada a insuficiência da proteção judicial apenas dos direitos subjetivos perfeitos, desenvolveu-se na Itália a proteção dos interesses legítimos, cuja violação pode ser levada à apreciação do Conselho de Estado, ao passo que os tribunais ordinários protegem apenas os direitos subjetivos, lembra Têmis Limberger.[64]

Enquanto o interesse subjetivo está ligado ao seu titular, o interesse legítimo estaria vinculado ao interesse geral. A doutrina italiana aponta como modalidades de interesse legítimo, dentre outros, "o interesse 'condicionalmente' protegido, que considera a posição de vantagem do indivíduo, mas com valor relativo, isto é, o Poder Público, pode [...] modificar-lhe o conteúdo, ou suprimir-lhe a existência", ensina Celso Agrícola Barbi.[65]

Cita, ainda, Celso Agrícola Barbi, a modalidade em que "o interesse 'ocasionalmente' protegido, que não assegura uma posição de vantagem individual, mas permite reação do prejudicado pela violação da norma protetora do interesse geral".[66]

Em suma, na Itália, segundo escreve J. M. Othon Sidou, existem

Três leis, portanto, ao finalizar o século, convocavam o povo a vigiar as instituições: uma em matéria eleitoral, facultando ações ao eleitorado político e ao eleitorado administrativo; outra em matéria comunal e provincial; e a outra em matéria de beneficência pública.[67]

---

[63] 1997, p. 143.
[64] 1998, p. 82.
[65] BARBI, Celso Agrícola. *Do mandado de segurança*. 7. ed. Rio de Janeiro: Forense, 1993. p. 12.
[66] 1993, p. 13.
[67] 2002, p. 320.

Em confronto com a ação popular brasileira, que dota o cidadão de poderes para proteger direitos difusos e coletivos, sobretudo no que tange à tutela do meio ambiente e patrimônio histórico, a legislação italiana deixa muito a desejar. Assinala Gregório Assagra de Almeida, que "não há no sistema processual italiano legislação específica e adequada para a tutela dos interesses de massa como ocorre no Brasil"[68] e por isso, na visão do autor, devem os brasileiros orgulharem-se do sistema processual pátrio, por estar mais avançado que o sistema milenar, espelho para a construção da teoria geral do processo brasileiro.

## 2.1.1.4 França

Destaca J. M. Othon Sidou que "o berço da ação popular moderna é a França",[69] em que pese a Bélgica ter promulgado pouco antes sua lei comunal, porque nesse país não prosperou o instituto, tal qual ocorreu em território francês.

Na França, através da lei comunal de 18 de julho de 1837, foi acolhida a ação popular, de natureza supletiva e de âmbito local, destinada a tutelar direitos que o contribuinte estima devam pertencer à coletividade e não são resguardados de forma conveniente pelos agentes públicos. Os contribuintes inscritos nos registros comunais poderiam propor ação popular, por sua conta e risco, através de petição sustentada pelos próprios (sem procurador) e o trâmite dependia de autorização do Conselho Municipal. No caso de decisão desfavorável pelo Conselho Municipal, o interessado poderia recorrer para o Conselho de Estado, que tinha prazo de três meses para decidir. Assim, a ação popular francesa é tida como pioneira, porque a promulgada, pouco antes, na Bélgica, não vingou e sua aplicação foi tímida, sem expressão e sem continuidade.

De natureza corretiva, restrita à matéria eleitoral, através da lei comunal de 05 de maio de 1855, surgiu a ação popular para o eleitor fazer denúncias apenas em relação à seção onde fosse registrado a qual tinha início com o protesto oral, que deveria ser confirmado por escrito em cinco dias.

Mas, como se sabe, o ordenamento jurídico francês prevê a independência entre a jurisdição administrativa (*Conseil d'État*) e a

---

[68] 2003, p. 107.
[69] 2002, p. 315.

jurisdição comum (*droit judiciaire privé*). Assim, há distinção entre o recurso administrativo, que busca corrigir a ilegalidade, com a anulação do ato, e o recurso contencioso, manejável diante da violação de um direito subjetivo, que vise à reparação.

Soma-se a esta breve incursão, a análise do recurso por excesso de poder, previsto no contencioso administrativo, instituto que, na visão de Elival da Silva Ramos, "é comparado a uma autêntica ação popular".[70] Mas, Rodolfo de Camargo Mancuso entende que a questão da existência ou não de uma verdadeira ação popular na França dependerá de "uma questão conceitual e premonitória"[71] se o recurso em análise for um sucedâneo da ação popular. Tal posicionamento deve-se ao fato de que, na França, conforme antes mencionado, vigora sistema dúplice de jurisdição, em que o recurso por excesso de poder tramita perante o *Conseil d'État*, portanto no âmbito administrativo, além de outros pontos diferenciadores que serão analisados.

No entanto, não é o recurso por excesso de poder instituto correlato à ação popular constitucional brasileira, conforme será visto.

Nascido sob o clima libertário da Revolução Francesa, o recurso por excesso de poder (*recours pour excès du pouvoir*) está hoje previsto no art. 32 do decreto de 31 de julho de 1945, com a alteração de 30 de setembro de 1953, e é importante instrumento em favor dos administrados para a impugnação de ato ilegal.

Alerta Elival da Silva Ramos,[72] com apoio em Jean Rivero, que o nome — *excesso de poder* — ao contrário do que se pode imaginar, significa não conformidade com o direito.

Destaca, ainda, o referido autor, os pontos em que o recurso por excesso de poder se distancia da ação popular, como o fato de não estar ao alcance de toda e qualquer pessoa, visto que o recorrente precisa ter capacidade para estar em juízo e provar que o ato ilegal, objeto do recurso, lhe é diretamente prejudicial, ou seja, há que se demonstrar interesse pessoal.

Entretanto, o mesmo autor, sustentado ainda no magistério de Rivero, menciona sobre a amplitude subjetiva do recurso por excesso de poder, em casos em que a jurisprudência administrativa tem adotado postura bastante flexível, como em casos de interesses

---

[70] 1991, p. 133.
[71] 1998, p. 45.
[72] 1991, p. 134.

de fiéis na celebração de seu culto, em que o interesse é moral, ou na situação do usuário de serviço público, em que não se exige interesse exclusivo, ou, ainda, em casos de interesse pessoal indireto, como a ilegalidade de despesas feitas por autoridades locais, que irão refletir em sobrecarga tributária.

Confrontado com a ação popular constitucional do Brasil, o recurso por excesso de poder francês é instituto com grandes diferenças; a ação popular existente no Direito brasileiro pode ser invocada por qualquer cidadão e é julgada pelo Poder Judiciário, por juízes, ao passo que, no instituto francês, deve haver interesse próprio demonstrado e é apreciado por um conselho, distinto do Poder Judiciário típico, como conhecido no Brasil. Veja-se a observação de J. M. Othon Sidou:

> o *recours pour excès de pouvoir* se afasta da ação popular atribuída a "toda pessoa", uma vez que para propor o recurso não basta o só interesse da coletividade nem é suficiente ser um de seus membros para qualificar o autor, fazendo-se mister a demonstração do nexo entre o interesse de agir e o ato por ele impugnado.[73]

Além disso, o leque de proteção da ação popular do Direito brasileiro é bem mais amplo, posto que pode ser objeto não apenas a lesão ao patrimônio público, mas também a moralidade administrativa, o meio ambiente e o patrimônio histórico.

## 2.1.1.5 Alemanha

Em raras situações existiu, na Alemanha, antes do nazismo, remédio semelhante à ação popular constitucional brasileira.

José Afonso da Silva lembra: "admitia-se, na Alemanha prénazista, a *actio popularis* contra a supressão ou desvio dos caminhos públicos (Prússia) e para a defesa ampla de interesses legítimos (Hamburgo e Bremen)".[74] Não se pode deixar de citar, ainda, o art. 13, da Lei Eleitoral do Reich, "que permitia reclamações contra as listas de eleitores para as eleições parlamentares",[75] destaca Elival da Silva Ramos, sustentado em Fritz Fleiner.

---

[73] 2002, p. 317.
[74] 1968, p. 49.
[75] 1991, p. 139.

Estas raríssimas exceções foram extirpadas, obviamente, com o surgimento do nazismo e a ascensão de Adolf Hitler.

Mas os autores são unânimes em sustentar que depois de reinstalada a democracia, em especial e somente na Baviera, teria surgido uma modalidade de ação popular, que legitimava qualquer cidadão a questionar a inconstitucionalidade de leis que atentassem contra os direitos fundamentais previstos na Constituição daquele Estado-membro.

Previa o art. 98 da Constituição da Baviera que os direitos fundamentais garantidos pela Constituição não poderiam, em princípio, ser restringidos e que caberia à Corte de Litígios constitucionais declarar a nulidade de eventuais leis contrárias à Constituição ou a um dos direitos fundamentais.

Este dispositivo constitucional deve ser conjugado com o §54 da Lei nº 72, que garante a *qualquer pessoa* o direito de pleitear recurso ao Tribunal Constitucional contra lei que restrinja direito fundamental. É, portanto, a Lei nº 72, que prevê a ação popular bávara.

Por isso, a ação popular da Baviera, porque prevista em uma lei, diverge da nossa ação popular, que é garantida na Constituição Federal.

Contudo, na visão de José Afonso da Silva, não deixava de ser garantia colocada à disposição de qualquer cidadão, para obter o respeito de seus direitos, como "meio de invocação do controle da constitucionalidade das leis, no que tange aos direitos fundamentais do homem, tão largamente consagrados no Estado popular (*Volksstaat*) da Baviera".[76]

Em face do tema tratado nesta obra, qual seja, a invalidação do ato jurisdicional através da ação popular, é interessante observar, no entanto, que, na Alemanha, admite-se o controle de constitucionalidade não só de leis, como também de decisões do judiciário.

O autor português Rui Medeiros ensina que na

[...] Alemanha, por exemplo, a formulação de uma queixa constitucional permite controlar a conformidade com os direitos fundamentais as actuações do poder público em geral. A maioria das queixas constitucionais dirige-se [...] contra decisões jurisdicionais. E, atendendo à tendência para admitir que os direitos

---

[76] 1968, p. 50.

fundamentais protegem também os particulares contra quaisquer actuações soberanas que intervenham ilegitimamente na sua esfera de liberdade protegida constitucionalmente, a generalidade das decisões jurisdicionais ilegítimas poderia, em teoria ou em termos puramente lógicos, ser vista como violadora de direitos fundamentais. [...] Seja como for, para efeitos de objecto de controlo do Tribunal Constitucional Federal, é indiferente que a violação do "Direito Constitucional específico" tenha origem num acto normativo ou numa decisão jurisdicional.[77]

Escreve, ainda, Rui Medeiros, que, na Alemanha, "não está excluída a possibilidade de o particular contestar a decisão jurisdicional com fundamento, por exemplo, na violação do princípio da proibição de arbítrio ou em ofensa de direitos fundamentais".[78]

No que tange ao controle de constitucionalidade de normas, cumpre observar que, na Alemanha, se um tribunal chegar à conclusão que uma lei (de cuja validade depende a decisão da causa) não se amolda à Lei Básica (*Grundgesetz*), deve paralisar, provisoriamente, o processo e instar a interferência do Tribunal Constitucional Federal.

O Tribunal Constitucional alemão decidirá tão somente se a regra for compatível com a Lei Fundamental ou não (art. 13º, §11 e arts. 80º a 82º da Lei do Tribunal Constitucional Federal).

Nota-se, portanto, que, na Alemanha, tal qual ocorre na Espanha e Itália, não existe controle de constitucionalidade difuso, em razão do processo de "reenvio prejudicial". Com efeito, na Alemanha, o tribunal ou juiz não decide a questão de constitucionalidade, ou seja, não têm o poder de aplicar ao caso concreto submetido a julgamento, incidentalmente, norma inconstitucional. Tal tarefa é reservada exclusivamente ao Tribunal Constitucional Federal.

Para finalizar, sem indicar nomes, Gregório Assagra de Almeida afirma que "alguns juristas defendem a inserção, no sistema alemão, da ação de popular, de forma a conceber legitimidade a qualquer cidadão, como no Brasil, ou às associações, para a tutela do meio ambiente".[79]

---

[77] MEDEIROS, Rui. *A decisão de inconstitucionalidade*: os autores, o conteúdo e os efeitos da decisão de inconstitucionalidade da lei. Lisboa: Universidade Católica Editora, 1999. p. 336-337.

[78] 1999, p. 336-337.

[79] 2003, p. 116.

## 2.2 Ação popular no Direito brasileiro

### 2.2.1 A introdução da ação popular na legislação pátria

A Constituição Imperial de 1824, inspirada que foi no liberalismo e na Declaração dos Direitos do Homem e do Cidadão, decretada pela Assembleia Nacional Francesa em 1789, previa um "rol dos direitos individuais que era praticamente o que havia de mais moderno na época",[80] destaca Celso Ribeiro Bastos. A par das ideias liberais de então, a Constituição Imperial abrigou uma modalidade de ação popular. Estabelecia, em seu art. 157, a possibilidade de se mover ação popular contra juízes de direito e oficiais de justiça por suborno, peita, peculato e concussão e o art. 179, inciso 30, autorizava a todo cidadão apresentar reclamações, queixas ou petições, por escrito, ao Poder Legislativo e ao Executivo, expondo qualquer infração da Constituição, buscando da "autoridade competente a efetiva responsabilidade dos infratores".

Não tinha a ação popular daquela época os contornos jurídicos da atual ação popular constitucional, mas é interessante observar que ainda na época do Brasil Império era aceita e controlada através de ação popular os atos de improbidade porventura perpetrados pelos próprios juízes de direito.

Instalado o governo republicano, a primeira Constituição da República não dedicou um parágrafo sequer à ação popular. De fato, não pode ser tida como tal a previsão do §9º do art. 79, que previa permissão a qualquer interessado representar mediante petição aos poderes públicos e "denunciar abusos das autoridades e promover a responsabilidade dos culpados"; tal qual o similar da época do Império o parágrafo tinha redação incompleta.

José Afonso da Silva escreve que

A primeira Constituição republicana não acolheu a ação popular — nem mesmo aquela de caráter penal, prevista na Constituição do Império. Ficou ela, por conseguinte, reduzida à defesa de logradouros e baldios públicos (conforme admitia a doutrina das ações dos velhos praxistas) e àquela fraca incidência em leis especiais, até que foi promulgado o Código Civil.[81]

---

[80] BASTOS, Celso Ribeiro. *Curso de direito constitucional*. São Paulo: Saraiva, 1990. p. 50.
[81] 1968, p. 30.

Merece destaque lembrar que, com a entrada em vigor do Código Civil de 1916, expressivo número de doutrinadores e até tribunais chegaram a interpretar que a ação popular teria sido extirpada de nosso ordenamento jurídico, pelo art. 76, que exigia, para propor ou contestar uma ação, "legítimo interesse econômico, ou moral"[82] por parte do autor.

Clóvis Beviláqua, ao comentar o art. 76, argumentou sobre a controvérsia que na época se estabeleceu, "referente à persistência das acções populares, que, no direito romano, tinham por objecto a defesa dos bens públicos".[83] Entendeu o jurista que na

> [...] organização jurídica moderna, os actos, que davam causa às acções populares, passaram a constituir crimes reprimidos pelo Código Penal, sendo a matéria, ora de leis de polícia, ora de posturas municipais, e, algumas vezes, offensas a direitos individuais[84] [...]

O tema foi alvo de calorosa discussão entre Clóvis Beviláqua e Andrade Figueira, durante os trabalhos na Câmara dos Deputados. Andrade Figueira tentou que a ação popular viesse prevista no art. 185, do Projeto de Código Civil, mas tal dispositivo foi transmudado para o art. 76, que acabou entrando em vigor. Na época, Clóvis Beviláqua argumentou, durante os trabalhos da comissão especial, que a nossa organização política não estava suficientemente desenvolvida a ponto de os particulares estarem preparados para velar pelos interesses públicos.

Em que pese a discussão havida, Figueira não viu êxito em sua proposta. Quanto a isso, o jurista J. M. Othon Sidou diz que sem razão estava Andrade Figueira, na medida em que "o interesse do autor popular, hoje como ontem, em Roma como nos países que adotam a *popularis actio*, é um interesse desadjetivado".[85] Ou seja, o autor popular, ao defender o que é de todos, obviamente, defende o que também é seu.

Soma-se, ainda, o pensamento de J. M. de Carvalho Santos, que escreveu: "se no conceito das ações populares se

---

[82] NEGRÃO, 2002, p. 62.
[83] BEVILÁQUA, Clóvis. *Código Civil dos Estados Unidos do Brasil comentado*. Edição histórica. Rio de Janeiro: Ed. Rio, 1975. p. 322.
[84] 1975, p. 322.
[85] 2002, p. 323.

incluir os chamados direitos públicos difusos, não temos dúvida em sustentar a admissibilidade das ações populares em nosso direito".[86] Houve, ainda, a Lei baiana nº 1.384, de 24 de maio de 1920, que, a despeito da vigência do Código Civil de 1916, permitia, em seu art. 31, uma modalidade de ação popular supletiva, que legitimava qualquer habitante do Município para reivindicar ou reaver quaisquer bens ou direitos que ao Município tenham sido usurpados ou estejam indevidamente possuídos por terceiros, desde que o intendente se recusasse em propô-la e permanecer omisso também o conselho.

Certo é que, no ordenamento jurídico brasileiro, a ação popular, com a feição atual, somente foi introduzida pela Constituição Federal de 1934, pelo art. 113, inciso 38, que legitimava qualquer cidadão para pleitear, em juízo, a nulidade ou anulação de atos lesivos ao patrimônio da União, dos Estados ou dos Municípios.

Com o advento do Estado Novo, a ação popular, ainda com três anos de existência, naturalmente, não teve lugar perante a chamada "Constituição Polaca", outorgada em 1937, por Getúlio Vargas. Registra José Afonso da Silva que, nessa efêmera duração, a ação popular "não foi [...] intentada uma única vez".[87]

Além disso, outras duas modalidades de ação popular existiram, como no caso da Lei Federal nº 818/49, que previa a ação popular para a anulação do ato de naturalização, e o da Lei Federal nº 3.502/58, que permitia o ajuizamento de ação popular para o sequestro e perdimento de bens por ato praticado em detrimento da Fazenda Pública.

Com o fim da ditadura, a ação popular renasceu com a Constituição de 1946, que, democraticamente, previa, em seu art. 141, §38, a possibilidade de qualquer cidadão pleitear, em juízo, a anulação ou a declaração de nulidade de atos lesivos ao patrimônio da União dos Estados, dos Municípios, das entidades autárquicas e das sociedades de economia mista.

A Lei nº 4.717, de 20 de junho de 1965, disciplinou o procedimento da ação.

A Carta Política imposta em 1967, ainda que de origem ditatorial, manteve o instituto, mas referiu-se apenas a "entidades públicas".

---

[86] SANTOS, J. M. de Carvalho. *Código Civil brasileiro interpretado*. 6. ed. Rio de Janeiro: Freitas Bastos, 1955. v. 2, p. 253.

[87] 1968, p. 34.

Finalmente a Constituição de 1988 deu maior abrangência ao seu objeto e alcance, como se vê no art. 5º, LXXIII:

> qualquer cidadão é parte legítima para propor ação popular que vise a anular ato lesivo ao patrimônio público ou de entidade de que o Estado participe, à moralidade administrativa, ao meio-ambiente, e ao patrimônio histórico e cultural, ficando o autor, salvo comprovada má-fé, isento de custas judiciais e do ônus da sucumbência.[88]

Nota-se, então, que o objeto protegido pela ação popular foi ampliado pela *Constituição Cidadã*, para viabilizar o seu uso em caso de ofensa à moralidade administrativa, ao meio ambiente e ao patrimônio histórico e cultural.

A respeito do tema, há um aspecto interessante: o Código de Processo Civil de 1939, em seu art. 670, previa a possibilidade de dissolução de sociedade civil que promovesse atividade ilícita ou imoral, por ação direta, mediante denúncia de *qualquer do povo*. E é de todo interessante anotar que referido dispositivo, embora pertencente ao velho Código de Processo, ainda está em pleno vigor por força do disposto no art. 1.217, do CPC atual, que determinou a continuidade da validade do art. 670 do CPC-1939, até o surgimento de leis especiais.

No entanto, por força do disposto nos artigos 1.034, 1.037 e parágrafo único, do Código Civil atual, a legitimidade, tão somente, passou a ser dos sócios, do Ministério Público e, na falta deste, do interventor nomeado pela autoridade competente que autoriza o funcionamento.

De qualquer forma, até antes do Código Civil de 2002 entrar em vigor, pode-se afirmar que além da previsão contida no inc. LXIII, do art. 5º da CF, a sociedade civil com personalidade jurídica, que promovesse atividade ilícita ou imoral, poderia ser dissolvida, por ação direta de *qualquer do povo*.

Depois de comparar a ação popular com institutos afins de Portugal, Espanha, Itália, França e Alemanha, o próximo tópico se ocupará em confrontar a ação popular com as demais ações constitucionais brasileiras.

---

[88] BRASIL. *Constituição Federal* (1988). 29. ed. São Paulo: Saraiva, 2002. p. 12. (Coleção Saraiva de Legislação).

## 2.2.2 Ação popular e outras ações constitucionais

### 2.2.2.1 Ação popular e *habeas corpus*

Veja-se, em primeiro lugar, o *habeas corpus*.

Com origens na *Magna Carta* da Inglaterra, de 15 de junho de 1215, imposta pela nobreza inglesa ao rei João Sem Terra, foi o instituto uma garantia de liberdade individual, para coibir a prisão sem controle judicial. Posteriormente, o *Habeas Corpus Act* disciplinou o seu processamento. Mais tarde, foi aperfeiçoada a versão primitiva, que se mostrou insuficiente, posto que podia ser invocado apenas em favor de presos sob a acusação de crime. Era preciso pensar em um meio mais eficiente, para os casos de outras prisões não baseadas em acusações criminais. Surgiu, então, o *Habeas Corpus Act*, de 1816.

Também conhecido como *writ* ou *mandamus*, ou remédio heroico, o instituto visava desde o início evitar ou remediar no sentido de que o impetrado, injustamente preso, permanecesse encarcerado.

A rapidez e a objetividade do *habeas corpus* refletem o caráter pragmático próprio do Direito anglo-saxão, o que o tornou mecanismo jurídico de maior utilização, ficando conhecidíssimo entre o povo.

No Brasil, apesar de previsto entre os recursos no Código de Processo Penal, é, em verdade, remédio de Direito Processual Constitucional e seu maior prestígio está, certamente, no âmbito do Direito Processual Penal.

Pelas palavras de José Frederico Marques, *habeas corpus* é

> [...] *remedium juris* destinado a tutelar a liberdade de locomoção. Desde que haja ilegalidade ou abuso de poder que atinja a liberdade de ir e vir o habeas corpus constitui o instrumento destinado a remover a coação contra aquele direito subjetivo.[89]

Com a ação popular, o *habeas corpus* tem em comum apenas o fato de ser também uma das ações constitucionais, previstas lado a lado como garantias dadas ao cidadão.

Na época em que Pontes de Miranda[90] comentou a Constituição Federal de 1946, afirmou o notável autor que a ação popular

---

[89] MARQUES, José Frederico. *Elementos de direito processual penal*. Atualizada por Victor Hugo Machado da Silveira. Campinas: Bookseller, 1997. v. 4, p. 342.

[90] MIRANDA, Pontes de. *Comentários à Constituição de 1946*. t. V, p. 400.

e o *habeas corpus* se assemelhavam apenas no fato de poderem ser interpostos por pessoa que não é titular do direito lesado ou ofendido.

José Afonso da Silva discordou, ao afirmar, em relação à ação popular, que não é mera questão de dar legitimidade a qualquer cidadão, mas "o que lhe dá a conotação essencial, é a natureza impessoal do interesse a defender por meio dela: interesse da coletividade".[91]

A propósito, é de se destacar que, pela ação popular, o cidadão defende interesse que é de todos e, por isso, é interesse também seu; ao passo que o impetrante do *habeas corpus* está a defender interesse de ir e vir apenas do paciente.

Além dessa diferença, outras são apontadas pelo constitucionalista, como a de o *habeas corpus* ser uma típica ação de natureza criminal, que protege direito subjetivo de ir e vir do cidadão, enquanto a ação popular é, essencialmente, de natureza civil e existe para proteger interesse da coletividade em face de atos lesivos ao bem público, à moralidade administrativa, ao meio ambiente e ao patrimônio histórico e cultural.

Certo é que *habeas corpus* e ação popular, além de serem garantias constitucionais em prol do cidadão, representam, inegavelmente, avanço da democracia e são mecanismos de busca e efetivação da dignidade humana: o primeiro visa garantir o direito de ir e vir da pessoa; o segundo, a preservação da moralidade no trato com a coisa pública.

## 2.2.2.2 Ação popular e mandado de segurança

Entre a ação popular e o mandado de segurança, além de integrarem a categoria dos chamados remédios, mais especificamente das ações constitucionais, há a semelhança quanto ao fato de serem ações de natureza civil e instrumentos de controle jurisdicional.

Celso Agrícola Barbi conclui "que o mandado de segurança é típica 'ação de cognição', que se exerce através de um procedimento especial da mesma natureza, de caráter documental".[92] A ação popular também tem caráter cognitivo, porque depende de dilação probatória, porém com maior amplitude.

No entanto, ação popular e mandado de segurança se afastam na medida em que este objetiva a proteção de direito líquido

---

[91] 1968, p. 95.
[92] 1993, p. 50.

e certo, de caráter subjetivo, individual (agora também coletivo), não protegido pelo *habeas corpus* ou *habeas data* e há que se ter como parte requerida sempre aquele que praticou o ato atacado, ou seja, a autoridade pública ou agente de pessoa jurídica no exercício de atribuições do Poder Público. A ação popular pode ter, no polo passivo, pessoa jurídica ou física beneficiária do ato atacado, ainda que não seja autoridade ou no exercício delegado de atribuições do Poder Público.

Importante ressaltar que o Supremo Tribunal Federal sedimentou entendimento de que o mandado de segurança não substitui a ação popular, nos termos da Súmula nº 101.

O mandado de segurança reclama a prática de ato ilegal, arbitrário, pela autoridade impetrada, enquanto a ação popular tem por alvo ato lesivo, via de regra, ao patrimônio público, ao patrimônio histórico e cultural ou ao meio ambiente.

Diferenciam-se, ainda, quanto ao modo de cognição. O mandado de segurança reclama prova pronta do direito líquido e certo alegado, sem a possibilidade de dilação probatória em momento diferente ou em fase que vier a se desenrolar durante a marcha processual. Ao contrário, a ação popular não requer prova pré-constituída do direito alegado, porque pode ser produzida na fase instrutória própria. Portanto, direito líquido e certo é ponto diferenciador.

Direito líquido e certo tem por característica positiva a sua *existência*, a sua *certeza* e a sua *atualidade*. Há, ainda, o aspecto negativo, que é a incontestabilidade do direito alegado.

Em suma, sendo incerta ou duvidosa a existência do direito ou sendo ele questionável, não há que se falar em direito líquido e certo.

Celso Agrícola Barbi destaca que, para o mandado de segurança, o direito líquido e certo é "a pedra de toque, a chave de abóbada de todo o edifício".[93]

A ação popular legitima o cidadão a defender interesse da coletividade e pode ter, no polo passivo, as pessoas públicas ou privadas, pessoas jurídicas ou entidades subvencionadas pelos cofres públicos, as autoridades, funcionários ou administradores que houverem autorizado, aprovado, ratificado ou praticado o ato impugnado ou que, por omissão, tiverem dado oportunidade à lesão, e contra os beneficiários diretos do mesmo (art. 6º, da Lei nº 4.717/65).

---

[93] 1993, p. 55.

Já, para o mandado de segurança, a legitimidade da ação está restrita ao titular do direito líquido e certo e somente tem legitimidade passiva a autoridade pública ou o agente de pessoa jurídica investida de função pública. Em suma, é o agente ou pessoa jurídica com atribuições de poder público, autores do ato, os legitimados passivos. Na ação popular, como visto, os beneficiários diretos do ato impugnado, no caso, particulares, podem e devem estar presentes no polo passivo da demanda.

A propósito do tema, Othon Sidou cita exemplo interessante, ocorrido em comarca do Estado de São Paulo:

> O prefeito do Município deu permissão ao vigário da Paróquia para incorporar ao terreno da escola paroquial, em sítio urbano, uma pequena área pública, com licença para erguer um muro. O proprietário do imóvel fronteiriço insurgiu-se contra o ato do alcaide, não só porque alienou um bem público, sem as devidas cautelas legais, mas também porque lhe impediu o uso de um bem comum, ou seja, o terreno onde habitualmente fazia estacionar seu automóvel.[94]

Sobre o exemplo, o jurista afirma que a situação ensejaria duas pretensões concentradas em uma só pessoa: a do indivíduo em si, que poderia se valer do mandado de segurança, em busca do resguardo do seu direito líquido e certo, baseado em lei de plano diretor da cidade e a do cidadão, como munícipe, que poderia através de ação popular e alegando ilegalidade e lesividade ao patrimônio público por parte do prefeito, obter a desconstituição do ato.

Em outras palavras, poderia o mesmo cidadão ajuizar, simultaneamente, a ação popular e o mandado de segurança, ao fundamento de que os dois institutos podem ser "propostos por um mesmo autor, porém não podem substituir-se um pelo outro, porque em realidade as pretensões a que ambas as ações se dirigem são diversas".[95]

O mandado de segurança coletivo, por sua vez, como afirma Alexandre de Morais, "terá por objeto a defesa dos mesmos direitos que podem ser objeto do mandado de segurança individual",[96] com vistas a proteger interesses individuais homogêneos, em que os titulares são determináveis, o que contrapõe a direitos de titulares indetermináveis, como no caso da ação popular.

---

[94] 2002, p. 332.
[95] 2002, p. 333.
[96] MORAES, Alexandre de. *Direito constitucional*. São Paulo: Atlas, 1998. p. 155.

Além disso, a ação popular legitima qualquer cidadão, ao passo que o mandado de segurança coletivo legitima, para seu ajuizamento, apenas o partido político com representação no Congresso Nacional ou a organização sindical, entidade de classe ou associação legalmente instituída em funcionamento há pelo menos um ano, em defesa dos interesses de seus membros ou associados.

E, por último, também em sede de mandado de segurança coletivo, discute-se direito líquido e certo, comprovado de plano com a petição inicial; na ação popular, há fase de produção de prova, posto que se aplicam a ela as regras do Código de Processo Civil, naquilo em que não contrariarem e deve ser seguido o procedimento ordinário (arts. 7º e 22 da Lei nº 4.717/65).

## 2.2.2.3 Ação popular e mandado de injunção

O mandado de injunção, outra ação constitucional, de natureza civil e com procedimento especial, tem por objeto suprir omissão do Poder Público, que inviabilize o exercício de direito, liberdade ou prerrogativa constitucional, "inerentes à nacionalidade, à soberania e à cidadania",[97] conforme dispõe o inc. LXXI, art. 5º, da Constituição de 1988.

Hely Lopes Meirelles destaca que o objeto do mandado de injunção

> é a proteção de quaisquer direitos e liberdades constitucionais, individuais ou coletivas, de pessoa física ou jurídica, e de franquias relativas à nacionalidade, à soberania popular e à cidadania, que torne possível sua fruição por inação do Poder Público em expedir normas regulamentadoras pertinentes.[98]

Na cátedra de José Afonso da Silva, o mandado de injunção tem "por finalidade realizar concretamente em favor do impetrante o direito, liberdade ou prerrogativa, sempre que a falta de norma regulamentadora torne inviável o seu exercício"[99] e, nisso, difere da ação popular, que visa a interesse coletivo.

---

[97] BRASIL. *Constituição Federal* (1988), 2002, p. 11.

[98] MEIRELLES, Hely Lopes. *Mandado de segurança, ação popular, ação civil pública, mandado de injunção, "habeas-data", ação declaratória de inconstitucionalidade e argüição de descumprimento de preceito fundamental.* 25. ed. atual. por Arnoldo Wald e Gilmar Ferreira Mendes. São Paulo: Revista dos Tribunais, 2003. p. 249.

[99] 2001, p. 452.

Óbvio, também, que só o titular do direito inviabilizado pela omissão do poder público pode ajuizar o mandado de injunção, enquanto a ação popular pode ser proposta por qualquer cidadão. Embora não expressamente previsto na Constituição Federal, é admitido o manejo do mandado de injunção coletivo, com base no art. 8º, inc. III, da Constituição Federal, que legitimou as associações de classe, devidamente constituídas, para buscarem, em juízo, suprir omissão que inviabilize o exercício dos direitos e interesses da categoria.

Tal qual no mandado de segurança, já confrontado, o mandado de injunção não se confunde com a ação popular, porque visa dar proteção a interesses individuais homogêneos, em que os titulares são determináveis. Na ação popular, os interesses protegidos pertencem a todas as pessoas, indeterminadamente.

## 2.2.2.4 Ação popular e *habeas data*

O remédio constitucional *habeas data*, porque visa proteger a intimidade individual de determinado cidadão, em face de registros abusivos de dados pessoais coletados de forma fraudulenta ou desleal, ou à retificação destes dados, afasta-se, nitidamente, da natureza própria da ação popular, que visa ao interesse coletivo.

Além disso, o *habeas data* somente dá legitimidade ao próprio cidadão a que se referem os registros pessoais, enquanto a ação popular assegura a qualquer cidadão o direito de ajuizá-la.

Outro ponto a ser observado é que o disciplinamento do *habeas data* fixado pela Lei nº 9.507/97, prevê uma primeira fase, de caráter administrativo, em que o interessado primeiro requer perante o órgão ou entidade detentora do registro ou informação; somente na hipótese de negativa ou silêncio é que o interessado poderá recorrer ao Poder Judiciário, através de petição inicial, que atenda aos requisitos do art. 282 e 283 do CPC, instruída com a prova da recusa ao acesso às informações, ou do decurso de mais de 10 (dez) dias sem decisão ou, ainda, da recusa em fazer-se a retificação ou anotação ou o decurso de mais de 15 (quinze) dias, nos termos dos incisos I a III do parágrafo único do art. 8º, da Lei nº 9.507/97. O não preenchimento de um dos requisitos do parágrafo único do art. 8º leva ao indeferimento da petição inicial.

A ação popular, como se sabe, não depende de fase administrativa e exige apenas a prova da cidadania, através do título eleitoral ou documento correspondente (§3º do art. 1º, da Lei nº 4.717/65) e, obviamente, o ato lesivo.

Em síntese, ação popular e *habeas data* têm em comum, apenas, o fato de serem ações constitucionais, previstas ambas como garantias de exercício de cidadania.

## 2.2.2.5 Ação popular e ação civil pública

Resta analisar a ação civil pública em face da ação popular, que merece estudo mais detalhado, conforme será visto.

A ação civil pública não poderia ser considerada um dos chamados "remédios constitucionais" de controle dos atos de poder. Também não poderia, infelizmente, ser tida como *garantia* constitucional dos direitos coletivos. Isso porque não está inserida no extenso rol das garantias do art. 5º da Constituição Federal.

Ao analisar a natureza jurídica da lei disciplinadora da ação civil pública, Rodolfo de Camargo Mancuso afirmou que a mesma "é de índole predominantemente processual, visto que basicamente, objetiva oferecer instrumentos processuais, hábeis à efetivação, em juízo da tutela dos interesses difusos reconhecidos nos textos substantivos".[100]

Também escreve o administrativista Hely Lopes Meirelles que a Lei nº 7.347/85 "é unicamente adjetiva, de caráter processual".[101]

Todavia, Gregório Assagra de Almeida qualifica a ação civil pública como "ação de dignidade constitucional", porque funciona

> [...] como instrumento processual constitucional de acesso à justiça dos interesses ou direitos difusos, coletivos em sentido estrito e os individuais homogêneos. Sua natureza, portanto, é de direito processual constitucional, e a ela se aplicam as regras e princípios de interpretação constitucional, em conjugação com os princípios e regras processuais com ela compatíveis[102] [...]

Prevista, também, na Carta Magna, como função institucional do Ministério Público, é de se admitir sua característica de típica *ação constitucional*, ainda que haja outros legitimados pela Lei nº 7.347/85.

---

[100] *Ação civil pública*: em defesa do meio ambiente, do patrimônio cultural e dos consumidores. São Paulo: Revista dos Tribunais, 2001. p. 28.

[101] 2003, p. 164.

[102] 2003, p. 343.

A propósito do tema e, especialmente, da terminologia, no tocante aos outros legitimados, Hugo Nigro Mazzilli entende que "o mais adequado seria usar a expressão **ação coletiva** para o gênero das ações cíveis propostas por qualquer dos co-legitimados"[103] e *ação civil pública* apenas a ajuizada pelo Ministério Público. Mas, o ponto de eclipse entre ação popular e ação civil pública é, exatamente, a coincidência do objeto tutelado em ambas.

O objeto protegido pela ação popular e pela ação civil pública é, essencialmente, o interesse difuso e, em ambas, busca-se a desconstituição do ato lesivo. A coincidência de objeto e finalidade coloca as duas ações — popular e civil pública — lado a lado e, como lembra Rodolfo Camargo Mancuso,

> Em verdade, cabe salientar que hoje podemos contar com um regime integrado de mútua complementaridade entre as diversas ações exercitáveis na jurisdição coletiva: a ação civil pública "recepcionou" a ação popular, ao invocá-la expressamente no caput do art. 1º da Lei 7.347/85[104] [...]

Em ambas, admite-se a medida liminar, com ou sem justificativa prévia. Depois de transitada em julgado, a sentença de uma e de outra gera o efeito *erga omnes*, e a sentença que julga improcedente ação popular e civil pública, por deficiência de provas, não faz coisa julgada. Tanto numa como noutra, a propositura de má-fé pode impor pena ao autor de pagamento do décuplo das custas.

Dessa forma, colocadas a ação popular e ação civil pública lado a lado, o que as diferencia, ao primeiro relance de olhar, é a legitimação: ação popular pode ser proposta por qualquer cidadão e ação civil pública somente pode ser ajuizada pelo Ministério Público e os demais legitimados pelo art. 5º da Lei nº 7.347/85.

Mas, se a causa de pedir da ação popular for ato lesivo ao patrimônio público e, paralelamente, existir ação civil pública, que busque também a desconstituição de ato lesivo ao erário, é de se notar que a última acaba tendo finalidade mais ampla que a primeira.

Veja-se que a ação popular legitima o cidadão para *desconstituir* o ato lesivo ao erário e a sentença *condenará* os responsáveis

---

[103] MAZZILLI, Hugo Nigro. *A defesa dos interesses difusos em juízo*. São Paulo: Saraiva, 1995. p. 28, grifo no original.

[104] 1998, p. 35.

"ao pagamento de perdas e danos",[105] prevê o art. 11 da Lei nº 4.717/65. Além disso, a mesma *causa petendi*, ou seja, o ato lesivo, pode também legitimar o Ministério Público para propor ação que vise *desconstituir* tal ato, que, por gerar enriquecimento ilícito, terá embasamento na chamada "Lei de Enriquecimento Ilícito" — Lei nº 8.429/92. E, no caso, a ação a ser proposta pelo *Parquet*, com base no referido diploma legal, é a *ação civil pública*.

Wallace Paiva Martins Júnior, apoiado em Juarez Freitas, assevera que

> [...] a ação que objetiva a aplicação das sanções da Lei Federal nº 8.429/92 não é penal, enquadrando-se no rol das ações civis constitucionais, tendo assim manifestado a jurisprudência. Partindo de aceita a conceituação doutrinária, a ação civil de que trata o art. 17 é pública porque, sendo a probidade administrativa interesse transindividual, indivisível e de titulares indeterminados, pertencendo à categoria dos difusos (cujos objetos são o patrimônio público e social e a moralidade administrativa), a ação que tende a protegê-lo, prevenindo e responsabilizando danos morais e patrimoniais, é a demanda molecular (a ação civil pública criada pela lei Federal nº 7.347/85, art. 1º, IV, com o objeto ampliado pelo art. 129, III, da CF).[106]

Ocorre que a ação civil pública, se baseada em ato de improbidade lesivo ao erário público, nos moldes da Lei nº 8.429/92, ajuizada pelo Ministério Público, terá finalidade mais ampla que a da ação popular, proposta por um cidadão, ainda que com base no mesmo fundamento fático.

É que a ação civil pública, neste caso, poderá não só buscar sentença desconstituindo o ato e o ressarcimento aos cofres públicos, como também poderá obter, liminarmente, as seguintes medidas: a) o afastamento cautelar do agente autor do ato lesivo; b) a indisponibilidade de bens dos envolvidos e o sequestro destes bens (arts. 20, parágrafo único, 7º e art. 16, todos da Lei nº 8.429/92), o que em tese não é possível em ação popular, a não ser que se entenda como aplicável a ela medidas conservativas de urgência ou, ainda, antecipações de tutela.

---

[105] NEGRÃO, Theotonio. *Código de Processo Civil e legislação processual em vigor*. Colaboração de José Roberto Ferreira Gouvêa. 34. ed. São Paulo: Saraiva, 2002. p. 1027.

[106] MARTINS JÚNIOR, Wallace Paiva. *Probidade administrativa*. São Paulo: Saraiva, 2001. p. 298-299.

E na sentença final, se procedente a ação, poderá, por exemplo, nos termos do art. 12, inc. I, da Lei nº 8.249/92, ser decretada

[...] a perda dos bens ou valores acrescidos ilicitamente ao patrimônio, ressarcimento integral do dano, quando houver, perda da função pública, suspensão dos direitos políticos de 8 (oito) a 10 (dez) anos, pagamento de multa civil de até 3 (três) vezes o valor do acréscimo patrimonial e proibição de contratar com o Poder Público ou receber benefícios ou incentivos fiscais ou creditícios, direta ou indiretamente, ainda que por intermediário de pessoa jurídica da qual seja sócio majoritário, pelo prazo de 10 dez anos;[107]

Além disso, há também as outras sanções previstas nos incisos II e III do mesmo dispositivo.

Ao ensejo, Hely Lopes Meirelles, destaca

Embora o mesmo fato possa ensejar o ajuizamento simultâneo de ação civil pública e ação popular, as finalidades de ambas as demandas não se confundem. Uma ação não se presta a substituir a outra. [...] a ação popular é predominantemente desconstitutiva, e subsidiariamente condenatória (em perdas e danos). A ação civil pública, por sua vez, como decorre do art. 3º da Lei nº 7.347/85, é preponderantemente condenatória, em dinheiro ou em obrigação de fazer ou não fazer.[108]

O confronto entre a ação popular, que visa invalidar o ato lesivo ao patrimônio público decorrente de improbidade e a ação civil pública com base no mesmo ato de improbidade, na segunda opção, é possível obter do Poder Judiciário um *plus*, que o autor popular não obtém.

Aliás, nesse particular, a Lei nº 8.429/92 representou um retrocesso. Ora, se ao cidadão é dada legitimidade através da ação popular para desconstituir atos que ferem a moralidade administrativa, espécie na qual está abrangida a probidade, gênero daquela, muito mais poderia o cidadão ter legitimidade para propor ação civil pública contra agentes que praticam atos de improbidade administrativa.

Ao cidadão, no caso, estaria reservado apenas o direito de representação, nos termos dos arts. 14 e 22 da Lei nº 8.429/92,

---

[107] 2002, p. 1458.
[108] 2003, p. 165.

embora desta posição há quem discorde. É o que defende, por exemplo, Luiz Manoel Gomes Júnior, para quem "sendo a Improbidade Administrativa espécie de imoralidade, ainda que acentuada, não há dúvidas de que é possível a invocação de regra legal específica em tal espécie de demanda".[109]

É de se sugerir, portanto, que o legislador estenda à ação popular as previsões da Lei nº 8.429/92, para constar no texto legal identidade de resultados em ambas, até mesmo para que não se discuta a constitucionalidade da falta de legitimação do cidadão para a ação civil pública.

Depois de confrontada com as ações constitucionais, é oportuno que sejam tratados, na presente obra, a natureza jurídica, o objeto e as condições da ação popular. O capítulo seguinte será dedicado a estes aspectos.

---

[109] GOMES JÚNIOR, Luiz Manoel. *Ação popular – aspectos polêmicos*: lei de responsabilidade fiscal: improbidade administrativa: danos causados por liminares e outros pontos relevantes. Rio de Janeiro: Forense, 2001. p. 90.

Capítulo 3

# Ação Popular: Natureza Jurídica, Objeto e Condições

**Sumário: 3.1** Natureza jurídica da ação popular – **3.2** Objeto da Ação Popular – **3.2.1** Tradicional objeto da ação popular – **3.2.2** Violação do princípio da moralidade decorrente da lesão – **3.3** Condições e requisitos da ação popular – **3.3.1** Condições da ação em geral – **3.3.1.1** Possibilidade jurídica do pedido na ação popular – **3.3.1.2** O interesse processual de agir na ação popular – **3.3.1.3** A legitimidade de partes na ação popular – **3.3.1.3.1** "Cidadania mínima", como crítica à exigência da qualidade de eleitor

## 3.1 Natureza jurídica da ação popular

Por natureza jurídica, na visão de Maria Helena Diniz, entende-se a afinidade "que um instituto jurídico tem, em diversos pontos, com uma grande categoria jurídica, podendo nela ser incluída a título de classificação".[110]

Quem se põe a buscar a natureza jurídica de um instituto, haverá de pesquisar, epistemologicamente, as várias nuances do objeto, comparando-o com outros institutos, classificando-o, relacionando-o, tudo com a finalidade de determinar o que o diferencia dos demais, ou seja, definindo o seu traço essencial.

A ação popular é, genericamente, situada no ordenamento jurídico como um dos chamados remédios constitucionais ou meios de controle judicial dos atos, sem distinguir de qual dos Poderes, desde que lesivos ao patrimônio público e à moralidade.

Hely Lopes Meirelles conceitua a ação popular como "meio constitucional posto à disposição de qualquer cidadão".[111]

---

[110] DINIZ, Maria Helena. *Dicionário jurídico*. São Paulo: Saraiva. 1998. v. 3, p. 337.
[111] 2003, p. 121.

A bem da verdade, a ação popular, porque provoca a atividade jurisdicional, é precisamente uma das chamadas "ações constitucionais", espécie dos remédios constitucionais, estes de maior amplitude porque integram outras garantias individuais previstas na Constituição, como o direito de petição e o direito a certidões.

Segundo José Afonso da Silva, ao lado da ação popular, tem-se como meios de controle judicial de atos do poder público [...] "o direito de petição, o *habeas corpus*, o mandado de segurança, o mandado de injunção e o *habeas data*".[112] [...]

Ao lado destes, com características próprias e especiais, embora não indicada como remédio constitucional, porque não relacionada como um dos direitos individuais ou coletivos do art. 5º da CF, existe a ação civil pública, uma das mais importantes funções institucionais do Ministério Público (inc. IV do art. 129 da Lei Maior), sem impedir a atuação de terceiros legitimados pela Lei nº 7.347/85.

Referida ação, conforme visto no capítulo anterior, infelizmente não está prevista no art. 5º da Constituição Federal, como garantia constitucional dos direitos coletivos; mas por estar prevista na Carta Magna, como uma das funções institucionais do Ministério Público, não deve ser excluída do rol das chamadas *ações constitucionais*, razão pela qual assim será considerada com essa especial qualidade, neste livro.

Conforme visto no capítulo anterior, dentre as *ações constitucionais*, apenas a ação popular, o mandado de segurança coletivo, o mandado de injunção coletivo e a ação civil pública buscam provimento jurisdicional, cujos efeitos concretos não atingem apenas a um ou a uns poucos interessados. Os efeitos destas ações têm dimensão coletiva, porque irradiam consequências jurídicas a um número de interessados, de regra, indetermináveis.

Por isso, referidas ações constitucionais integram a classe de *ações constitucionais coletivas*. Além destas, há a ação civil pública, prevista como uma das funções do Ministério Público na Constituição Federal, merecendo por isso o *status* de ação constitucional.

A propósito do tema ora tratado, não se pode deixar de citar aqui a interessante tese do já citado Gregório Assagra de Almeida, que inova ao propor um novo ramo do direito processual — Direito Processual Coletivo Brasileiro — "como instrumento potencializado de resolução de conflitos ocorridos no mundo da concretude e de efetivação material do Estado Democrático de Direito brasileiro".[113] Gregório Assagra de

---

[112] 2001, p. 444.
[113] 2003, p. 270.

Almeida denomina as ações constitucionais aqui tratadas como "figuras constitucionais do direito processual coletivo comum brasileiro".

Em continuidade ao estudo da natureza jurídica da ação popular, é importante ressaltar que a ação popular brasileira tem natureza corretiva, na medida em que a sentença buscada pelo autor invalidará ato lesivo ao patrimônio público, ou seja, corrige ato praticado em desconformidade com o interesse coletivo. Vale citar o ponto de vista de Rodolfo de Camargo Mancuso, para quem

> A ação popular constitucional é, desenganadamente, de tipo corretivo, porque por ela se almeja a desconstituição do ato lesivo ao patrimônio público *lato sensu*, como retorno ao *statu quo ante*, a par da condenação dos responsáveis e beneficiários.[114]

Portanto, considerando o seu caráter corretivo, a análise do objeto da ação popular é importante para o presente livro, justamente porque propõe ampliar o que tradicionalmente é passível de impugnação pelo autor popular.

## 3.2 Objeto da Ação Popular

### 3.2.1 Tradicional objeto da ação popular

O art. 1º da Lei nº 4.717, de 29 de junho de 1965, diz que "qualquer cidadão será parte legítima para pleitear a anulação ou a declaração de nulidade de *atos lesivos*",[115] sem distinguir qual é a natureza destes atos, desde que lesivos.

De igual forma, o art. 5º, inc. LXXIII, da Constituição Federal preceitua que "qualquer cidadão é parte legítima para propor ação popular que vise a anular *ato lesivo* ao patrimônio público", sem restringir a possibilidade deste ato lesivo ser típico ato jurisdicional.

Conclui-se, portanto, que o legislador ordinário e, sobretudo, o Constituinte de 1988 não afastaram ou restringiram, de forma expressa, a possibilidade de o ato lesivo, passível de invalidação através da ação popular, ser de natureza eminentemente jurisdicional.

Não é dado ao intérprete restringir aquilo que o legislador não restringiu, principalmente em se tratando de legislador

---

[114] 1998, p. 60.
[115] 2002, p. 1019.

constituinte, conforme enuncia o brocardo *ubi lex non distinguit nec nos distinguere debemus.*

Sobre o tema, Carlos Maximiliano ensina:

> Quando o texto dispõe de modo amplo, sem limitações evidentes, é dever do intérprete aplicá-lo a todos os casos particulares que se possam enquadrar na hipótese geral prevista explicitamente; não tente distinguir entre as circunstâncias da questão e as outras; cumpra a norma tal qual é, sem acrescentar condições novas, nem dispensar nenhuma das expressas.[116]

Tradicionalmente, doutrina e jurisprudência têm entendido que o ato lesivo ao patrimônio público, objeto da ação popular, via de regra, é o típico ato administrativo ou, pelo menos, o que produza efeito desta natureza e, nessa hipótese, admite-se que a lei (somente a de efeitos concretos e imediatos) possa ser questionada através da ação popular.

A Lei nº 4.717/65, além dos casos do art. 1º (incompetência, vício de forma, ilegalidade do objeto, inexistência dos motivos e desvio de finalidade), também prevê, em seu art. 4º e seguintes, as hipóteses de presunção de ilegitimidade ou lesividade do ato, que ficam passíveis de anulação nas seguintes situações:

> I – a admissão ao serviço público remunerado, com desobediência, quanto às condições de habilitação das normas legais, regulamentares ou constantes de instruções gerais; II – a operação bancária ou de crédito real, quando: a) for realizada com desobediência a normas legais, regulamentares, estatutárias, regimentais ou internas; b) o valor do bem dado em hipoteca ou penhor for inferior ao constante de escritura, contrato ou avaliação.[117]

A ilegitimidade ou lesividade do ato também é presumida em casos de empreitada, de tarefa e de concessão do serviço público, quando:

> a) o respectivo contrato houver sido celebrado sem prévia concorrência pública ou administrativa, sem que essa condição seja estabelecida em lei, regulamento ou norma geral; b) no edital de concorrência forem incluídas cláusulas ou condições, que comprometam o seu caráter competitivo; c) a concorrência administrativa for processada em condições que impliquem na limitação das possibilidades

---

[116] MAXIMILIANO, Carlos. *Hermenêutica e aplicação do direito.* 19. ed. Rio de Janeiro: Forense, 2003. p 201.

[117] NEGRÃO, 2002, p. 1022.

normais de competição; IV – as modificações ou vantagens, inclusive prorrogações que forem admitidas, em favor do adjudicatário, durante a execução dos contratos de empreitada, tarefa e concessão de serviço público, sem que estejam previstas em lei ou nos respectivos instrumentos; V – a compra e venda de bens móveis ou imóveis, nos casos em que não for cabível concorrência pública ou administrativa, quando: a) for realizada com desobediência a normas legais regulamentares, ou constantes de instruções gerais; b) o preço de compra dos bens for superior ao corrente no mercado, na época da operação; c) o preço de venda dos bens for inferior ao corrente no mercado, na época da operação.[118]

E para completar, presume-se ilegítimo ou lesivo o ato pelo qual é concedida a licença de exportação ou importação, qualquer que seja a sua modalidade, se ocorrentes as seguintes condições:

a) houver sido praticada com violação das normas legais e regulamentares ou de instruções e ordens de serviço; b) resulta em exceção ou privilégio, em favor de exportador ou importador; VII – a operação de redesconto quando, sob qualquer aspecto, inclusive o limite de valor, desobedecer a normas legais, regulamentares ou constantes de instrução gerais; VIII – o empréstimo concedido pelo Banco Central da República, quando: a) concedido com desobediência de quaisquer normas legais, regulamentares, regimentais ou constantes de instruções gerais; b) o valor dos bens dados em garantia, na época da operação, for inferior ao da avaliação.[119]

Com a Constituição Federal de 1988, por força do inc. LXXIII, do art. 5º, além de poder anular ato lesivo ao patrimônio público ou de entidade de que o Estado participe, o autor popular pode invocar também a lesão à moralidade administrativa, ao meio ambiente e ao patrimônio histórico e cultural. Com efeito, o objeto protegido pela ação popular foi ampliado pela *Constituição Cidadã*.

É interessante observar que o art. 670 do Código de Processo Civil de 1939, em vigor por determinação do inc. VII do art. 1.218 do CPC atual, legitimava qualquer cidadão pedir, por ação direta, a dissolução de sociedade civil que promovesse atividade ilícita ou imoral.

Maria Helena Diniz confirma esse entendimento, ao catalogar as várias formas de dissolução da sociedade simples, à luz do

---

[118] 2002, p. 1022.
[119] 2002, p. 1022.

disposto no art. 1.037 do novo Código Civil, indicando como sendo uma delas a promovida "por ação direta, ou mediante denúncia de qualquer do povo ou do órgão do Ministério Público".[120]

Mesmo depois de entrar em vigor o novo Código Civil, Antônio Cláudio da Costa Machado, ao comentar o art. 2.034 do novo Código Civil, afirma que o rito processual continua o mesmo. Diz o autor:

> [...] às novas ações se aplique a novel regulamentação material da dissolução (CC, arts. 1.033 a 1.038, 1.085 a 1.087; *v.* ainda arts. 1.053 e 1.096) e da liquidação (CC, arts. 1.102 a 1.112), não se referindo à disciplina processual que continua a mesma.[121]

No entanto, o novo Código Civil atribuiu a legitimidade para pedir a dissolução a qualquer dos sócios, ao Ministério Público e, na falta deste, ao interventor nomeado pela autoridade competente que autoriza o funcionamento (arts. 1.034 e 1.037 e parágrafo único, do Código Civil).

Portanto, antes do Código Civil de 2002, além da previsão contida no inc. LXXIII, do art. 5º da CF, qualquer cidadão tinha legitimidade para pedir a dissolução de sociedade civil que promovesse atividade ilícita ou imoral. Como a ação direta mencionada no dispositivo poderia ser promovida por *qualquer do povo*, a sua conotação era típica de uma ação popular.

Há que se observar, no entanto, que a regra não se aplicava às sociedades civis de fins *assistenciais*, cuja dissolução é especificamente disciplinada pelo Decreto-Lei nº 41, de 18.11.1966, que legitima apenas o Ministério Público, de ofício ou por provocação de qualquer interessado, a pedir a dissolução, se a associação não desempenhar as atividades assistenciais a que se destina, aplicar sua receita em fins diversos dos previstos no estatuto ou ficar sem efetiva administração.

Como afirmado, tradicionalmente, quase sempre é o ato administrativo, em sua acepção restrita, o objeto da ação popular. O ato legislativo típico, em raras oportunidades, é sindicado via ação popular. Somente quando seus efeitos concretos causem lesão ao erário, é que se cogita da sua invalidação através de ação popular. Não se cogita nada a respeito do ato jurisdicional, como ato passível de desfazimento através de outra sentença proferida em ação popular.

Há o que se pode chamar de uma intangibilidade do ato jurisdicional típico pela ação popular, como se sentença ou

---

[120] DINIZ, Maria Helena. *Curso de direito civil brasileiro.* 17. ed. São Paulo: Saraiva, 2002. v. 3, p. 557.

[121] MACHADO, Antônio Cláudio da Costa. *Código de Processo Civil interpretado artigo por artigo, parágrafo por parágrafo.* 4. ed. Barueri: Manole, 2004. p 1854-1855.

acórdão nunca pudesse conter qualquer mácula ou lesividade ao patrimônio público.

É bem verdade que, no dia a dia forense, na grande maioria das vezes se depara, apenas, com o ato administrativo como objeto de invalidação através de ação popular.

Muito provavelmente esse dado estatístico deve-se, ao que tudo indica, ao fato de que o ato administrativo é mais praticado, dentre os atos de Estado.

Mas nem por isso justifica-se uma impossibilidade total do ato jurisdicional ser questionado via ação popular.

É de se indagar se haveria motivos para essa proteção dada ao ato jurisdicional, posto que, essencialmente, é também ato de império, decorrente de uma das funções do Estado. Não se vê razão para tratamento diferenciado e gozar de tamanho prestígio, o ato jurisdicional típico.

O questionamento enseja uma preliminar análise dos atos de Estado.

Pela tripartição de Poderes, a Constituição Federal, por força do art. 2º, a atividade do Estado foi dividida em três funções preponderantes, que devem ser desenvolvidas de forma independente e harmônica entre si, mas, acima de tudo, em absoluta obediência aos princípios norteadores da constituição.

Mas, a prática separada de atos não implica, de modo algum, que qualquer deles deixe de ser ato de Estado, uma vez que "la división de poderes significa que cada poder, cada órgano del Estado, tenga a su cargo *una sola función Del Estado*",[122] afirma o argentino Agustín Gordillo.

Tem-se, então, o Poder Executivo que pratica, preponderantemente, ato administrativo; o Poder Legislativo que produz leis e o Poder Judiciário que aplica as leis aos casos concretos, através de sentenças e acórdãos. O Estado exerce o que se chama de "funções".

O administrativista Diogo de Figueiredo Moreira Neto destaca:

> É possível concluir que as funções exercidas pelos três Poderes orgânicos são modalidades de *ação do Estado*, que com mais ou menor grau de autonomia, lhes são distribuídas, com complementaridade, mas sem predominância de um deles sobre os demais.[123]

---

[122] GORDILLO, Agustín. *Tratado de derecho administrativo*. 7. ed. Belo Horizonte: Del Rey, 2003. t. I, p. IX-2.
[123] MOREIRA NETO, Diogo de Figueiredo. *Curso de direito administrativo*. 13. ed. Rio de Janeiro: Forense, 2003. p. 23.

Em suma, pode-se dizer que o Estado exerce suas ações através de três modalidades bem definidas: criando normas gerais e abstratas (função legislativa); aplicando a ordem jurídica ao decidir casos concretos de conflitos (função jurisdicional); ou administrando interesses públicos (função administrativa). Discorrendo sobre a divisão dos poderes, Jürgen Habermas, esclarece:

> A clássica divisão de poderes é explicada através de uma diferenciação das funções do Estado: enquanto o legislativo fundamenta e vota programas gerais e a justiça soluciona conflitos de ação, apoiando-se nessa base legal, a administração é responsável pela implementação de leis que necessitam de execução.[124]

A função legislativa estabelece o ordenamento jurídico, através da norma legal, que é em última análise a *lei*.

A função jurisdicional faz o que se chama, via de regra, "controle da ordem jurídica em concreto",[125] conforme destaca Diogo de Figueiredo Moreira Neto. Em outras palavras, o Estado resolve a lide (conflito de interesses) por um comando jurídico concreto e específico, com características de certeza e definitividade, com a decisão judicial (sentença).

E a função administrativa, por sua vez, é exercida através de atos de gestão dos interesses públicos, que são comandos de caráter concreto ou geral e se expressam por meio de negócios ou atos administrativos.

Legislar, administrar e julgar são funções que o Estado pratica por órgãos separados e, como não são eles dotados de personalidades jurídicas próprias, a manifestação concreta de cada um é, em última análise, uma *ação do Estado*, seja através da lei, seja através da sentença, seja através do ato administrativo. Contudo, "a lógica da divisão dos poderes só faz sentido, se a separação funcional garantir, ao mesmo tempo, a primazia da legislação democrática",[126] alerta Habermas.

Os espanhóis Eduardo García de Enterría e Tomás-Ramón Fernándes, ao discorrerem sobre a acepção do ato administrativo, destacam:

---

[124] 1997a, v. 1, p. 232.
[125] 2003, p. 22.
[126] 1997a, v. 1, p. 233.

Inicialmente, o conceito surge na França acompanhando, como expressão prática, o princípio de separação entre Administração e Justiça: tratar-se-ia de um ato jurídico isento do poder jurisdicional do juiz enquanto produto da autoridade administrativa e, por isso, submetido ao controle único desta[127] [...]

Ato administrativo, na visão de Diogo Freitas do Amaral é

[...] acto jurídico unilateral praticado, no exercício do poder administrativo, por um órgão da Administração ou por outra entidade pública ou privada para tal habilitada por lei, e que traduz uma decisão tendente a produzir efeitos jurídicos sobre uma situação individual e concreta[128] [...]

Para Marcello Caetano, ato administrativo é "conduta voluntária de um órgão de Administração que, no exercício de um poder público e para prossecução de interesses postos por lei a seu cargo, produza efeitos jurídicos num caso concreto".[129]

No Brasil, tem-se a conceituação do saudoso Hely Lopes Meirelles, para quem o ato administrativo "é toda manifestação unilateral de vontade da Administração Pública".[130]

Em que pese a separação da função jurisdicional, indiscutível e evidentemente que ao proferir sentença o juiz pratica ato de Estado, com efeitos concretos.

Portanto, como *ação do Estado* ou declarações deste, tanto a lei, como a sentença ou o ato administrativo hão de estar sempre em harmonia com a Lei Maior, dada a supremacia constitucional, sob pena de inexistirem no ordenamento jurídico.

Entender diferente é rasgar o texto da Constituição e isso não é bom, porque "se a Constituição é deturpada, o Estado degenera e a liberdade dos cidadãos fica gravemente ameaçada",[131] alerta Simone Goyard-Fabre. Há que haver uma coerência e harmonia das normas infraconstitucionais com o texto maior. Simone Goyard-Fabre destaca:

No Estado, o direito se desdobra, sob a Constituição, em patamares sucessivos tais que, em cada um de seus respectivos níveis, as regras

---

[127] 1991, p. 468.

[128] AMARAL, Diogo Freitas do. *Curso de direito administrativo.* Lisboa: Almedina, 2002. v. 2, p. 210.

[129] CAETANO, Marcello. *Manual de direito administrativo.* Coimbra: Almedina, 1990. v. 1, p. 428.

[130] MEIRELLES, Hely Lopes. *Direito administrativo brasileiro.* 30. ed. São Paulo: Malheiros, 2005. p. 149.

[131] GOYARD-FABRE, Simone. *Os princípios filosóficos do direito político moderno.* Trad. Irene A. Paternot. São Paulo: Martins Fontes, 1999. p. 104.

editadas são subordinadas às regra do nível superior e subordinam a elas as regras dos níveis inferiores.[132]

E, para reforço da argumentação, novamente, trazem-se as valiosas lições do administrativista luso Marcello Caetano, que, antes de definir o que seja ato administrativo, faz expressa referência ao que chama de "actos da Administração". Segundo Marcello Caetano

> São *actos da Administração* todos aqueles que sejam praticados por órgãos das pessoas colectivas de direitos públicos no exercício das suas funções. Podem ser *actos genéricos*, de entre os quais os regulamentos têm relevância especial, *actos praticados nos termos do Direito privado*, embora para fins administrativos, *actos de natureza jurisdicional*, *actos políticos*, e *actos administrativos*. Dos actos da Administração, importam-nos sobretudo os *actos administrativos*.[133]

Como se vê, o ato jurisdicional é, em suma, ato jurídico da administração, em sentido amplo. Portanto, é ato de Estado. Aliás, Marcello Caetano, em outro ponto de sua obra, destaca que "nem todos os actos dos órgãos da Administração Pública são actos administrativos", para em seguida admitir "a existência de uma categoria ampla de actos jurídicos da Administração, dentro da qual cabem, além de outros, os regulamentos (ou actos normativos), os actos jurisdicionais e os actos administrativos".[134]

No Brasil, Lúcia Valle Figueiredo, embora em análise sob o contexto específico da discricionariedade administrativa e judicial, apoiada no italiano Philippo Satta, afirma que "juiz e administrador não desempenham atividade diversa, como sói dizer-se. Se o primeiro desempenha atividade *subsuntiva* de adequar o fato à norma, também o segundo procede da mesma maneira".[135] A administração pública, para considerar "um fato determinado, esta se desenvolve, de um ponto de vista lógico, nos mesmos termos em que se desenvolve o juízo do juiz",[136] conclui a administrativista brasileira.

Por tudo isso é que não pode ser aceita a ideia comodista de que o ato jurisdicional possa estar imune à invalidação, ainda que

---

[132] 1999, p. 106.
[133] 1990, p. 425-426, grifos no original.
[134] 1990, p. 440-441.
[135] FIGUEIREDO, Lúcia Valle. *Curso de direito administrativo*. 6. ed. São Paulo: Malheiros, 2003. p. 203-204.
[136] 2003, p. 204.

aparentemente protegido pelo instituto da coisa julgada e seja o fruto de uma reflexão opinativa do julgador.

Com efeito, o ato jurisdicional típico é induvidosamente uma das formas de agir do Estado, dentro de especial função, que é dizer o direito em casos litigiosos. E como tal, tem, necessariamente, que se amoldar aos princípios e valores positivados no ordenamento jurídico vigente, sobretudo aqueles sedimentados na Constituição Federal.

Aliás, como aplicadores do Direito aos casos concretos, legitimados à prática do ato jurisdicional, os juízes, desembargadores e ministros de tribunais superiores são os agentes públicos de quem o povo mais espera que, em suas decisões, sigam os mandamentos constitucionais de observância aos princípios da legalidade, da moralidade, da eficiência etc.

Ainda sobre o objeto da ação popular, se o ato visa desfalcar o patrimônio público, obviamente é ele lesivo. Logo, é inconstitucional por violar o princípio da moralidade administrativa, protegido pela ação popular, uma vez que o art. 37, *caput*, da Constituição Federal, cobra obediência de todos os agentes, de qualquer dos três Poderes.

Sobre a lesividade, o inesquecível administrativista Hely Lopes Meirelles ensina que ato lesivo "é toda manifestação de vontade da Administração, danosa aos bens e interesses da comunidade. Esse dano pode ser potencial ou efetivo".[137]

Mas, a casuística tem indicado que a não manifestação de vontade, ou seja, a omissão, por vezes, pode ser lesiva ao erário e situações há em que a ação positiva lesante teve a participação ou foi praticado, exclusivamente, por *entidade privada*, valendo-se, por óbvio, da omissão de agentes públicos.

Confirmando esta assertiva, cita-se o exemplo concreto de ação popular que tramitou em comarca do interior de Minas Gerais; nela, o autor popular buscava anular ato lesivo consubstanciado na informação errônea passada ao Município, por empresa multinacional da área de derivados de leite, destinada a subsidiar o lançamento de ICMS. Trata-se do VAF (Valor Adicional Fiscal), parâmetro para fins de cobrança de imposto sobre circulação de mercadorias. Alegava o autor popular que os valores informados não condiziam com a real produção da empresa e o Município teria sido omisso, em conluio com a diretoria da empresa, o que resultou em prejuízo para os cofres públicos, inclusive do Estado.

---

[137] 2003, p. 130.

Como se vê, o ato de prestar a informação de valores inferiores à realidade, de forma lesiva ao erário, partia de uma entidade privada e a conduta do agente público do Município teria sido omissiva.

Com a Carta Magna de 1988, a lesão, que antes era restrita à natureza econômica, tornou a ação popular apta a anular ato lesivo também à moralidade administrativa, ao meio ambiente, ao patrimônio histórico e ao patrimônio cultural.

Restou sedimentado, como já escrito no presente livro, que é incabível ação popular contra lei em tese: somente admite-se a ação popular contra lei com efeitos concretos e lesivos ou, no mínimo, potencialmente lesivos, ou seja, "aquela que já traz em si as conseqüências imediatas de sua atuação", conforme ressalta Rodolfo Mancuso.[138]

Cândido Rangel Dinamarco fala em *concreto caráter lesivo do ato impugnado*, ao defender que "é insuficiente pensar na mera capacidade abstrata de causar dano hipotético, num futuro incerto e na mera suposição da ocorrência de circunstâncias apenas imagináveis mas não comprovadas no processo"[139] e salienta: "Ato lesivo é aquele que seja portador concreto de dano efetivo ao patrimônio comum".[140]

A ilegalidade do ato, conjuntamente com a lesividade, tem sido requisito exigido por tribunais pátrios, para se anular o ato impugnado.

No que diz respeito à ilegalidade, Celso Antônio Bandeira de Mello alerta:

> [...] fora da lei, portanto, não há espaço para atuação regular da Administração. Donde, todos os agentes do Executivo, desde o que lhe ocupa a cúspide até o mais modesto dos servidores que detenha algum poder decisório, hão de ter perante a lei — para cumprirem corretamente seus misteres — a mesma humildade e a mesma obsequiosa reverência para com os desígnios normativos.[141]

Assim, a ilegalidade do ato, por si só e isoladamente, deveria sujeitá-lo ao desfazimento, via ação popular, porque, estando fora dos limites da lei, há, no mínimo, possível prejuízo ao patrimônio público. "A reserva da lei faz com que estatutos, ordens, prescrições e medidas que contradizem uma lei, sejam nulos",[142] conforme lembra Jürgen Habermas.

---

[138] 1998, p. 135.

[139] DINAMARCO, Cândido Rangel. *Fundamentos do processo civil moderno*. 5. ed. São Paulo: Malheiros, 2002a. v. 1, p. 427.

[140] 2002a, v.1, p. 427.

[141] 1993, p. 50.

[142] 1997a, v. 1, p. 216-217.

## E como ensina Seabra Fagundes

[...] o objeto do ato administrativo, que é o seu conteúdo jurídico, não estando adstrito aos limites pré-traçados pela lei, o ato é nulo. A lei estabelece a amplitude dentro da qual se deve movimentar a autoridade pública, no desempenho de suas atribuições. Se esta excede esses limites, a sua ação se torna ilegal[143] [...]

Frente a tais entendimentos e ainda ao que dispõe a Constituição Federal, art. 37, *caput*, não há dúvidas: seja por ser, efetivamente, lesivo ao erário público, como também apenas e tão somente imoral ou meramente ilegal, o ato assim praticado deveria ser passível de invalidação através de sentença judicial proferida em ação popular. Recentemente o Tribunal de Justiça de Minas Gerais decidiu:

A lesividade, em face do texto constitucional, possui um conceito muito mais amplo, incluindo não só patrimônio material do Poder Público como também o patrimônio moral, o cultural e o histórico (precedente do Supremo Tribunal Federal: RE nº 170.768-2). A lesão à moralidade administrativa decorre da ilegalidade, que, por si só, causa o dano, sendo, pois, dispensável a demonstração da existência de prejuízo material para o manejo da ação popular.[144]

Têm-se, no entanto, exigido como imprescindível a lesividade do ato, de modo a ser ele objeto de uma ação popular, ainda que presumida, por expressa previsão do art. 4º da Lei nº 4.717/65.

Interessante foi o entendimento manifestado pelo Tribunal de Justiça do Amapá,[145] em decisão recente, ao entender que "a lesividade ao erário pode abranger tanto o patrimônio material, quanto o moral e o cívico".

Mas como afirmado, não basta ser ilegal: a jurisprudência é vacilante e tem-se exigido a lesividade, e "a não-demonstração de sua ocorrência acarreta a improcedência da ação", entendeu o Tribunal de Justiça do Maranhão.[146]

---

[143] FAGUNDES, Seabra. *O controle dos atos administrativos pelo Poder Judiciário*. São Paulo: Saraiva, 1985. p. 61.

[144] BRASIL. Tribunal de Justiça do Estado de Minas Gerais. Apelação Cível nº 1002403026458-4/001. 5ª Câmara Cível. j. em 18.11.2004. Rel. Des. Maria Elza. *Jurisprudência Mineira*, Belo Horizonte, n. 170, p. 272.

[145] BRASIL. Tribunal de Justiça do Estado do Amapá. Apelação nº 1.117/02. Câmara Única. Rel. Des. Mário Gurtyev. j. 08.10.2002. *Revista dos Tribunais*, n. 816, p. 297.

[146] BRASIL. Tribunal de Justiça do Estado do Maranhão. Apelação nº 1.369/96. 1ª Câmara. Rel. Des. Jorge Rachid Mubárack Maluf. j. 03.06.2002. *Revista dos Tribunais* n. 806, p. 293.

Entende-se como impugnáveis pela ação popular os atos administrativos em sua generalidade, com certa resistência pela doutrina e jurisprudência quanto aos discricionários, a não ser que transponham os limites legais ou afrontem o princípio da moralidade. Sobre atos discricionários, Germana de Oliveira Moraes propõe nova concepção do instituto:

> Urge abandonar a antiga concepção de discricionariedade, plasmada sob a égide do "direito por regras", em função do princípio da legalidade administrativa, e redefini-la, de acordo com os postulados do constitucionalismo da fase pós-positivista, a partir da nova noção do princípio da juridicidade e à luz da compreensão filosófica contemporânea do "direito por princípios".[147]

No entanto, infelizmente, como recentemente alertou Maria Sylvia Zanella Di Pietro, em palestra proferida perante a Associação Paulista do Ministério Público

> [...] aqui no Brasil, o que sempre prevaleceu, e ainda é o que prevalece, é a idéia de que, quando o juiz depara com uma norma que contém um conceito indeterminado, ele deve dizer: isso é aspecto de mérito, eu não posso entrar, não posso examinar. É a posição tradicional aqui no direito brasileiro. E muitos continuam defendendo esse ponto de vista.[148]

A Professora Maria Sylvia tem razão: o Superior Tribunal de Justiça, por reiteradas vezes, decidiu que não é passível de controle jurisdicional quando há juízo de valoração sobre a oportunidade e a conveniência do ato administrativo. O Poder Judiciário pode, apenas, analisar a legalidade do ato, sendo-lhe vedado substituir o Administrador Público, em face do princípio da separação e independência dos poderes do Estado.[149]

O Tribunal de Justiça de Minas Gerais,[150] com apoio na teoria dos motivos determinantes, entendeu que o Poder Judiciário deverá

---

[147] MORAES, Germana de Oliveira. *Controle jurisprudencial da Administração Pública*. São Paulo: Dialética, 1999. p. 37.

[148] Discricionariedade administrativa e controle judicial da administração. *In*: SALLES, Carlos Alberto de (Org.). *Processo civil e interesso público*: o processo como instrumento de defesa social. São Paulo: Revista dos Tribunais, 2003. p. 186.

[149] BRASIL. Superior Tribunal de Justiça. Recurso Ordinário em Mandado de Segurança n° 14.967–SP. 6ª Turma. Rel. Ministro Vicente Leal. *DJU*, 22 abr. 2003. *Júris Síntese Millennium*, jul./ago. 2003. CD-ROM.

[150] BRASIL. Tribunal de Justiça do Estado de Minas Gerais. Apelação Cível n° 000.315.015-8/00. 7ª Câmara Cível. Rel. Des. Alvim Soares. j. em 19.12.2002. *Júris Síntese Millennium*, jul./ago. 2003. CD-ROM.

examinar as razões que levaram o administrador a praticar o ato e, se esses motivos não existiram ou não forem verdadeiros, o ato praticado poderá ser anulado, fundamentado ainda na teoria do desvio de poder, pela qual o Judiciário fica autorizado a decretar a nulidade do ato quando a autoridade usa do poder discricionário para atingir fim diferente daquele fixado pela lei.

Dando seguimento ao estudo proposto, são considerados, a seguir, os atos legislativos típicos, que, como já mencionado, se tiverem efeitos concretos, são como que equiparados ao ato administrativo e podem ser alvo de ação popular.

O Tribunal de Justiça catarinense,[151] ao decidir uma apelação, fundamentou no sentido de que "lei não é ato jurídico, mas manifestação de vontade estatal e somente mediante declaração de inconstitucionalidade pode ser anulada", motivo pelo qual é incabível a propositura de ação popular.

Há, no entanto, quem entenda ser possível o controle jurisdicional da própria produção da lei, ou seja, do processo legislativo em si, quando a lei está em gestação, antes mesmo de seu nascimento.

É o que pensa André Del Negri, em recente trabalho, em que defende o controle jurisdicional de constitucionalidade intrauterino do ato legislativo, ou seja, no processo legislativo, em situações de inobservância de normas regimentais nas casas legislativas, que, na sua visão, constituem "desvio procedimental contrário aos princípios institutivos e informativos do processo, portanto, passível de controle difuso de constitucionalidade".[152]

Todavia, uma visão realista da casuística dos julgados leva à conclusão de que, dificilmente, seria acolhida tal tese, a ponto de o cidadão valer-se de ação popular para o controle jurisdicional da produção de leis.

Defensores da tese contrária argumentariam, por exemplo, que a lei ainda não está em vigor e nenhuma lesão estaria a causar, a despeito do princípio da inafastabilidade de apreciação pelo Poder Judiciário de ameaça de lesão de algum direito. Teriam, ainda, o argumento de que a tese significa ingerência indevida do Judiciário na atividade típica do Legislativo.

O tempo proporcionará a adequada maturação e os frutos, certamente, serão colhidos com a evolução da consciência política

---

[151] BRASIL. Tribunal de Justiça do Estado de Santa Catarina. Apelação n° 01.001230-3. 5ª Câmara. Rel. Des. César Abreu. j. em 31.10.2001. *Revista dos Tribunais*, v. 796, p. 392.

[152] DEL NEGRI, André. *Controle de constitucionalidade no processo legislativo*: teoria da legitimidade democrática. Belo Horizonte: Fórum, 2003. p. 103.

do povo e o aperfeiçoamento do ordenamento jurídico e, quem sabe, com a própria ampliação do espectro de tutela da ação popular, de modo a abarcar também a inovadora visão.

Não é demais repetir que o ato de particular, especificamente os praticados pelas pessoas indicadas no art. 6º da Lei nº 4.717/65, se causador de lesão ao patrimônio público, também pode ser impugnado através da ação popular, tal qual no exemplo concreto dado linhas atrás, em que uma grande empresa de derivados de leite foi acusada de informar dados do VAF a menor que os reais números de sua produção e isso teria causado lesão ao erário do Estado e do Município.

Os atos, tipicamente, *de administração*, praticados por tribunais ou seus membros, são de natureza eminentemente administrativa e, por isso, induvidosamente, podem e devem ser objeto de ação popular.

O questionamento surge, conforme já anunciado, é com relação ao ato jurisdicional típico (sentença ou acórdão), que lesa o patrimônio público, a moralidade administrativa, o meio ambiente ou o patrimônio histórico e cultural. Esse aspecto será analisado em tópico próprio.

Antes será abordada a questão relativa à imoralidade do ato, decorrente da sua lesividade.

## 3.2.2 Violação do princípio da moralidade decorrente da lesão

Uma vez erigida a moralidade como princípio a ser seguido pelo administrador, recentemente, discutiu-se se bastaria a imoralidade do ato para ser ele passível de ataque via ação popular.

Maria Sylvia Zanella Di Pietro sustenta que "Tornar-se-ia letra morta o dispositivo se a prática de ato imoral não gerasse a nulidade do ato da Administração".[153] Arremata, a insigne administrativista:

> [...] o próprio dispositivo concernente à ação popular permite concluir que a imoralidade se constitui em fundamento autônomo para a propositura da ação popular, independentemente de demonstração de ilegalidade, ao permitir que Lei tenha por objeto anular ato lesivo à *moralidade administrativa*.[154]

A moralidade administrativa deve distinguir o bem do mal e o administrador não "poderá desprezar o elemento ético de sua

---

[153] 1995, p. 527.
[154] 2002, p. 656.

conduta",[155] observa Hely Lopes Meirelles. Ou seja: os agentes públicos devem distinguir o justo e o injusto, o lícito e o ilícito, o honorável e o desonorável, o conveniente e o inconveniente; desse modo, a moralidade administrativa consiste em um conjunto de regras de conduta tiradas da disciplina interior da Administração. Na concepção de Juarez Freitas, o princípio da moralidade impõe

> [...] dever de a Administração Pública observar, com pronunciado rigor e a maior objetividade possível, os referenciais valorativos basilares vigentes, cumprindo, de maneira precípua até, proteger e vivificar, exemplarmente, a lealdade e a boa-fé para com a sociedade, bem como travar o combate contra toda e qualquer lesão moral provocada por ações públicas destituídas de probidade e honradez.[156]

Assim, ao administrador cabe distinguir não apenas entre o bem e o mal, o legal e o ilegal, o justo e o injusto, o conveniente e o inconveniente, mas também entre o honesto e o desonesto.

Como se sabe, a norma jurídica é, necessariamente, veículo de instrumentalização de valores morais, tidos como aceitos por uma sociedade, em determinado momento histórico e cultural. Assim ocorreu com o princípio da moralidade, aqui denominada moralidade jurídica, que o sistema adotou para letra escrita de norma jurídica vigente, positivando-a, enfim.

Aliás, como destaca Jürgen Habermas, "uma norma jurídica só pode ser legítima, quando não contrariar princípios morais".[157]

E, no caso do Brasil, o princípio da moralidade foi consagrado dogma constitucional, a ser seguido por todos os agentes públicos, em quaisquer atos que praticarem, seja qual for a função.

Uma vez positivados, os preceitos morais passam a compor a dimensão de validade das normas jurídicas; vinculam a conduta do operador jurídico e em razão de qualquer descompasso do ato praticado em relação ao princípio, será passível de invalidação através de ação popular. Por esse motivo, o agente público deve observar o que a sociedade, em determinado momento, considera ética e moralmente aceito, adequado. Deverá o administrador ter especial atenção ao elemento moral no seu atuar e sempre buscar

---

[155] 2005, p. 89.
[156] FREITAS, Juarez. *O controle dos atos administrativos e seus princípios fundamentais*. São Paulo: Malheiros, 1997. p. 68.
[157] 1997a, v. 1, p. 140-141.

os fins colimados (interesse público), visto tratar-se de pressuposto inseparável de legitimidade do ato praticado.

Colocadas essas posições, há que se perquirir se o que é lesivo é imoral.

Em primeiro lugar, importante fixar-se que a lesão que interessa à presente obra é a que afeta o patrimônio público, pelo que é mister ter-se em mente o que se deve entender por "patrimônio público".

José Afonso da Silva conceitua patrimônio público

> não apenas como sendo aquilo que propriamente pertence à entidade pública, [...] mas também e com maior razão no que se refere ao erário ou fisco, que se formam com as contribuições fiscais: e dizemos com maior razão porque essas contribuições se formam com tributos derivados do patrimônio de cada um dos contribuintes e, em tal caso, a ação popular se justifica ainda mais do que no caso do patrimônio da pessoa jurídica.[158]

Com efeito, para ser objeto da ação popular, a lesividade há que atingir aquilo que foi fruto da contribuição de todos que pagaram impostos, ao abrirem mão de uma parcela de seus patrimônios particulares a bem de um patrimônio, que naturalmente deve ou deveria ser revertido para o bem de todos.

Por "lesão" entende-se aqui o desfalque, o desvio de verba, o embolso do dinheiro ou a apropriação indevida de bem. É, enfim, a improbidade, por ato doloso do agente, pelas diversas formas com que a mente humana, sem um mínimo de escrúpulo, é capaz de imaginar e perpetrar, com ou sem enriquecimento ilícito para o autor do ato ou a terceiros.

Não há dúvida, por óbvio, que se tem em tais condutas o elemento da desonestidade como fruto de conduta dolosa, ou seja, não há que se falar em improbidade culposa.

E o que é desonesto, induvidosamente, atentará contra o senso moral da comunidade e constitui imoralidade.

Assim, o que é lesivo, fruto de conduta dolosa, será indiscutivelmente imoral, posto que, para praticar a lesão, o agente, necessariamente, terá sido desonesto.

Dessa forma, a ação popular, instrumento apto a desfazer o ato lesivo, pode fundamentar-se na violação do princípio da moralidade administrativa, via de regra, nos casos em que a lesão ao patrimônio tenha sido fruto de ato de improbidade.

---

[158] 1968, p. 150.

Marcelo Figueiredo explicita que

O essencial é remarcar que com o princípio, contemplado na Constituição, todos os atos da administração, do Executivo, do Legislativo e do Judiciário, devem respeito a ele. Assim, a "boa administração", a avaliação dos meios, técnicas e procedimentos utilizados não podem se afastar do controle jurisdicional e da própria administração, que por esse fundamento (moralidade jurídica) tem o dever de revê-los, e, se for ocaso, anulá-los ao fundamento de "imorais", "ímprobos" etc.[159]

E nesse aspecto, a lesão pode ser levada a efeito em qualquer modalidade de ato de Estado, sem ficar restrita aos atos de administração pública típica, incluindo-se, pois, a sentença, que, sem sombra de dúvida, é ato de Estado. E como uma das três funções, ao julgador também impõe-se a obediência ao princípio da moralidade.

Pertinentes são as palavras de Georges Ripert:

Não é unicamente na elaboração da regra de direito que a moral intervém, mas, também na aplicação e interpretação da regra. O juiz é legislador dos casos particulares. [...] O juiz, escutando as diversas vozes que lhe vão ditar a sentença, é sensível, antes de tudo, à consideração da lei moral. A regra moral, é portanto, um fator essencial do direito. Não é unicamente um elemento do dado sobre o qual o jurista deve construir; é uma força viva que dirige a construção e que é capaz de a derrubar.[160]

# 3.3 Condições e requisitos da ação popular

## 3.3.1 Condições da ação em geral

No sistema jurídico vigente, como se sabe, ordinariamente, o Estado avoca para si a função jurisdicional e o interessado que sofrer lesão ao seu direito pode invocar esta atividade, que é inerte, para ser imparcial.

Ao retirar do particular o direito de fazer justiça com as próprias mãos, o Estado assume a responsabilidade de prestar serviço público, que é a jurisdição, ou seja, poder de dizer o direito.

---

[159] FIGUEIREDO, Marcelo. *Probidade administrativa*: comentários à Lei 8.429/92 e legislação complementar. São Paulo: Malheiros, 1995. p. 22.

[160] RIPERT, Georges. *A regra moral nas obrigações civis*. Trad. Osório de Oliveira. Campinas: Bookseller, 2000. p. 42.

Ao assumir essa função pacificadora, o Estado passa a ter o dever de conferir ao cidadão, em princípio, o mesmo resultado que se verificaria caso o agir privado não tivesse sido proibido, ou seja, prestar aos cidadãos o que se chama de "adequada tutela jurisdicional".

Diz Ovídio A. Baptista da Silva, que o "fenômeno do monopólio da jurisdição criou ao Estado o dever de prestar jurisdição e a seus súditos o direito e a pretensão a serem ouvidos em um tribunal regular e que se lhes preste justiça".[161]

Com isso, pode-se dizer, então, que o direito de ação é prerrogativa constitucionalmente garantida a qualquer cidadão, que sofra lesão ou ameaça a direito do qual seja titular, de vê-lo tutelado pela jurisdição, monopólio do Estado, já que este, via de regra, proibiu a autotutela.

Sobre o tema, Cândido Rangel Dinamarco assevera que a "garantia constitucional da ação, seu significado mais amplo, é antes de tudo a garantia de que será *ouvido em juízo* todo aquele que trouxer ao Estado-juiz uma alegação de direito violado ou posto em ameaça".[162]

Ressalta a professora Djanira Maria Radamés de Sá que o direito de ação é "exercitável até mesmo contra o Estado que se caracteriza pelo interesse processual, na necessidade da tutela jurisdicional para reparação de um direito violado".[163]

Dinamarco chega ao extremo de dizer que "O direito de demandar é incondicionado"[164] e que nenhum juiz pode deixar de apreciar a demanda, porque tem o dever de analisá-la, ainda que para indeferir a petição inicial. O autor explica:

> [...] nem a lei nem o juiz poderia excluir de qualquer apreciação uma demanda, pelo fundamento de considerar *prima facie* que o julgamento do mérito não será admissível. Mesmo que manifestamente falte uma das condições da ação (carência de ação), ou que haja outro processo pendente pela mesma causa (litispendência), ou que a matéria já haja sido julgada antes (coisa julgada), ou ainda quando a petição inicial seja muito mal redigida ou até mesmo ininteligível etc., constitui dever elementar do juiz a explicitação desses motivos, despachando a petição inicial e declarando extinto o processo desde logo — sem jamais negar-se a despachar (CPC, art. 295, inc. I).[165]

---

[161] SILVA, Ovídio A. Baptista *et al. Comentários ao Código de Processo Civil*. São Paulo: Revista dos Tribunais, 2000. v. 1, p. 17.

[162] DINAMARCO, Cândido Rangel. *Instituições de direito processual civil*. São Paulo: Malheiros, 2001a. v. 2, p. 111, grifos no original.

[163] SÁ, Djanira Maria Radamés de. *Teoria geral do direito processual civil*: a lide e sua resolução. São Paulo: Saraiva, 1998. p. 26.

[164] 2001a, v. 2, p. 110.

[165] 2001a, v. 2, p. 111.

Capítulo 3
Ação Popular: Natureza Jurídica, Objeto e Condições | 93

É certo que ação não é direito à sentença favorável, como salienta Ernane Fidélis dos Santos. O processualista mineiro lembra, no entanto, que "tão abstrato é o direito de ação que constitui até em ofensa a preceito constitucional a proibição cautelar de distribuição de causas, ocorrida, às vezes, no fórum, a pedido de partes menos avisadas".[166]

Porém, para pôr a função jurisdicional estatal em funcionamento, isto é, para invocar a tutela jurisdicional, a ponto de levar um juiz à análise sobre a real titularidade de um direito, ou seja, à decisão sobre o mérito da lide, é preciso preencher alguns requisitos processuais. Esses requisitos estão previstos no Código de Processo Civil, muito embora o direito de ação esteja previsto na Constituição.

No direito germânico, pelas palavras do processualista Adolf Schönke, tais requisitos são denominados "pressupostos processuais". Adolf Schönke afirma que "Nem toda relação jurídica processual conduz à tramitação e resolução sobre o mérito, antes bem, isto somente acontece se concorrerem os chamados pressupostos processuais".[167]

Entre nós, Dinamarco alerta: "Quando se diz que *todos* têm direito ao pronunciamento dos juízes sobre suas pretensões, esses *todos* não significa que qualquer pessoa o tenha, em qualquer circunstância (Liebman)".[168]

Há que se preencher as chamadas condições da ação. Kazuo Watanabe, insigne processualista da atualidade, apresenta interessante visão do porquê das condições da ação ao afirmar que

[...] são razões de economia processual que determinam a criação de técnicas processuais que permitam o julgamento antecipado, sem a prática de atos inúteis ao julgamento da causa. As condições da ação nada mais constituem que técnica processual instituída para a consecução desse objetivo[169] [...]

Por razões de economia processual ou não, certo é que o art. 3º do CPC estabelece que "para propor ou contestar ação é necessário ter interesse e legitimidade",[170] e que o processo pode ser extinto sem resolução de mérito ante a ausência de qualquer das condições

---

[166] SANTOS, Ernane Fidélis. *Manual de direito processual civil*. 5. ed. São Paulo: Saraiva, 1997. v. 1, p. 48.
[167] SCHÖNKE, Adolf. *Direito processual civil*. Trad. Karina Andréa Fumberg, Vera Longuini e Diego Alejandro Fabrizio. Campinas: Romana, 2003. p. 216.
[168] 2001a, v. 2, p. 295.
[169] WATANABE, Kazuo. *Da cognição no processo civil*. São Paulo: Revista dos Tribunais, 1987. p. 69.
[170] NEGRÃO, Theotonio. *Código de Processo Civil e legislação processual em vigor*. 34. ed. Colaboração de José Roberto Ferreira Gouvêa. São Paulo: Saraiva, 2002. p. 95.

da ação, entendidas como sendo a *possibilidade jurídica*, a *legitimidade das partes* e o *interesse processual* (267, VI, CPC).

"Ausente qualquer delas, fica bloqueado o caminho para a integral prestação da tutela, pois o juiz deve decretar a carência da ação e extinguir o processo sem julgamento de mérito",[171] ensinam, didaticamente, Luiz Rodrigues Wambier, Flávio Renato Correia de Almeida e Eduardo Talamini.

Depara-se, portanto, com a existência de três condições da ação: interesse processual, legitimidade de partes e possibilidade jurídica do pedido, sem que isso contrarie o entendimento de que ação é *direito abstrato de agir*, ou seja, desvinculado do direito material.

É a teoria eclética de Liebman, pela qual, para existir verdadeira jurisdição, é necessário que se reúnam as três condições da ação, que são, por assim dizer, uma capa impenetrável que obsta ao juiz examinar a questão de fundo, caso estejam ausentes.

O professor J. J. Calmon de Passos diz que Enrico Liebman foi criticado na Itália no que tange à impossibilidade jurídica do pedido. Contudo, o Código de Processo Civil brasileiro consagrou tal doutrina no art. 267, VI, pelas mãos de Alfredo Buzaid, discípulo de Enrico Tullio Liebman no estudo do processo, construtor da teoria das condições da ação.

J. J. Calmon de Passos critica, severamente, o legislador brasileiro, que, na sua visão, "certamente por força da gratidão ao *mestre estrangeiro que alfabetizou os caboclos*, tornou-se lei o que, no *Reino*, já nem mesmo era doutrina aceita".[172]

Todavia, o eminente processualista baiano, na mesma obra, de certa forma se contradiz: admite expressamente a possibilidade jurídica do pedido como condição de ação, ao exemplificar o caso de sentença que condena o réu à pena de morte, que sob sua ótica é "uma não-sentença, porque sentença é a aplicação autoritativa do direito que incidiu em um caso particular, e somente pode incidir o direito reconhecido, acolhido pelo sistema de direito positivo do país".[173]

No entanto, embora o Direito brasileiro tenha acolhido a noção fornecida por Liebman, adotando as três condições da ação, o próprio autor, posteriormente, excluiu a possibilidade jurídica do cenário das condições da ação (admitindo, apenas, a legitimidade

---

[171] WAMBIER, Luiz Rodrigues; ALMEIDA, Flávio Renato Correia de; TALAMINI, Eduardo. *Curso avançado de processo civil*. São Paulo: Revista dos Tribunais, 2002. p. 127.

[172] 2002, p. 118.

[173] 2002, p. 102.

de parte e o interesse de agir). Tal ocorreu já na 3ª edição de seu *Manuale di Diritto Processuale Civile*, exatamente na época em que o projeto de Alfredo Buzaid já havia sido votado e se transformado no Código atual, de 1973, com as três condições sugeridas, inicialmente, pelo Mestre italiano.

Liebman, categoricamente, escreveu na 3ª edição de seu *Manuale* que "as condições da ação, há pouco mencionadas, são o interesse para agir e a legitimidade. Estas são, como já acenado, os requisitos para a existência da ação"[174] [...], excluindo, assim, a possibilidade jurídica do contexto das condições da ação, porquanto aduzia que ela se confunde, quase sempre, com o próprio interesse processual.

Em que pese opiniões divergentes, certo é que no Brasil as três condições da ação estão previstas em lei. Além do mais, a respeitável doutrina do processualista paulista Cândido Rangel Dinamarco, a despeito de ser seguidor de Liebman, conclui que "não é lícito confundir a possibilidade jurídica com o interesse de agir, nem assimilar nos esquemas deste os casos indicados como de impossibilidade jurídica da demanda".[175]

Arremata o processualista que são "requisitos muito diferentes e dotados de significados diferentes", posto que "interesse representa utilidade que o exercício da jurisdição possa trazer ao demandante" e por isso "interesse de agir é apenas processual", ao passo que a "possibilidade jurídica é conceito que recebe mais intensos influxos do direito substancial e constitui projeção processual dos limites da área que o próprio direito substancial cobre".[176]

Discussão à parte, inegável é, conforme já afirmado, que o nosso Código de Processo Civil adotou a teoria eclética original do Mestre Liebman, que exige o preenchimento das três condições da ação para que o Juiz conheça do mérito. A despeito das diversas reformas empreendidas pelo legislador, o Estado só tem comprometimento de julgar o mérito das demandas que lhe são colocadas se presentes as três condições da ação indicadas no CPC, art. 267, inc. IV.

Sem adentrar muito o tema relativo às condições da ação neste tópico, dado o objetivo deste livro, em rápidas linhas, abordar-se-á, a seguir, cada uma delas, especificamente, para o caso de ação popular.

---

[174] LIEBMAN, Enrico Tullio. *Manuale di Diritto Processuale Civile*. 3ª ed. Milano: Dott. A. Giuffrè Editore, 1973. v. 1., p. 120, traduziu-se.

[175] DINAMARCO, Cândido Rangel. *Execução civil*. 8. ed. São Paulo: Malheiros, 2002b. p. 406.

[176] 2002b, p. 407.

### 3.3.1.1 Possibilidade jurídica do pedido na ação popular

Possibilidade jurídica do pedido é a necessária admissibilidade da demanda no ordenamento jurídico. Para que o pedido seja juridicamente possível é mister que haja compatibilidade, ainda que em tese, com a ordem jurídica e é juridicamente impossível um pedido que se choca com preceitos do direito material e "'ordenamento jurídico' não é apenas o arsenal normativo, mas todos os demais subsídios jurídicos que o integram",[177] observa Rodolfo Mancuso.

A doutrina que se acata é a que entende ser necessário que inexista, no ordenamento jurídico, qualquer vedação ou proibição ao acolhimento da postulação deduzida em juízo, ou seja, é possível, do ponto de vista jurídico, tudo aquilo que não está vedado. É como se o Estado-juiz dissesse, de plano, que, em certas situações, a pretensão deduzida em juízo não será tutelada e tal ocorre mesmo antes de averiguar se estão presentes as outras condições da ação (legitimidade e interesse) ou, na feliz comparação de Dinamarco: "É como buscar medicamento para doença incurável ou para a qual a ciência não haja ainda descoberto a cura".[178]

Mas, é importante alertar que tal assertiva só vale para o campo do Direito privado, posto que, no âmbito de Direito público, o princípio básico é o de que só é permitido aquilo que a lei expressamente autorizar; está, portanto, vedado o que a lei nada se referir. Com base nesta premissa, pode-se dizer que se a pretensão posta à apreciação do Judiciário envolver direito ou interesse público e o pedido contido na inicial não estiver *expressamente permitido pelo ordenamento jurídico*, em tese estar-se-ia diante de um pedido juridicamente impossível.

Sobre o tema ora analisado, citam-se, a título de exemplos, que não é juridicamente possível: a) pedir a declaração de domínio (usucapião) de bem pertencente ao Município; b) a concubina pedir que o Juiz a declare casada com o seu companheiro, com quem coabitou por 30 anos; c) pedir a prisão civil de devedor de crédito não alimentício; d) condenar o réu à pena de morte e, e) os clássicos exemplos de requerer o divórcio antes da vigência da Lei nº 6.515/77 e cobrar dívida de jogo.

E, quanto ao campo do direito público, se o pedido chocar-se com princípios constitucionais, como o da moralidade ou, eventualmente, não estiver expressamente permitido em lei (princípio da legalidade), não se pode admitir que seja ele juridicamente possível.

---

[177] 1998, p. 119.
[178] 2002b, p. 401.

É bom reafirmar que o *ordenamento jurídico* não compreende apenas leis e códigos, mas, também, todos os elementos jurídicos a ele agregados, como a doutrina, a jurisprudência, a analogia, a equidade, os princípios gerais e as regras de experiência. Especificamente sobre este aspecto, em momento oportuno, em capítulo próprio, serão dedicadas novas argumentações.

No que tange à possibilidade jurídica do pedido para a ação popular, será verificável desde que a petição inicial traga narrativa de situação fática, que se enquadre, em tese, nas hipóteses de ato concretamente lesivo ao patrimônio público, à moralidade administrativa, ao meio ambiente e ao patrimônio histórico e cultural, previstos no inc. LXXIII do art. 5º da Constituição Federal. É, também, passível de nulidade por vício de incompetência, forma, ilegalidade do objeto, inexistência de motivos ou desvio de finalidade, ou anulável por outros motivos, nos termos dos arts. 2º e 3º, da Lei nº 4.717/65, ou ainda, de ato presumivelmente lesivo, nas hipóteses dos incisos do art. 4º da mesma lei.

É claro que o juiz, ao despachar a petição inicial, para considerar o autor popular carecedor da ação, mister é que, de plano, perceba na narrativa da própria exordial, a falta de enquadramento na previsão legal, ou seja, apoie-se em ato que, *prima facie*, não seja nem presumivelmente lesivo ou, se a alegada lesividade, concreta ou presumivelmente, atinja, por exemplo, bem que não está inserido no rol do inc. LXXIII do art. 5º da CF.

Adverte Humberto Theodoro Júnior que a possibilidade jurídica do pedido "deve ser localizada no pedido imediato, isto é, na permissão, ou não, do direito positivo a que se instaure a relação processual em torno da pretensão do autor".[179]

Mas nem sempre é assim, visto que, no caso clássico da dívida de jogo, a impossibilidade jurídica está mais ligada à causa de pedir do que ao pedido propriamente dito; pode ocorrer de não ser juridicamente possível a pretensão em face da qualidade ou prerrogativa da parte passiva, a exemplo da execução com pedido de citação para pagar quantia certa contra a Fazenda Pública ou pedido de usucapião de bem público.

Como a sentença buscada pelo autor popular tem natureza desconstitutiva e condenatória, porque visa a desconstituir um ato e a condenar o seu responsável, deve o julgador se ater, para averiguar

---

[179] THEODORO JÚNIOR, Humberto. *Curso de direito processual civil*. 38. ed. Rio de Janeiro: Forense. 2002. v. 1, p. 51.

se se trata de situação de impossibilidade jurídica do pedido, à lesividade e ilegalidade do ato que, no caso, é, em verdade, a causa de pedir. Daí exigir-se cuidado na averiguação desta condição da ação ora em análise, para que não haja uma equivocada extinção do processo. Impõe-se que tal ocorra apenas em casos que o pedido seja, escancaradamente, impossível.

É o caso, por exemplo, do torcedor que ajuíza ação popular e, com ela, objetiva invalidar ato de transferência de jogador de futebol de um time para outro, apontando este ato como lesivo aos interesses da torcida de uma das agremiações.

O proposital exagero do exemplo apresentado deve-se ao fato de que só se deve reconhecer a impossibilidade jurídica do pedido de uma ação popular se *"evidentemente, aprioristicamente,* à mera leitura da inicial já possa o julgador concluir que a pretensão não tem previsão sequer teórica no ordenamento ou, pior, que este a inibe expressamente",[180] alerta Rodolfo Mancuso.

Seria o caso, também, de o autor popular, na petição inicial, fazer sequer menção à lesividade do ato que se quer impugnar, porque aí não se estará diante de situação fática em que se é possível, juridicamente, pedir a desconstituição do ato (não lesivo) através de ação popular.

Outra situação de impossibilidade jurídica do pedido seria o caso da lesão não atingir o patrimônio público.

O certo é que, na hipótese de existir, ainda que mínima, a possibilidade de ocorrência da ilegalidade-lesividade declinada na inicial, o juiz, de forma precipitada, não pode dar por extinto o processo sem resolução de mérito, pela carência de ação. Melhor será dar o normal andamento, mandar citar a parte requerida e depois de regular instrução, segundo os moldes do devido processo legal, concluir sobre a existência ou inexistência de lesão.

Sobre esse aspecto em particular, defende-se que, em caso de dúvida, deve prevalecer sempre o interesse maior da sociedade; deve, portanto, julgar improcedente por insuficiência de provas, para permitir que nova ação seja ajuizada com o aparecimento de novas provas.

Como destaca Rodolfo Camargo de Mancuso:

> A pretensão do autor popular deve ser passível de subsunção, abstratamente, numa das hipóteses previstas na Lei 4.717/65. [...] A esse rol, acrescenta-se ainda, na rubrica da "possibilidade jurídica":

---

[180] 1998, p. 121.

a afronta ao patrimônio público, à moralidade administrativa e ao meio ambiente, presente a dicção do art. 5º, LXXXIII da CF; e, mesmo, a defesa difusa na área do consumo.[181] (Lei 4.717/65, c/c a Lei 7.347/85, art. 1º, caput, e inciso II; art. 21)

Em princípio, não será muito comum situação de impossibilidade jurídica de pedido em ação popular, muito embora possa o julgador deparar em casos de não lesividade ou de lei em tese. Contudo, por se tratar de causa de pedir, julga-se improcedente o pedido, depois de trâmite regular.

É interessante a observação de Cândido Rangel Dinamarco, de que a "impossibilidade jurídica constitui fator limitativo do acesso à justiça e, por isso, é preciso tratar com toda a indispensável sensibilidade política e social o tema",[182] principalmente no caso da ação popular, através da qual o autor, em verdade, defende o interesse que é do povo, patrimônio que a todos pertence, participando diretamente da democracia, no exercício, enfim, da plena cidadania.

Não se pode perder de vista, no entanto, que infelizmente ainda ocorrem situações de mero e evidente capricho de adversário político do administrador, que se utiliza da figura do chamado "autor popular *laranja*", que empresta número de título eleitoral em troca de favores e, às vezes, sequer tem consciência cívica do seu ato. Para este caso, de ação popular manifestamente temerária, pode *e deve* o juiz condenar o autor em até o décuplo das custas e a punição deve se estender à pessoa que manipulou a falsa demanda.

Por último, é de se ressaltar que, em último caso, se declarada a carência de ação, estará ainda, a sentença, sujeita ao reexame necessário pela instância superior (arts. 13 e 19 da Lei nº 4.717/65).

## 3.3.1.2 O interesse processual de agir na ação popular

Como se sabe, o interesse processual de agir repousa sobre o binômio necessidade e adequação, na medida em que a parte somente tem necessidade se o seu direito material não pode ser realizado sem a intervenção do juiz, ou seja, quando há conflito de interesses.

Exige-se, ainda, a adequação porque a providência requerida tem que ser capaz de remediar a situação narrada na petição inicial.

---

[181] 1998, p. 124.
[182] 2002b, p. 396.

Em suma, o interesse processual se consubstancia na necessidade de o autor vir a juízo e na utilidade que o provimento jurisdicional poderá proporcionar-lhe.

O interesse de agir diz respeito também ao fato de que o provimento jurisdicional requerido deva ser adequado para reparar a lesão sofrida ou ameaçada, posto que a inadequação do provimento jurisdicional para o reparo da lesão implicaria na falta de interesse processual.

Liebman ensina, com maestria, que "O interesse de agir surge da necessidade de obter do processo a proteção de um interesse substancial".[183]

Na ação popular, o interesse processual de agir verifica-se, comumente, na lesão que o ato acarreta ao bem que é de todos, e a correção do ato só é possível se obter através da prestação jurisdicional. Dessa forma, o autor popular tem seu interesse processual de agir porque visa invalidar o ato lesivo, na medida em que tal lesão também afeta bem que lhe pertence, assim como a todas as outras pessoas, a quem pertence a coisa pública.

Obviamente (e tradicionalmente) exige-se a *ilegalidade* do ato a invalidar — que atente contra as normas específicas que regem sua prática ou se desvie dos princípios gerais que norteiam a Administração Pública. Além disso, a lesividade do ato, que desfalca o erário ou atenta contra a moralidade administrativa, e ainda, a ofensa aos bens ou valores artísticos, cívicos, culturais, ambientais ou históricos da comunidade, despertam o interesse em qualquer do povo, para ajuizar ação reparadora. Somente por meio da ação popular obter-se-á a adequada, necessária e útil tutela, que reverterá a situação ao estado anterior, em favor do povo e, obviamente, também do autor popular.

Ressalta o Prof. José Afonso da Silva, que "o autor popular não é titular de um direito subjetivo nem de interesse especificamente seu, violado ou ameaçado, que precise ser amparado por via judicial",[184] mas seu interesse "concretiza-se na possibilidade, em tese, de haver prejuízo, caso falte a tutela jurisdicional".[185]

Rodolfo Mancuso, de seu lado, bem fundamentado, entende que o interesse de agir do autor popular "é o que compõe o núcleo e a *genesis* do direito subjetivo público de cada cidadão brasileiro, a uma Administração proba e eficiente, direito esse que ele exerce em face de qualquer dos Poderes constituídos".[186]

---

[183] 1973, v. 1, p. 121, traduziu-se.
[184] 1968, p. 157.
[185] 1968, p. 157.
[186] 1998, p. 112.

O afastamento ou o atropelo dos princípios da legalidade, impessoalidade, moralidade, publicidade e eficiência pelos que estão à frente de qualquer função da administração pública, faz nascer, de imediato, o interesse de agir para qualquer cidadão, que pode e tem interesse de defender aquilo que é de todos.

Mas, é sempre bom lembrar que o interesse de agir resulta da junção dos elementos adequação, utilidade e necessidade da interferência da função jurisdicional estatal. Assim, necessário é que a lesão ou a ameaça de lesão à moralidade seja concreta ou, pelo menos, iminente.

Assim, não há interesse de agir se a lesão for meramente hipotética ou se está em face de uma expectativa de lesão.

Por isso mesmo, em relação à ação popular, "não a intenta o cidadão-popular simplesmente para verificar se está agindo corretamente o administrador da coisa pública",[187] ressalta Elival da Silva Ramos.

Como se está diante de instrumento de participação direta na função pública, o interesse de agir do autor popular também está intimamente ligado a um interesse político, qual seja, de bem ver aplicado em favor de todos o numerário recolhido com a cobrança de tributos.

Elival da Silva Ramos discorda do constitucionalista José Afonso da Silva e do argentino Bielsa. Posiciona-se no sentido de que o autor popular, por ser um particular "totalmente desvinculado da estrutura orgânica do Estado e que, embora substitua o Poder Público, no sentido jurídico-processual, não atua munido de prerrogativas de império"[188] e, por isso, não goza de prerrogativas processuais deferida às entidades públicas, como prazo em quádruplo para contestar e em dobro para recorrer.

A observação, como se nota, tem enfoque nas prerrogativas do Poder Público e é certo que o autor popular não tem prazos diferenciados para contestar e recorrer. Porém, o fato de o cidadão atuar com ou sem essas prerrogativas processuais, não vai desnaturar a natureza pública do resultado positivo para o erário, obtido através de uma sentença favorável em ação popular.

O interesse de agir, como condição da ação popular, nos termos do art. 1º, parágrafo único, da Constituição Brasileira, decorre do fato de que "todo poder emana do povo".[189] Por esse motivo, o ato de autoridade, qualquer que seja a natureza ou a autoridade,

---

[187] 1991, p. 197.
[188] 1991, p. 200.
[189] BRASIL. *Constituição Federal* (1988). 29. ed. São Paulo: Saraiva, 2002. p. 5. (Coleção Saraiva de Legislação).

e mesmo o ato de particular, desde que lese o interesse do povo, qualquer cidadão, porque também é prejudicado, tem interesse direto de agir, em seu nome e de todos.

Certo é, portanto, que o interesse do cidadão deve sempre levar, verdadeiramente, em conta o zelo pela coisa pública, o meio ambiente saudável e a preservação do patrimônio cultural, interesse que, por ser de todos, também o será do autor popular individual.

A propósito, sobre o assunto, a professora Têmis Limberger escreveu:

> Conclui-se no sentido de que, quando se reconhece uma ação jurisdicional para coibir ato administrativo lesivo aos cofres públicos, não se está somente protegendo o interesse do cidadão, mas de toda a coletividade, que pode exigir o cumprimento dos preceitos constitucionais que regem a administração pública.[190]

Especificamente sob o enfoque da presente obra, em que se sustenta a invalidação da sentença lesiva ao erário via ação popular, uma hipótese de flagrante falta de interesse de agir ocorreria em relação às sentenças proferidas em uma outra ação popular: tanto na hipótese da que julga procedente uma ação popular, como a que julga improcedente por deficiência de provas (art. 18 da Lei nº 4.717/65), não se teria presente o interesse processual de agir, para o autor popular buscar a sua invalidação.

Se julgada procedente a ação popular, o cidadão não teria interesse em ir a juízo com outra ação popular buscar a invalidação de sentença que já foi favorável à coletividade; se a sentença concluiu pela improcedência por deficiência das provas, o autor popular poderá ajuizar nova ação com base no mesmo fundamento, municiado de novas provas, porque a sentença não faz coisa julgada.

Ainda no que tange ao tema deste livro, para aferição e surgimento do interesse de agir para o autor popular, é de se questionar se se faz necessário a presença de um *plus*, qual seja, que a sentença não seja mais passível de reforma via recurso ou desfazimento através de ação rescisória ou embargos.

Contudo, a esse aspecto, em específico, dedicar-se-á análise mais detalhada, quando for abordado o ato jurisdicional lesivo, sujeito de questionamento através da ação popular, com a indicação das situações em que tal é possível.

---

[190] 1998, p. 95.

### 3.3.1.3 A legitimidade de partes na ação popular

Sobre a legitimidade de partes para a causa, dispõe o art. 6º do Código de Processo Civil, que "ninguém poderá pleitear, em nome próprio, direito alheio, salvo quando autorizado por lei".[191] Por outras palavras, o que o dispositivo citado quer dizer, é que, em princípio, somente tem legitimidade para a causa, na qualidade de autor, aquele que se diz titular do direito material, ou, de outro lado, somente pode ser réu aquele que, no plano do direito material, tenha obrigação correspondente.

Há exceções em que se permite que alguém postule em juízo em nome próprio e na defesa de direito alheio, na chamada legitimação extraordinária e substituição processual (Ministério Público, sindicatos, associações etc.). Há, ainda, os casos de direitos difusos, coletivos e individuais homogêneos (art. 5º, 103 e 129 da CF e 82 do CDC).

É exatamente sobre este aspecto que doutos de renome divergem entre si, quanto a posição jurídica do autor popular no processo: uns afirmam que se trata de substituição processual e outros argumentam que se está diante de uma legitimação ordinária, conforme será logo adiante analisado.

Em razão da abstração e autonomia do direito de ação, não se pode dizer que só tem a prerrogativa de ajuizar ação quem seja sempre o titular do direito e que o pedido só possa ser feito contra o obrigado da relação de direito material. Pode ser que a pessoa não tenha o direito e ainda assim é parte legítima para propor. Para aferir a legitimidade deve-se apegar mais à autonomia da relação processual do que à abstração do direito de ação.

A legitimidade da parte é a aptidão que determinada pessoa tem para ocupar a posição de demandante ou de demandado em determinado caso concreto e deve ser aferida através das afirmações feitas pelo demandante em sua petição inicial.

No caso da ação popular, para o seu ajuizamento, é óbvio que se exige o preenchimento de condições para o seu exercício, tanto para figurar no polo ativo, como no polo passivo.

Quanto ao autor popular, qualquer cidadão terá legitimidade para propor a ação popular, posto que o objeto da mesma pertence obviamente a todo cidadão.

Aliás, o art. 1º da Lei nº 4.717, de 29 de junho de 1965, expressamente, dispõe que "qualquer cidadão será parte legítima para pleitear a anulação ou a declaração de nulidade de atos lesivos".[192]

---

[191] NEGRÃO, 2002a, p. 102.
[192] NEGRÃO, 2002a, p. 1019.

Quanto à posição jurídica, conforme antes anunciado, há quem defenda o ponto de vista de que o autor popular ocupa a posição de um substituto processual. Autores da envergadura de Ada Pellegrini Grinover e Péricles Prade argumentam que o autor popular não defende direito seu e, sim, da coletividade, em substituição a ela, em face da inércia dos demais cidadãos.

É exatamente o que Péricles Prade sustenta:

> Como o cidadão age em nome da coletividade, fá-lo *substituindo-a* processualmente. Em suma, trata-se de um *substituto* processual. Destarte, em se tratando de substituição processual, extraordinária é a legitimação para agir do cidadão. É na *qualidade de cidadão*, enfim, na ação popular, que a legitimidade extraordinária se justifica.[193]

Ada Pellegrini Grinover, em palestra proferida para a Associação Paulista do Ministério Público, discorreu sobre as diferenças e semelhanças entre ação popular e ação civil pública, oportunidade em que reafirmou que lhe é indiferente numa constar o nome do "cidadão e na outra o do Ministério Público como autor, na verdade quem está litigando em juízo pelo portador de interesses é a coletividade. Vejo aí uma legitimação extraordinária, tanto do Ministério Público como do cidadão".[194]

Em sentido contrário, há os que sustentam a tese de que o autor popular está em posição de quem tem a legitimação ordinária. Dentre estes, temos o peso da opinião de José Afonso da Silva, Rodolfo de Camargo Mancuso e Luiz Alberto David Araújo (em coautoria com Vidal Serrano Nunes Júnior), sustentando que, em verdade, o autor popular estaria a defender direito político que também é seu, a parte que também é sua.

A propósito, José Afonso da Silva defende:

> [...] o autor popular não é apenas titular do direito de agir, mas é também defensor de direito próprio. Tudo isso, como já vimos, demonstra a impossibilidade de considerar-se o autor popular mero substituto processual da coletividade. Também não será substituto processual de cada cidadão individualmente considerado; primeiro,

---

[193] PRADE, Péricles. *Ação popular*. São Paulo: Saraiva, 1986. p. 20, grifos no original.
[194] GRINOVER, Ada Pellegrini. A ação civil pública e a ação popular: aproximações e diferenças. *In*: SALLES, Carlos Alberto de (Org.). *Processo civil e interesse público*: o processo como instrumento de defesa social. São Paulo: Revista dos Tribunais, 2003. p. 142.

porque falta nexo de interesse entre um e outro, que justifique a substituição, além de que o interesse feito valer em juízo não pertence individualmente a nenhum deles; segundo, porque o interesse do autor popular é o mesmo de cada cidadão, e coincidente, *de per si*, com o da coletividade.[195]

Para Rodolfo de Camargo Mancuso, quem propõe a ação popular "está exercendo, enquanto cidadão no gozo de direitos políticos a sua *quota-parte* no direito geral a uma administração proba e eficaz, pautada pelos princípios assegurados nos arts. 37, 170, 215 e outros da CF".[196]

Idêntica é a opinião de Luiz Alberto David Araújo e Vidal Serrano Nunes Júnior, que sustentam que o autor popular atua legitimado em "direito próprio, determinado pela titularidade subjetiva da prerrogativa constitucional de ter o patrimônio público, ao qual o administrado está relacionado, gerido de forma honesta".[197]

Realmente, o autor ocupa a situação de quem está a defender o patrimônio que é de todos, e que também é seu, sempre no interesse da boa condução do interesse da coisa pública. Por isso, em que pese o ponto de vista contrário de doutos, parece ser induvidosa a posição de legitimado ordinário, a do autor popular.

No polo passivo, de regra, deve sempre figurar o agente público que praticou o ato impugnado, objeto da ação. Mas a intenção do legislador, pelo que se lê no art. 6º da Lei nº 4.717/65, é a de que se alcance um número maior possível de réus.

Assim é que são passíveis de figurarem como réus em ação popular tanto aquele que levou a efeito o ato lesivo, como também todos os que, de algum modo, para ele contribuíram, inclusive *por omissão*.

Rodolfo de Camargo Mancuso ensina que

> À leitura do art. 6º da Lei 4.717/65 já se percebe que a *mens legislatoris* é a de estabelecer um espectro o mais abrangente possível, de modo a empolgar no pólo passivo, não só o causador ou produtor direto do ato sindicado, mas também todos aqueles que, de algum modo, para ele contribuíram por ação ou omissão, e bem assim os que dele se tenham beneficiado diretamente.[198]

---

[195] 1968, p. 275.

[196] 1998, p. 135.

[197] ARAÚJO, Luiz Alberto David; NUNES JÚNIOR, Vidal Serrano. *Curso de direito constitucional*. 7. ed. São Paulo: Saraiva, 2003. p. 174.

[198] 1998, p. 140.

Nesse sentido também é a lição do mestre José Afonso da Silva:

> [...] a lei não discrimina. Qualquer autoridade, portanto, que houver participado do ato impugnado — autorizando-o, aprovando-o, ratificando-o ou praticando-o — deverá ser citada para a demanda popular, que vise anulá-lo. Assim, desde as autoridades mais elevadas até as de menor gabarito estão sujeitas a figurarem como rés no processo de ação popular. Nem mesmo o Presidente da República, ou o do Supremo Tribunal Federal, ou do Congresso Nacional, está imune de ser réu, nesse processo.[199]

Ainda, da leitura dos arts. 6º e 2º da Lei nº 4.717/65, tem-se como indispensável a citação da entidade lesada, que poderá contestar a demanda popular ou posicionar-se ao lado do autor "desde que isso se afigure útil ao interesse público, a juízo exclusivo do representante legal da entidade ou da empresa (art. 6º, §3º)",[200] ensina o mestre Hely Lopes Meirelles.

Dessa forma, no polo passivo, estão legitimados a figurar como réus ou litisconsortes, desde a autoridade que tenha ordenado o ato, como também aquele servidor, cuja conduta, dolosa ou culposa, tenha, de alguma forma, contribuído para o sucesso da lesão.

Também é parte legítima para figurar no polo passivo a pessoa física ou jurídica de direito privado que tenha cometido ou participado do ato lesivo ao erário público, graças à omissão do agente público.

Jamais hão de ficar fora da eficaz linha de fogo da ação popular aqueles que, diretamente, se beneficiaram com a lesão ao patrimônio público, que são condenados, solidariamente, ao ressarcimento dos cofres públicos.

Inclusive o magistrado, considerando a tese defendida na presente obra, há que figurar como réu na ação popular, desde que o ato tipicamente jurisdicional seja lesivo ao erário, fruto de conluio. E, no caso, além da invalidação da sentença lesiva ao patrimônio público, o magistrado, ou magistrados, em caso de acórdão, estariam passíveis de serem condenados a indenizar eventual desfalque causado ao erário, resultante do ato jurisdicional perpetrado contra o interesse da coletividade. Tudo isso, óbvio, sem prejuízo da responsabilização administrativa e criminal em esferas próprias.

---

[199] 1968, p. 197.
[200] 2003, p. 137.

## 3.3.1.3.1 "Cidadania mínima", como crítica à exigência da qualidade de eleitor

Hely Lopes Meirelles diz que a condição de *cidadão brasileiro* do autor (pessoa natural) é o "primeiro requisito"[201] para ação popular. Também deve estar no *gozo dos seus direitos cívicos e políticos*, instruindo a inicial com cópia de seu título eleitoral. Há, portanto, a exigência de duas condições legitimadoras para o exercício da ação popular: ser brasileiro e ser eleitor.

Como a Constituição Federal (alínea "c" do inc. II, do §1º, art. 14) assegurado ao menor de 18 anos e maior de 16 anos a faculdade de se alistar como eleitor, tem ele legitimidade para propor ação popular, conforme destacam Nelson Nery Júnior e Rosa Maria de Andrade Nery: "O eleitor com dezesseis anos é parte legítima para propor ação popular, estando capacitado para o exercício desse poder que decorre de sua condição política de eleitor".[202]

Óbvio que se exigirá do autor popular maior de 16 e menor de 18 anos que seja representado pelos pais ou tutores, nos termos do art. 8º do CPC, combinado com o inc. I do art. 5º do Código Civil. A representação será dispensada, no entanto, para o menor de 18 anos emancipado (incs. I a V, do parágrafo único do art. 5º, do CC).

Conclui-se, portanto, que a pessoa jurídica não tem legitimidade para propor ação popular, assim como o estrangeiro e aquele que não está no gozo de seus direitos políticos.

Esta restrição e a exigência do binômio cidadão–eleitor, para propor ação popular sofrem críticas. A professora Lúcia Valle Figueiredo critica a tese da legitimação atribuída somente aos cidadãos e diz que

> [...] é algo que acanha a ação popular, desvirtuando medida de ouro para controle da ilegalidade da Administração, para controle da lesividade que a Administração possa produzir ao patrimônio público, para controle da moralidade administrativa.[203]

A autora sugere, *de lege ferenda*, que sejam legitimadas as associações de classe, bem como, a OAB e até os estrangeiros, que residam no território nacional e aqui pagam seus impostos.

---

[201] 2003, p. 133.

[202] NERY JÚNIOR, Nelson; NERY, Rosa Maria de Andrade. *Código de Processo Civil comentado e legislação processual civil extravagante em vigor*. 5. ed. São Paulo: Revista dos Tribunais, 2001. p. 371.

[203] 2003, p. 412.

O Promotor de Justiça mineiro Gregório Assagra de Almeida adota posição inovadora, no sentido de que apenas a cidadania mínima, baseada na simples capacidade de votar, é o suficiente para legitimar o cidadão para propor ação popular, ao argumento de que o inc. LXXIII do art. 5º da CF não traz qualquer restrição. Gregório Assagra de Almeida conclui:

> Considerando que a ação popular é consagrada constitucionalmente como garantia fundamental, não é compatível que se faça interpretação restritiva em torno da concepção de cidadão. Assim, o §3º do art. 1º da Lei nº 4.717/65, que restringe a concepção de cidadão para efeitos de legitimidade ativa na ação popular, não foi recepcionado pela Constituição atual. Com efeito, a concepção de cidadão, para fins de ação popular, deve ser extraída do art. 1º, III, da CF, que consagra o princípio da dignidade da pessoa humana como um dos fundamentos do Estado Democrático de Direito. Portanto, o índio, o analfabeto que não se alistou, os que estejam com os seus direitos políticos suspensos, etc., podem ajuizar ação popular.[204]

Considerando que "toda pessoa é capaz de direitos e deveres na ordem civil" (art. 1º do Código Civil), qualquer cidadão em condição de exprimir sua vontade, inserindo-se aí o condenado criminalmente por sentença transitada em julgado, deveria ser aceito como autor popular.

Enfim, analisados os principais aspectos da ação popular no Direito brasileiro, o capítulo seguinte se dedicará aos pontos controvertidos que envolvem não apenas a ação popular, mas também e o tema principal do presente livro, qual seja, a impugnação de sentença lesiva ao erário público.

---

[204] 2003, p. 303.

CAPÍTULO 4

# PONTOS CONTROVERTIDOS DA AÇÃO POPULAR

**Sumário: 4.1** O prazo para propor ação popular – **4.1.1** O prazo do art. 21 da Lei nº 4.717/65 – **4.1.2** Interesse coletivo *versus* interesse individual – **4.1.3** O art. 21 da Lei nº 4.717/65 e a sentença inexistente – **4.1.4** Da não recepção do art. 21 da Lei nº 4.717/65 pela Constituição de 1988 – **4.2** Reconvenção – **4.3** Sentença lesiva proferida em ação popular – **4.3.1** Ação popular improcedente por deficiência de prova e a coisa julgada – **4.3.2** Ação popular infundada e extinção do processo por carência de ação – **4.4** O acórdão lesivo ao patrimônio público – **4.5** Limites para a invalidação de sentença ou acórdão lesivo ao erário

## 4.1 O prazo para propor ação popular

### 4.1.1 O prazo do art. 21 da Lei nº 4.717/65

Conforme prevê o art. 21 da Lei nº 4.717/65, a ação popular prescreve em cinco anos, sendo o referido dispositivo completamente omisso em dizer qual seria o termo inicial para a contagem do quinquênio previsto.

Ao contrário, a Lei nº 8.429, de 02 de junho de 1992, que dispõe sobre as sanções aplicáveis aos agentes públicos nos casos de enriquecimento ilícito no exercício de mandato ou cargo, em seu art. 23, incisos I e II, foi precisa ao estabelecer o termo inicial para prazos prescricionais das ações destinadas a levar a efeito as sanções nela previstas.

Fixa, por exemplo, em até 5 (cinco) anos após o *término do exercício* de mandato de cargo em comissão ou de função de confiança ou *dentro do prazo prescricional* previsto em lei específica para faltas disciplinares puníveis com demissão à bem do serviço público, nos casos de exercício de cargo efetivo ou emprego. Mas é de se observar que os prazos ali fixados são aplicáveis apenas e tão somente para o caso de *sanções*, não fazendo referência à reparação dos danos, conforme se verá adiante.

Péricles Prade entende que "conta-se o prazo a partir da publicidade do ato lesivo",[205] mas essa interpretação não parece ser a mais correta, conforme será fundamentado.

Nelson Nery Júnior e Rosa Maria de Andrade Nery, em notas ao art. 21 da Lei nº 4.717/65, citando jurisprudência do Tribunal de Justiça de São Paulo, afirmam que o prazo se conta a partir da publicação do ato e que a justificativa de sua existência está na "conciliação dos interesses do cidadão de combater o ato lesivo e da administração pública de não ter seu ato sob ameaça de invalidação".[206]

De fato, a primeira interpretação que se pode ter é a de que a contagem do prazo terá início no dia em que se formou o ato a ser anulado pela ação popular e em face do texto omisso da lei, foi assim assimilado pela jurisprudência, como forma de conciliação de interesses do cidadão e da administração pública.

Contudo, o instituto ora comentado enseja análise mais profunda e a solução pode ser diferente em cada caso concreto. O ato a ser anulado, obviamente, foi perpetrado por agente do Estado, que, por óbvio, atendeu, unicamente, a seus interesses individuais, egoísticos na maioria das vezes, visando ao enriquecimento ilícito e contrário ao interesse coletivo. Somente isso leva à reprovação, de pronto, o fundamento anotado por Nelson Nery e Rosa Maria Nery, posto que não é admissível poder conciliar-se com qualquer "interesse" de agente público desonesto quando esta conciliação contrariar o interesse coletivo, principalmente quando se trata de ato que afronte o princípio constitucional da moralidade.

Salvo em hipóteses (raríssimas), em que o prejuízo da anulação do ato lesivo possa trazer prejuízo maior ao já provocado é que se pode, talvez, cogitar-se em manter intacto o ato. Portanto, merece ser repensado o prazo de 5 anos para propositura da ação popular, ao argumento simplista de que deve haver uma "conciliação" entre o interesse do cidadão e o da administração, para permanecer válido ato imoral ou lesivo.

Em uma primeira análise pode-se até concluir que o prazo de cinco anos do art. 21 da Lei de Ação Popular é suficiente para que atos lesivos sejam impugnados pelo cidadão, antes que venham a causar efetivo prejuízo.

Principalmente nos casos em que o ato lesivo é amplamente divulgado pela imprensa, qualquer cidadão, tomando conhecimento, irá, presume-se, ajuizar a ação o quanto antes, sempre em tempo hábil.

---

[205] 1986, p. 97.
[206] 2001, p. 1635.

Contudo, sob o enfoque proposto na presente obra, em que o ato lesivo é de conteúdo jurisdicional, algumas particularidades devem ser analisadas.

Situações há em que a publicidade do ato não seja ampla o suficiente para que uma grande quantidade de cidadãos tome conhecimento. É o caso da publicação das sentenças, que, via de regra, somente saem nos diários oficiais, de pouco interesse do grande público ou mesmo nem é colocada em qualquer veículo de comunicação, como ainda ocorre em pequenas comarcas do interior, onde o escrivão intima advogados e partes pessoalmente, no balcão da secretaria judicial ou via postal, dando a sentença por publicada, do ponto de vista processual.

Em tais situações, pode ocorrer que o potencial lesivo do ato somente seja perceptível em momento muito posterior ao de sua formação, daí não poder ser aceita a tese de que o prazo prescricional conta-se a partir da publicação. Isso sem falar que ao cidadão comum, a linguagem técnica de sentenças e acórdãos nem sempre lhe vai dar a ideia correta ou a dimensão de que aquele ato traz em si potencial lesivo ao erário.

E pode ocorrer a efetiva lesão ao patrimônio público, decorrente da sentença executada, sem que ninguém perceba no momento ou logo em seguida, sendo descoberta somente tempos depois.

Para tanto, é trazido aqui exemplo vivenciado em pequena comarca do interior do Estado de Minas Gerais, onde tramitou contra um acanhado município uma demanda de cobrança. Tratava-se de execução de sentença oriunda demanda movida por empreiteira, que tempos atrás havia sido contratada para a construção de um ginásio esportivo, cuja obra mal saiu dos alicerces e foi abandonada, possivelmente por questiúnculas e politicagens locais, muito comuns em pequeninas cidades mineiras.

Como a empreiteira não recebeu e houve rescisão contratual, esta propôs na comarca local ação de cobrança. Vitoriosa que foi em primeira e segunda instância, fez o cálculo e executou o crédito apurado. Até esse ponto nada de errado, não fosse o fato de que o valor executado atingiu, à época, a cifra de cerca de um milhão de reais. Tal valor, às escâncaras, não poderia jamais representar o pouquíssimo que foi edificado em prol da comunidade, pois a malfadada obra mal havia saído do chão.

O pior é que o município havia sido citado na execução, opôs embargos e estes já haviam sido julgados em primeira e segunda instância improcedentes. O passo seguinte era a expedição de precatório, cujo valor dificilmente seria pago ou, se pago, rasparia até o último centavo do cofre do município.

Embora fosse sentença confirmada em segundo grau, a lesão saltava aos olhos ante o simples fato de o valor da execução ter atingido quantia absurda, frente ao que foi expendido em uma obra inacabada. Aquilo aviltava a consciência do homem comum daquela comunidade tão carente de saúde, lazer e dignidade humana. Situação como a narrada, sem dúvida, fere o senso de justiça de qualquer cidadão, ainda mais em uma pequena comunidade, sem bons hospitais, desprovida de adequado saneamento básico, com vias públicas por pavimentar.

O exemplo dado acima efetivamente ocorreu e mostra que há possibilidade de muitos outros acontecerem, em situações em que a lesão ao erário pode ser percebida somente na fase de expedição de precatório em desfavor do erário público, certamente muito depois da sentença lesiva ter sido publicada.

Teresa Wambier e José Miguel Medina, ao tratarem do termo inicial da contagem do prazo para ação rescisória, manifestam idêntica preocupação:

> É ilógico e injurídico que um prazo corra contra alguém, sem que seja possível, juridicamente, que este alguém tome alguma providência. É impensável que corra um prazo extintivo de direito contra o seu titular, sem que este tenha ciência da lesão. Ou antes mesmo de a lesão ocorrer.[207]

Também pode servir de exemplo aquele caso da dupla condenação da Fazenda Pública a indenizar o mesmo imóvel desapropriado, em que a segunda condenação somente é percebida depois de decorridos cinco anos da publicação do acórdão confirmatório em reexame necessário. Ou seja, a lesão é um efeito do ato com conteúdo jurisdicional – a sentença ou o acórdão – que, talvez, possa ser notado somente quando não se pode mais dela recorrer, ajuizar ação rescisória ou embargar e quiçá depois de decorridos os cinco anos para a propositura da ação popular.

No entanto, pode ser que ainda reste o prazo de cinco anos para ajuizamento de uma salvadora ação popular, nos termos do art. 21

---

[207] WAMBIER, Teresa Arruda Alvim; MEDINA, José Miguel Garcia. *O dogma da coisa julgada*: hipóteses de relativização. São Paulo: Revista dos Tribunais, 2003. p. 204.

da Lei nº 4.717/65, desde que se contem os cinco anos não a partir da publicação da sentença ou acórdão imoral, mas a partir do momento em que ocorreu a constatação de que se trata de sentença lesiva, ou seja, quando muito por ocasião da execução do título judicial.

Portanto, do fato com que se exemplificou e da análise do texto do art. 21 da Lei nº 4.717/65, para a hipótese de impugnação de sentença ou acórdão lesivo ao patrimônio público, alvo do presente livro, é de se concluir que o termo inicial do prazo não pode jamais ser considerado a partir do momento em que se formou, materialmente, o ato jurisdicional lesivo a ser impugnado. Tese mais justa e condizente com o atual estágio de desenvolvimento jurídico das instituições e princípios gerais é aquela segundo a qual o prazo tenha o termo inicial a partir do momento em que a lesão for possível de ser notada ou foi efetivamente percebida.

Assim, há que se considerar o termo inicial do prazo prescricional para fins de invalidar ato jurisdicional a partir do momento em que se exigir a pretensa eficácia do julgado lesivo.

No entanto, melhor seria, ainda, a não aplicação do próprio prazo prescricional de cinco anos para ação popular que visar ressarcimento de danos decorrentes de improbidade. É o que se propõe nos próximos tópicos: a não aplicação de qualquer prazo prescricional para ação popular quando esta buscar desfazer ato lesivo, portanto, imoral, fruto de desonestidade.

Outro aspecto jurídico a ser abordado, é se estaria em vigor o art. 21 da Lei nº 4.717/65 em face do §5º do art. 37 da Constituição de 1988, que prevê a imprescritibilidade de ações de indenização que busquem reparar o patrimônio público de danos causados por atos de improbidade de agentes públicos.

## 4.1.2 Interesse coletivo *versus* interesse individual

Muito embora o art. 21 da Lei nº 4.717/65 faça expressa referência à expressão "a ação prescreve", o prazo aqui tratado não é de prescrição, mas sim de decadência.

Péricles Prade, apoiado em Paulo Barbosa de Campos Filho e J. M. Othon Sidou, afirma que o prazo é decadencial, posto que "não pertence ao autor popular o direito subjetivo controvertido, mas à pessoa cujo patrimônio é definido; em suma, é a natureza específica da ação popular constitucional que afasta as teses da prescrição".[208]

---

[208] 1986, p. 96.

J. M. Othon Sidou argumenta, ainda, o seguinte:

O cidadão não é armado apenas de um meio de deduzir em juízo uma pretensão. Ele é o titular dessa pretensão; logo, a ação popular é um direito intrínseco subjetivo, que pertence a *quivis ex populo*. Se ninguém exercita, o direito se extingue porque surgiu, como *facultas agendi*, para só ser exercido durante determinado tempo porque só é direito nesse exato período. A decadência, portanto, é uma resultante do não-exercício do direto pelo decurso do tempo, permitindo cristalizar situações cuja modificação seria capaz de causar perturbação social.[209]

Autores como Rodolfo de Camargo Mancuso, Hely Lopes Meirelles, José Afonso da Silva, dentre outros, não se ocuparam em tratar do tema com maior profundidade.

Contudo, para o presente livro, não importará saber se o prazo do art. 21 da Lei nº 4.717/65 é decadencial ou prescricional, já que se defenderá a própria impossibilidade de ser invocado qualquer prazo, em caso de dano decorrente de improbidade. Em outras palavras, a ação popular que tenha por objeto reparar ato lesivo ao patrimônio público, com a Constituição Federal de 1988, tornou-se imprescritível.

Da mesma forma como ocorre em relação ao instituto da coisa julgada, a prescrição ou a decadência também baseia-se no fundamento da estabilidade jurídica. Doutrinadores argumentam que as relações jurídicas um dia devem gozar de tranquilidade, para que haja harmonia social: daí a lei estabelecer prazos para que o titular de um direito o exerça ou ajuíze a respectiva ação dentro de um lapso temporal preestabelecido no ordenamento legal, sob pena de não podê-lo fazer mais.

Ensina o notável civilista mineiro Caio Mário da Silva Pereira:

É então, na paz social, na tranqüilidade da ordem jurídica que se deve buscar o seu verdadeiro fundamento. O direito exige que o devedor cumpra o obrigado e permite ao sujeito ativo valer-se da sanção contra quem quer que vulnere o seu direito.[210]

Como se vê, a preocupação do legislador, ao instituir a prescrição, é de o detentor de um direito não ficar eternamente com a carta guardada na manga do paletó, para sacá-la só quando melhor

---

[209] 2002, p. 374.
[210] PEREIRA, Caio Mário da Silva. *Instituições de direito civil*. 9. ed. Rio de Janeiro: Forense, 1985. v. 1, p. 475.

lhe aprouver, deixando o devedor vinculado à relação jurídica em condições de ser acionada a qualquer tempo.

Num paralelo com o tema proposto nesta obra, cabe perguntar: o interesse particular do agente desonesto pode prevalecer em face do interesse coletivo?

A resposta é, evidentemente, negativa. Entre a estabilidade das relações jurídicas e o princípio constitucional da moralidade, há que prevalecer este.

Jamais o interesse particular pode se sobrepor ao interesse público, mesmo que se invoque a segurança jurídica. Com efeito, a imprescritibilidade do interesse público deve se sobrepor ao interesse do particular, que não pode ser premiado com a tranquilidade de que, passado determinado tempo, não será mais acionado e, portanto, estará a salvo.

O causador de desfalque aos cofres públicos merece ser eternamente perturbado pela sensação de insegurança de que, a qualquer instante, seus atos desonestos podem ser revolvidos e ele ter que restituir cada centavo que surrupiou dos cofres públicos.

Sobre esse aspecto, à semelhança do que prevê o art. 8º da Lei nº 8.429/92, defende-se também para a ação popular idêntica previsão, no sentido de que os descendentes do autor da lesão ao erário não haverão de ter tranquilidade, se os bens que herdaram foram amealhados graças às desonestidades do falecido, praticadas à frente da administração de bens públicos.

### 4.1.3 O art. 21 da Lei nº 4.717/65 e a sentença inexistente

Porque se está analisando a questão do prazo para propositura da ação popular, impõe-se adiantar, nesse tópico, em rápidas linhas, o ponto crucial do presente livro, que é a tese concebida por Teresa Arruda Alvim Wambier e José Miguel Garcia Medina,[211] a respeito da coisa julgada e as hipóteses de relativização.

Conforme será analisado em capítulo próprio, sustentam referidos autores que inexistirá processo e, consequentemente, sentença, faltando pedido formulado pelo autor, endereçado a juiz e contra determinado réu, que precisa ser, validamente, citado. E nessa linha de argumentação vão mais adiante, a ponto de afirmar que as condições da ação são, da mesma forma, necessárias para

---

[211] 2003, p. 26.

a existência do processo válido e que a sentença que, porventura, decidir o "mérito", ainda que falte uma das condições da ação, é uma não sentença, uma sentença juridicamente inexistente.

A propósito da possibilidade jurídica do pedido como condição da própria existência da sentença, novamente recorra-se ao exemplo dado por Calmon de Passos, da sentença que condena o réu à pena de morte, que ao ver do jurista é sentença impossível por aplicar direito não previsto e por isso seria uma "não-sentença, porque sentença é a aplicação autoritativa do direito que incidiu em um caso particular, e somente pode incidir o direito reconhecido, acolhido pelo sistema de direito positivo do país de que o juiz é agente político".[212]

Teresa Arruda Alvim Wambier e José Miguel Garcia Medina[213] concluem que é ato juridicamente inexistente a sentença que aprecia o mérito na ausência de uma das condições da ação. E dizem que, se não existe sentença juridicamente válida, também não há que se falar em coisa julgada e em ação rescisória para rescindir aquela, justamente por ser inexistente.

Dessa forma, ante a própria inexistência jurídica da sentença, que atente contra a moralidade, é de se concluir que não se pode falar sequer em início de prazo para a propositura de ação popular. No caso, a inexistência pode ser reconhecida em outra sentença declaratória.

Segundo Pontes de Miranda "contra a sentença que não existe, o direito processual permite que se faça valer ação declarativa, fora do processo (fora das impugnativas recursais)",[214] nada impedindo, portanto, que o pedido de invalidade seja formulado em uma ação popular, se a lesão atingiu o patrimônio público.

Ora, o que não existe juridicamente não pode dar início a nada, em qualquer tempo, inclusive ao prazo de 5 (cinco) anos para a propositura da ação popular.

No último capítulo o tema será retomado, com maior profundidade.

É possível, ainda, colocar outro questionamento na presente obra, qual seja, se o prazo previsto no art. 21 da Lei nº 4.717/65 teria sobrevivido às inovações da *Constituição Cidadã*.

É o que será analisado adiante.

---

[212] 2002, p. 102.

[213] 2003, p. 31-32.

[214] MIRANDA, Pontes de. *Comentários ao Código de Processo Civil*. Rio de Janeiro: Forense, 1974. t. XI, p. 91.

# 4.1.4 Da não recepção do art. 21 da Lei nº 4.717/65 pela Constituição de 1988

Para análise do tema proposto para o presente tópico faz-se necessária a referência a outro diploma legal, antes mencionado, e que tem por finalidade também a proteção do patrimônio público. Em 02 de junho de 1992, surgiu, no cenário jurídico pátrio, importante instrumento contra administradores corruptos. Trata-se da Lei nº 8.429/92, que veio estabelecer as sanções aplicáveis aos agentes públicos, nos casos de enriquecimento ilícito, no exercício de mandato ou cargo. É mais um diploma legal, que tem em comum com a ação popular, a proteção da moralidade administrativa.

A Lei nº 8.429/92, em seu art. 23, incisos I e II, prevê prazos prescricionais para as ações destinadas a levar a efeito as sanções nela previstas. É de até 5 (cinco) anos e o termo inicial conta a partir do término do exercício de mandato, de cargo em comissão ou de função de confiança ou dentro do prazo prescricional previsto em lei específica para faltas disciplinares puníveis com demissão a bem do serviço público, nos casos de exercício de cargo efetivo ou emprego. Já a Lei nº 4.717/65, em seu art. 21, é omissa quanto ao termo inicial.

Nota-se, claramente, que os prazos ali fixados pela Lei nº 8.429/92 são aplicáveis apenas e tão somente para o caso de sanções; o dispositivo não faz referência alguma às possíveis ações de reparação dos danos decorrentes da improbidade praticada.

Em obra minudente sobre a Lei Federal nº 8.429/92, ao comentar exatamente o art. 23, o Promotor de Justiça paulista Wallace Paiva Martins Júnior explica que a "prescrição não se aplica às penalidades previstas na lei que objetivam a reparação do dano material e moral (perda dos bens ilicitamente acrescidos, ressarcimento do dano e pagamento de multa civil)".[215]

A Constituição Federal, em seu art. 37, §5º, dispõe que "a lei estabelecerá os prazos de prescrição para ilícitos praticados por qualquer agente, servidor ou não, que causem prejuízos ao erário, ressalvadas as respectivas ações de ressarcimento".[216]

Estando "ressalvadas as ações de ressarcimento", por óbvio a Carta Magna inequivocamente quis dizer que tais ações são *imprescritíveis* e pelo princípio da hierarquia das leis, diante da

---

[215] 2001, p. 291.
[216] BRASIL. *Constituição Federal* (1988). 29. ed. São Paulo: Saraiva, 2002. p. 40.

supremacia constitucional, nenhuma norma inferior poderá ir contra tal comando, sob pena de ser inconstitucional.

Ao analisar o tema prescritibilidade dos ilícitos administrativos, José Afonso da Silva observa que "há uma ressalva ao princípio. Nem tudo prescreverá. Apenas a apuração e punição do ilícito, não, porém, o direito da Administração ao ressarcimento, à indenização, do prejuízo causado ao erário".[217]

E outra não é a opinião de Celso Antônio Bandeira de Mello: "Já a ação civil por responsabilidade do servidor, em razão de danos causados ao erário é imprescritível (art. 37, §5º da Constituição Federal)".[218]

Como o art. 11 da Lei nº 4.717/65 é claro em dizer que a sentença que julgar procedente a ação popular, além de decretar a invalidade do ato impugnado, "condenará ao pagamento de perdas e danos os responsáveis pela sua prática e os beneficiários dele",[219] inegável é o caráter indenizatório dos cofres públicos conferido à ação popular.

Assim, há um evidente contraste do texto do art. 21 da Lei nº 4.717/65 com a parte final do §5º do art. 37 da Constituição Federal; questionável, é portanto, a constitucionalidade do art. 21 da Lei nº 4.717/65, quanto à recepção deste pela *Constituição Cidadã*.

Este choque frontal, do §5º do art. 37 da CF com o art. 21 da Lei nº 4.717/65, leva à conclusão de que deve prevalecer, obviamente, a norma constitucional, dada a hierarquia das regras da Carta Magna.

Fácil concluir, portanto, que, para qualquer ação popular fundamentada em lesão ao erário por ato de imoralidade, porque a causa de pedir aí é a improbidade administrativa, não se poderá invocar o transcurso do prazo do art. 21 da Lei nº 4.717/65, diante do previsto no §5º do art. 37 da CF.

Entender diferente é rasgar o texto da Constituição. Há que haver uma coerência e harmonia das normas infraconstitucionais com o texto maior, conforme Simone Goyard-Fabre destaca:

> No Estado, o direito se desdobra, sob a Constituição, em patamares sucessivos tais que, em cada um de seus respectivos níveis, as regras editadas são subordinadas às regras do nível superior e subordinam a elas as regras dos níveis inferiores.[220]

---

[217] 2001, p. 657.

[218] 1993, p. 164.

[219] NEGRÃO, 2002, p. 1028.

[220] GOYARD-FABRE, Simone. *Os princípios filosóficos do direito político moderno.* Trad. Irene A. Paternot. São Paulo: Martins Fontes, 1999. p. 106.

Aliás, a tese de não recepção do art. 21 da Lei nº 4.717/65 pela Carta Magna de 1988, não é nenhuma novidade, visto que Wallace da Silva Martins Júnior já a defendeu:

> O art. 37, §5º, da Constituição Federal ressalva da prescrição a pretensão de ressarcimento dos danos causados ao erário, consagrando a regra da imprescritibilidade do ressarcimento do dano do ato ilícito praticado em detrimento do patrimônio público. O art. 21 da Lei Federal nº 4.717/65 não se aplica, portanto, às hipóteses de improbidade administrativa lesiva ao erário e até mesmo à ação popular constitucional, porque, cotejo com a norma constitucional, exsurge evidente a incompatibilidade, estando, por isso, revogado.[221]

E ainda, o promotor mineiro Gregório Assagra de Almeida, em obra recentemente publicada, sustenta

> [...] que referido prazo, por ser restritivo à garantia constitucional da ação popular e por não estar expressamente estabelecido no texto constitucional, não foi pela Lei maior recepcionado. Trata-se nesse caso de inconstitucionalidade por falta de recepção.[222]

Assim, o pedido de ressarcimento dos cofres públicos formulado contra os causadores do dano, em ação popular, não estaria sujeita ao prazo do art. 21 da Lei nº 4.717/65.

A sentença lesiva ao erário público, conforme sustenta-se neste livro, é fruto de ato de improbidade e por isso viola o princípio da moralidade administrativa. Referido princípio, como se sabe, a Constituição Federal pôs sob a proteção da ação popular. Por isso é inconstitucional e, sendo inconstitucional, imprescritível o é, visto que nem lei inconstitucional prescreve.

Humberto Theodoro Júnior e Juliana Cordeiro de Faria admitem a imprescritibilidade da coisa julgada inconstitucional, quando indagam: "a lei não é imune, qualquer que seja o tempo decorrido desde a sua entrada em vigor, aos efeitos negativos da inconstitucionalidade, por que o seria a coisa julgada"?[223]

Na mesma linha, José Augusto Delgado também traz em seu trabalho a ideia de imprescritibilidade, ao dizer que a sentença inconstitucional estará passiva [...] "a qualquer tempo, ser desconstituída".[224]

---

[221] 2001, p. 292.

[222] 2003, p. 417.

[223] THEODORO JÚNIOR, Humberto; FARIA, Juliana Cordeiro de. A coisa julgada inconstitucional e os instrumentos processuais para seu controle. *Revista dos Tribunais*, São Paulo, v. 795, p. 26, jan. 2002.

[224] DELGADO, José Augusto. Efeitos da Coisa julgada e os princípios constitucionais. *In*: NASCIMENTO, Carlos Valder (Coord.). *Coisa julgada inconstitucional*. 2. ed. Rio de Janeiro: América Jurídica, 2003. p. 103.

E a propósito da citação extraída da obra de Wallace Paiva Martins Júnior, que trata da Lei de Improbidade Administrativa, há quem defenda a possibilidade de ser ela invocada em ação popular. Em dissertação de curso de mestrado perante a PUC de São Paulo, sob a orientação da Professora Teresa Arruda Alvim Wambier, o advogado paulista Luiz Manoel Gomes Júnior sustenta que é possível invocar as regras da Lei nº 8.429/92 em ação popular. Luiz Manoel Gomes Júnior não vê lógica em invocar as disposições da Lei de Improbidade Administrativa apenas em ação civil pública, enquanto é usual o emprego de ação popular para invalidar atos contrários à moralidade administrativa. É perfeitamente viável a sua tese.

São palavras do autor:

> Se a Carta Política erigiu a Moralidade Administrativa com causa autônoma justificadora da utilização da Ação Popular, sendo a Improbidade Administrativa espécie de imoralidade, ainda que acentuada, não há dúvidas de que é possível a invocação de regra legal específica em tal espécie de demanda.[225]

Especificamente sobre o assunto, em outro lugar, propõe-se a legitimidade do cidadão para propor ação civil pública com fincas na Lei de Improbidade Administrativa. Sem dúvida que a Lei 8.429/92 representou um atraso, posto que o cidadão já possuía legitimidade para desconstituir atos contrários à moralidade administrativa através da ação popular. Se a moralidade é gênero, da qual é espécie a probidade, muito mais estaria legitimado o cidadão para propor ação civil pública contra agentes públicos que praticam atos de improbidade administrativa.

Não poderia ficar reservado ao cidadão apenas o direito de representação (arts. 14 e 22 da Lei nº 8.429/92). Por isso, é válida a sugestão Luiz Manoel Gomes Júnior, de ser estendida à ação popular as previsões da Lei 8.429/92, inclusive a imprescritibilidade do pedido de ressarcimento de prejuízos decorrentes.

## 4.2 Reconvenção

A reconvenção, pelas palavras de Cândido Rangel Dinamarco, "é a demanda de tutela jurisdicional proposta pelo réu em face do autor, no processo pendente entre ambos e fora dos limites da

---

[225] 2001, p. 90.

demanda inicial".[226] Afirma o processualista que nova pretensão é deduzida pelo réu no mesmo processo e deve conter os seguintes elementos: nova demanda proposta pelo réu, objeto distinto do objeto da demanda do autor, alargamento do objeto do processo e unidade do processo e não processo novo.

A reconvenção vai além de uma resposta, porque é um contra-ataque por parte do réu, que aproveitando (economia processual) a ação do autor, além de contestar, volta-se contra o autor com uma outra demanda, dentro de um mesmo processo. Enquanto a contestação é ônus (porque se não contestar ocorre a revelia), a reconvenção é faculdade (se o réu não reconvir, pode ajuizar ação autônoma).

A reconvenção deve atender aos pressupostos gerais (pressupostos processuais e condições da ação exigidas em qualquer ação), inclusive os requisitos de petição inicial reclamados no art. 282 do CPC e instruída com os documentos indispensáveis à sua propositura, (art. 283 do CPC).

Além disso, a reconvenção deve atender aos *pressupostos especiais*, dos quais é de maior relevo o da conexidade com a demanda inicial ou com os fundamentos da defesa apresentada pelo réu-reconvinte. O conceito de conexão do art. 103 do CPC (objeto ou causa de pedir ser comum entre duas ações) aplica-se à reconvenção, que para ser ajuizada tem que deduzir matéria conexa com a ação principal (do autor) com a própria defesa do réu.

Além disso, há que se observar o chamado princípio da identidade bilateral: o parágrafo único do art. 315 do CPC prevê que "não pode o réu (A), em seu próprio nome (de A), reconvir ao autor (B), quando este (B) demandar em nome de outrem (C)".

Sobre esse aspecto, entende Pontes de Miranda que as expressões "em seu próprio nome" e "em nome de outrem"[227] são vagas e perigosas e que o réu não pode reconvir ao autor quando este demandar em nome de outrem em hipótese alguma.

Calmon de Passos, de seu lado, explica: "O que pretende o artigo dizer é que, tanto na ação quanto na reconvenção, devem as partes apresentar-se na mesma qualidade pessoal. É o denominado princípio da identidade subjetiva bilateral. Identidade que não é da pessoa física, mas identidade subjetiva de direito".[228]

---

[226] DINAMARCO, Cândido Rangel. *Instituições de direito processual* civil. São Paulo: Malheiros, 2001. v. 3, p. 494.

[227] MIRANDA, Pontes de. *Comentários ao Código de Processo Civil*. Rio de Janeiro: Forense, 1974b. t. IV, p. 168.

[228] PASSOS, José Joaquim Calmon de. *Comentários ao Código de Processo Civil*. 8. ed. Rio de Janeiro: Forense, 1998. v. 3, p. 213.

Rodolfo de Camargo Mancuso afirma que em ação popular a reconvenção não é admitida: "conquanto possa haver conexão entre a matéria da ação e a que seria deduzida pelo réu via reconvenção (CPC, art. 315), esse instituto pressupõe que as partes estejam brandindo situações jurídicas que lhes são próprias".[229]

Mesmo ponto de vista é o de José Afonso da Silva, que sustenta o não cabimento da reconvenção em ação popular, porque "o autor não está litigando por um direito disponível, que possa ser excluído por uma pretensão contrária".[230]

Frente a esses argumentos, num primeiro relance, inconcebível seria a ideia de a parte requerida em ação popular aproveitar-se e, de carona, pretender formular contra o autor popular pedido reconvencional. Faltaria o requisito da conexidade com sua defesa ou com a matéria deduzida na petição inicial, além da vedação expressa contida no art. 315 do CPC.

Contudo, em que pese os entendimentos citados, poder-se-ia aventar a hipótese de o autor de uma ação popular, visando ao ressarcimento de prejuízo ao erário, ter sido exatamente o administrador da coisa pública desfalcada pelo ato lesivo impugnado, em período anterior, quando a administração estava sob suas rédeas. A situação é muito comum para os cargos eletivos e é por vezes o adversário político que sai vencedor nas urnas quem costumeiramente denuncia irregularidades da administração anterior.

Nada impede, no entanto, que o político derrotado ajuíze ação popular contra seu adversário, ocupante do cargo. O réu, o atual administrador público, ao contestar, poderia sustentar, por exemplo, que não seria ele o responsável pelo desfalque noticiado na petição inicial e afirmar que o próprio autor da ação popular, durante sua gestão, foi quem praticou o ato lesivo.

Como se vê, nessa hipótese, em que pese entendimento contrário, é de se admitir a possibilidade de uma nova ação popular reconvencional, ou seja, valendo-se do instituto da reconvenção. Considerando que o autor popular está defendendo patrimônio que também é dele, a sua cota-parte, tem-se como superada a vedação do art. 315 do CPC, principalmente adotando-se a identidade subjetiva de direito, e não de pessoa física, defendida por Calmon de Passos.[231]

---

[229] 1998, p. 195.
[230] 1968, p. 226.
[231] 1998, p. 213.

Por outro lado, a defesa do réu calcada no argumento de que o responsável pela lesão é exatamente o autor popular, quando este era o agente público gestor da coisa pública lesada, preenche o requisito da conexidade da defesa com a ação popular reconvencional deduzida contra o reconvindo.

## 4.3 Sentença lesiva proferida em ação popular

Conforme afirmou-se supra, é possível situação em que o ato jurisdicional materializado em sentença ou em acórdão seja potencialmente lesivo aos cofres públicos.

Por isso, é interessante saber quais provimentos jurisdicionais típicos poderiam ser, efetivamente, alvo de uma ação popular manejada pelo cidadão.

Sabe-se que o ato de conteúdo jurisdicional é todo aquele emanado do punho do Juiz, no exercício da função jurisdicional, conforme classificação dada pelo art. 162 do Código de Processo Civil.

Surge, então, a indagação seguinte: sentença lesiva ao erário público proferida em ação popular poderia ser invalidada através de *outra* ação popular?

Ora, se o que se defende é a invalidação do ato jurisdicional lesivo ao patrimônio público através de ação popular, nenhum óbice há para a situação em que sentença nesses moldes, mesmo a dada em ação popular, seja também invalidada através de outra ação popular.

Porém, há aspectos interessantes que pedem análise detalhada.

Conforme alerta Hely Lopes Meirelles, ajuizada uma ação popular, ao final, a sentença poderá vir em três situações, a saber:

a) sentença que julga procedente a ação; b) sentença que julga improcedente a ação, por ser infundada; c) sentença que julga improcedente a ação, por deficiência de provas. Nos dois primeiros casos a sentença que decide a questão de mérito e, quando definitiva, tem eficácia de coisa julgada, oponível *erga omnes*. Quer dizer, não pode ser admitida outra ação com o mesmo fundamento e objeto, ainda que proposta por outro cidadão. Se for proposta, pode o réu argüir a exceção de coisa julgada. Mas, se a sentença julgou improcedente a ação por deficiência da prova, não decidiu a questão de mérito, por isso não terá eficácia de coisa julgada, podendo ser intentada outra ação com o mesmo fundamento, desde que sejam indicadas novas provas.[232]

---

[232] 2003, p. 154.

Acrescente-se, ainda, a essas hipóteses, a sentença que *extingue o processo por falta de pressuposto processual ou por carência de ação*.

Como visto, na hipótese de sentença que julga improcedente o pedido, há a situação em que o juiz fundamenta-se na *inexistência de prova* da lesão, ou seja, a ação é infundada, e tem-se a situação em que o juiz julga improcedente a ação por *deficiência de provas*.

Analisa-se, em primeiro lugar, a ação popular julgada improcedente por deficiência de provas, dada a sua relevância.

## 4.3.1 Ação popular improcedente por deficiência de prova e a coisa julgada

Como se sabe, e é explicitado por Hely Lopes Meirelles na transcrição supra, o art. 18 da Lei nº 4.717/65, de forma expressa, excepciona do manto da coisa julgada a sentença que julga improcedente a ação popular por *deficiência de prova*; permite-se, assim, que posteriormente qualquer cidadão ajuíze nova ação popular, pelos mesmos fatos, mas com base em novas provas.

A coisa julgada, na hipótese de demanda em que se tem autor e réu determinados, é a qualidade da sentença que transitou em julgado, cuja autoridade se impõe às partes tão somente, mas sua eficácia, no entanto, pode extrapolar a relação processual em razão dos chamados efeitos reflexos.

Contudo, na hipótese de ação em que há sujeitos indeterminados e objeto indivisível, ou seja, em situações em que há interesses difusos, como no caso da ação popular, precisou a doutrina e legislador buscarem outra solução, que a tradicional teoria processual civil individualista não havia ainda se ocupado e era incapaz de proteger o bem público.

No caso, entendeu o legislador de 1965 não beatificar com a imutabilidade da coisa julgada a sentença que concluir pela improcedência do pedido em ação popular, por deficiência de provas.

Referida regra é salutar e seu fundamento está exatamente no aspecto de que o interesse particular do administrador desonesto, de um dia se sentir seguro, escondido por detrás da imutabilidade de sentença que lhe garanta situação jurídica ilegítima, jamais pode prevalecer sobre o interesse coletivo.

Outro motivo da existência do dispositivo comentado é o de que haveria a possibilidade de um suposto "autor popular", ligado ao agente público causador da lesão ao erário, que, a mando deste, ajuizasse ação popular de forma simulada, fraudulenta, já fadada, desde a propositura, a ser julgada improcedente por falta de provas e, com isso, se obtivesse uma "coisa julgada" protetora da lesão ao patrimônio público.

Assenta-se, ainda, no aspecto de que por vezes o autor popular e mesmo o Poder Judiciário venham a encontrar enorme e intransponível dificuldade em produzir a prova indiscutível que evidencie a lesão ao patrimônio público. Muitas vezes, essas provas somente são possíveis de serem alcançadas depois de findo o mandato político do agente desonesto, via de regra, no caso de o adversário sair vitorioso nas urnas.

Por isso, o legislador preferiu, acertadamente, excluir da proteção da coisa julgada a sentença que julga improcedente a ação popular, por falta ou deficiência de provas.

Referido dispositivo foi duramente criticado por José Afonso da Silva,[233] que, abertamente, manifesta sua repulsa à chamada sentença segundo o estado dos autos (*secundum eventum litis*), instituto também não muito bem aceito por grande parte da doutrina, notadamente pelos que ainda veem o processo unicamente como instrumento de proteção de direitos e interesses individuais.

José Afonso da Silva[234] afirma que é inconstitucional a regra do art. 18 da Lei nº 4.717/654. Sustenta, o constitucionalista, que réus de uma ação popular, porque defendem seus interesses individuais, também teriam, "por força de direito subjetivo constitucional, interesse em que o processo atinja seu fim, com pronunciamento de mérito, e eficácia de coisa julgada material".[235]

Na então visão de José Afonso da Silva, por ocasião em que escreveu a clássica *Ação Popular Constitucional*, o interesse particular, em nome de um tratamento processual isonômico, deveria se sobrepor ao interesse coletivo. Mas essa concepção é inaceitável em dias atuais, felizmente.

A título de curiosidade, veja-se a fundamentação do autor:

> Nessa ordem de raciocínio, somos inclinados a considerar aquela disposição do art. 18 da Lei nº 4.717 como vulneradora das garantias constitucionais do demandado. Por vias transversas, infringe o direito à prestação jurisdicional que deve atuar através do processo.

---

[233] 1968, p. 273.
[234] 1968, p. 274.
[235] 1968, p. 256.

Fere-se a própria garantia ao processo, vez que, se a decisão não atinge um julgamento de mérito, nem sequer se pode dizer ter havido verdadeiro processo.[236]

Possivelmente, José Afonso da Silva concebeu tal entendimento porque, na época (final da década de 60), não se cobrava tanto do administrador (como hoje) a observância dos princípios da moralidade, legalidade, impessoalidade, publicidade e eficiência, elevados a dogmas constitucionais em 1988, por força do art. 37 da atual CF.

Em que pese o ponto de vista do insigne constitucionalista, a atual principiologia que informa o vigente Estado Democrático de Direito e o Direito Administrativo, sobretudo o princípio da moralidade administrativa, não se coaduna com a ideia de que seria inconstitucional o art. 18 da Lei nº 4.717/65. Ao contrário, está o referido dispositivo inteiramente de acordo com a atual Constituição Federal. Idêntico dispositivo contém a lei da ação civil pública, Lei nº 7.347/85, antes mesmo de entrar em vigor a atual Constituição Federal. Felizmente vingou a tese adotada pelo art. 18 da Lei nº 4.717/65, no que foi seguida pela Lei de Ação Civil Pública.

Assim, a sentença que julga improcedente a ação popular, por insuficiência de provas, porque não fez coisa julgada, não impede que outra ação popular seja proposta; exige-se apenas que seja munida de novas provas.

E, no caso, poderá ser ajuizada inclusive "pelo mesmo autor como por qualquer outro cidadão",[237] observa Hely Lopes Meirelles.

No âmbito da presente obra, tanto na situação de sentença que julga procedente a ação popular, como a que julga improcedente nos moldes do art. 18 da Lei nº 4.717/65, não se teria presente o interesse processual de agir, para o autor popular buscar a sua invalidação.

Por óbvio, na primeira hipótese, em caso de ser julgada procedente a ação popular, qualquer cidadão nenhum interesse teria em ir a juízo com outra ação popular buscar a invalidação de sentença que já foi favorável à coletividade.

Na hipótese de sentença que concluiu pela improcedência do pedido, ante a deficiência das provas, tem-se que o autor popular poderá ajuizar nova ação com base no mesmo fundamento, desde que tenha às mãos novas provas. Com efeito, também faltará interesse processual de agir, em buscar invalidar a sentença através de outra ação popular.

---

[236] 1968, p. 256.
[237] 2003, p. 155.

O lógico, o correto e razoável, é que se ajuíze nova ação, independente, apoiada em novas provas, que, por algum motivo, não puderam ser produzidas na primeira demanda.

Por consequência óbvia, diante das situações acima (que *julga procedente* ou que *julga improcedente por insuficiência de provas*), no caso de ser ajuizada ação popular que vise invalidar a sentença proferida na primeira ação popular, será o caso de o juiz extinguir o processo, sem resolução de mérito, por carência de ação, dado a falta de interesse de agir ou mesmo por litispendência ou coisa julgada (referente a sentença de procedência, se já transitada em julgado).

## 4.3.2 Ação popular infundada e extinção do processo por carência de ação

Por força do art. 19 da Lei nº 4.717/65, a sentença que concluir pela carência ou pela improcedência da ação está sujeita a duplo grau de jurisdição e só produzirá efeito depois de confirmada pelo tribunal.

Em se tratando de sentença que extinguiu o processo, sem resolver o mérito, não há que se falar em coisa julgada e nova ação popular poderá ser proposta, preenchendo-se a condição ou o pressuposto processual antes faltante. Não há, portanto, interesse processual por parte do autor popular em buscar invalidar a sentença extintiva. Melhor é que ajuíze nova ação popular.

Resta analisar a situação da sentença que julga improcedente a ação popular, por ser infundada.

Se está sujeita ao chamado reexame necessário, conforme antes afirmado, o juiz deverá, de ofício, determinar a remessa dos autos à instância superior e enquanto não confirmada a sentença pelo tribunal, não haverá, pelo menos em tese, a coisa julgada.

É bom frisar que, para o caso, para sentença proferida em ação popular não há que se aplicar as novas regras que dispensam do duplo grau de jurisdição, dos §§2º e 3º do art. 475, inseridas pela Lei nº 10.352, de 26 de dezembro de 2001, ou seja, na hipótese de condenação, ou do direito controvertido, for de valor certo não excedente a 60 (sessenta) salários mínimos ou se a sentença estiver fundamentada em jurisprudência do plenário do Supremo Tribunal Federal ou em súmula deste Tribunal ou do tribunal superior competente. A norma do art. 19 da Lei nº 4.717/65 é especial para a ação popular, visto que o art. 22 determina a aplicação das regras do Código de Processo Civil, norma geral, desde que não contrariem os dispositivos da lei ou a natureza específica da ação popular.

O objetivo da ação popular é proteger o patrimônio que pertence a todos. Foi isso que motivou o legislador a prever regra expressa, de reexame necessário, para a sentença que julga improcedente a ação popular ou considera o autor carecedor de ação; isso porque tais pronunciamentos judiciais estariam em tese não tutelando o bem público, pelo que se exige, então, uma confirmação pela instância superior, na qual a decisão é colegiada e proferida por juízes presumivelmente mais experientes. As novas regras dos §§2º e 3º do art. 475 do CPC, por serem genéricas, não podem ser aplicadas à ação popular.

Dessa forma, em caso de ação popular, qualquer que seja o valor do direito controvertido e ainda que a sentença estiver fundamentada em jurisprudência do plenário do STF ou em súmula do mesmo ou de tribunal superior competente, o chamado "recurso de ofício" é obrigatório.

Não havendo coisa julgada, em princípio seus efeitos não se verificarão e, consequentemente, faltaria interesse processual de agir ao cidadão. Contudo, conforme se verá no capítulo 7, tópico 7.4, trata-se de sentença juridicamente inexistente: dispensável é, portanto, que se aguarde sua confirmação pelo tribunal. Ou seja, ainda que passível de reforma em segunda instância, o autor popular poderia desde já, tão logo proferida, buscar em juízo a declaração de inexistência jurídica da sentença lesiva ao patrimônio público, proferida em uma outra ação popular. Como anunciado, o capítulo 6 cuidará do tema.

É certo que, depois de confirmada pela instância superior, a sentença que julgou improcedente o pedido por ser infundado, depois do trânsito em julgado do acórdão, ter-se-á, finalmente, pelo menos em tese, a coisa julgada.

E por falar em acórdão, outro ponto controvertido que se põe para análise é se o acórdão, na hipótese de ser lesivo ao erário público e, portanto, violar a Constituição, poderia ser alvo de ação popular que buscasse o reconhecimento judicial, em primeira instância, de sua inexistência jurídica, nos moldes propostos no presente livro.

Pergunta-se: no caso de ato jurisdicional lesivo ao patrimônio público proferido por tribunal, poderia o juiz de primeiro grau julgar a ação popular e declarar inexistente o acórdão?

À primeira vista, pode-se concluir que não poderia o juiz de primeira instância decidir e modificar o que foi decidido pelo tribunal, porque se estaria diante de uma usurpação de competência da segunda instância, ou inversão de hierarquia na organização judiciária.

O próximo tópico cuidará do assunto.

# 4.4 O acórdão lesivo ao patrimônio público

Para análise da questão indagada, mister se faz um estudo paralelo do instituto processual denominado "embargos à execução contra a fazenda pública" (art. 741, incs. I ao VII, e parágrafo único, do CPC, com a nova redação dada pela Lei nº 11.232, de 22.12.05). Tratava-se dos embargos à execução de sentença ou acórdão desfavorável à fazenda pública, em que a decisão final executada é conhecida pela doutrina como sendo um título executivo judicial.

É certo que a matéria é limitada. Como lembrava Humberto Theodoro Júnior "não se pode voltar a discutir o mérito da causa",[238] referindo-se, no caso, aos então chamados embargos à execução de título judicial, originado de sentença condenatória no processo civil, substituídos agora pela impugnação. Todavia, não deixava de ter a natureza de um típico processo de conhecimento, embora restrito às questões do art. 741 do CPC (conforme redação determinada pela Lei nº 11.232, de 22.12.05).

No entanto, embora o art. 741 do CPC estabeleça casos específicos, que autorizam a modificação do que restou decidido em *título judicial* condenatório da fazenda pública, não há distinção acerca da espécie deste título judicial; pode ser perfeitamente um acórdão.

É interessante recordar que o então inc. I do art. 584 do CPC (revogado pela Lei nº 11.232, de 22.12.05) estabelecia que era título judicial a *sentença condenatória proferida no processo civil*, e que o art. 583 ainda prevê que toda "execução tem por base título executivo judicial ou extrajudicial". A redação do extinto dispositivo era deficiente porque não indicava os acórdãos, posto que nem sempre estes apenas confirmavam a sentença de primeiro grau. Podia ocorrer que o acórdão reformasse a sentença e nem por isso deixava de ser exequível, na qualidade de um título judicial, visto que encerrava comando condenatório oriundo do Poder Judiciário. Idêntica situação aplica-se à sentença que condena a fazenda pública.

Assim, o título judicial embargável, na acepção "sentença condenatória proferida no processo civil", era qualquer julgado de cunho condenatório, de primeira, segunda ou terceira instância.

Entender que, na expressão, estaria compreendida apenas e tão somente a sentença era o mesmo que dizer que acórdãos de tribunais não poderiam ser executados.

---

[238] *Processo de execução*. 21. ed. São Paulo: Leud, 2002b. p. 406.

Analisando o então inc. I do art. 584 do CPC, (hoje substituído pelo inc. I do art. 475-N, por força da Lei nº 11.232, de 22.12.05), Araken de Assis chamou a atenção para o seguinte aspecto:

> [...] o termo "sentença", empregado no art. 584, I, se mostra passível de exegese compreensiva. Também acórdãos (art. 163) — e principalmente eles, em decorrência da invariável interposição de apelação pelo vencido; aliás, poucas sentenças transitam em julgado no primeiro grau —, que substituem a sentença na parte impugnada (art. 512),[239] [...]

No contexto do estudo proposto, é preciso reafirmar que possível é, portanto executar não só sentença condenatória, mas também, e com mais frequência, os acórdãos, inclusive proferidos por tribunais superiores (STF e STJ).

Aliás, no caso de entes públicos, a regra será a de quase sempre se propor execução de título judicial consubstanciado em acórdão, isso por força do duplo grau de jurisdição ou remessa necessária, que é a regra (art. 475, incs. I e II, do CPC). E nos casos das exceções (CPC, §§2º e 3º do art. 475) invariavelmente a entidade pública, como de costume, interpõe a sua apelação voluntária. Então, para a hipótese de embargos à execução contra a fazenda pública, porque movida contra pessoa jurídica de direito público, quase sempre o título judicial será um acórdão e a matéria invocável só pode ser a declinada nos incisos e parágrafo único do art. 741 do CPC.

Assim, os acórdãos, na qualidade de títulos judiciais exequíveis, não há como negar que, contra eles a fazenda pública pode, a modo e tempo, opor embargos, desde que verificada uma das situações catalogadas nos incisos e parágrafo único do art. 741 do CPC.

Assim, é bem possível ocorrer que a segunda instância decida um caso, constituindo título executivo judicial que seja inexigível porque fundado em lei ou ato normativo declarado inconstitucional pelo Supremo Tribunal Federal. Também pode o tribunal julgar de forma a determinar a aplicação ou a interpretação de situações incompatíveis com a Constituição Federal, o que torna inexigível o título judicial gerado (parágrafo único do art. 741 do CPC).

Ora, na fase de execução, é perfeitamente viável a fazenda pública alegar um desses fundamentos em embargos, perante o

---

[239] ASSIS, Araken de. *Manual do processo de execução*. 4. ed. São Paulo: Revista dos Tribunais, 1997. p. 130-131.

juiz de primeiro grau. Opostos os embargos contra a execução do acórdão, se procedentes os argumentos do embargante, a consequência lógica será a sentença do juiz de primeiro grau modificar o acórdão, que é ato jurisdicional de segunda instância.

Basta que o fundamento dos embargos opostos seja um daqueles taxativamente enumerados nos incisos I a VII, e parágrafo único, do art. 741, do CPC, e está o juiz de primeiro grau autorizado a desfazer, inclusive, o que restou decidido pelo tribunal ou mesmo STJ e STF.

E, no caso, nem se cogita argumentar que o juiz de primeiro grau teria invadido área de competência de um juiz da segunda instância ou violado regra de hierarquia organizacional, até porque não há sequer previsão legal de oposição de embargos à execução contra a fazenda pública perante tribunais, para o caso de execução de acórdão.

Com efeito, se em embargos à execução contra a fazenda pública, de título judicial o CPC não distinguiu, possível é ao juiz de primeiro grau modificar o que o tribunal decidiu; não há justificativa para tratamento diferente em relação à ação popular que vise a desconstituir acórdão lesivo ao erário público, nos moldes propostos neste livro.

Os embargos à execução contra a fazenda pública, de título judicial, ainda que com a matéria restringida pelo art. 741, assim como a ação popular, são ações de conhecimento. Liebman diz que os embargos à execução são, em verdade, "ação, em que o executado é autor e o exeqüente é réu; mais precisamente, a ação incidente do executado visando anular ou reduzir a execução ou tirar ao título sua eficácia executória".[240]

A diferença está em que os embargos à execução contra a fazenda pública são típicos remédios processuais de oposição à execução, com cognição delimitada, manejável pelo ente público, enquanto a ação popular é remédio destinado a corrigir lesão ao patrimônio público, com cognição exauriente, ajuizável por qualquer cidadão.

São ações de conhecimento (embargos à execução e ação popular). Em ambas há cognição, contraditório, ampla defesa, preenchimento das condições de ação e requisitos da petição inicial etc. Enfim, recebem tratamento igual, pelo que não se vê razão alguma para se falar em impedimento para o juiz de primeiro grau declarar, por exemplo, juridicamente inexistente acórdão lesivo ao erário público.

Como a lesão consubstanciada em um acórdão prejudicará o patrimônio público, dada a relevância do interesse público, muito mais se justifica que ao juiz de primeiro grau seja dada plena competência para desfazer o que a instância superior decidiu.

---

[240] LIEBMAN, Enrico Tullio. *Processo de execução*. 4. ed. São Paulo: Saraiva, 1980. p. 216.

Mais do que os embargos à execução de título judicial contra a fazenda pública, que só legitima o poder público manejar, e dentro das hipóteses do art. 741 do CPC, a ação popular está em situação jurídica que justifica seu uso para impugnar o acórdão lesivo, porque trata-se de ação constitucional, para fiscalizar os atos praticados em desrespeito ao patrimônio público, com cognição plena e qualquer cidadão está legitimado propô-la.

Com efeito, o juiz de primeiro grau pode processar e julgar esta ação popular, ainda que este ato jurisdicional seja um acórdão que encerre em seu dispositivo comando contrário à moralidade administrativa, sem que se possa nem mesmo cogitar em uma violação hierárquica.

Inadmissível falar-se aqui em violação da organização judiciária ao argumento de que um juiz hierarquicamente inferior ao órgão colegiado não poderia modificar o que foi decidido em grau superior. Está acima dessa questão meramente funcional a plenitude da cidadania e a dignidade da pessoa humana, que não podem conviver com ato jurisdicional causador de lesão ao que é de todos, que impede ao cidadão o acesso a serviços e bens públicos, pagos por impostos cobrados do povo, dele surrupiados pela imoralidade de um acórdão.

A única restrição que se pode alegar a este entendimento é a situação de o acórdão alvo da ação popular ter analisado especificamente a alegação de lesão ao patrimônio público ou à moralidade administrativa consubstanciada em um ato jurisdicional, conforme será analisado no próximo item.

## 4.5 Limites para a invalidação de sentença ou acórdão lesivo ao erário

É importante observar que quando se defende a submissão do ato jurisdicional lesivo ao patrimônio público à impugnação via ação popular, não se está propondo que toda e qualquer situação de sentença lesiva estaria sujeita à invalidação.

Restrições há em relação à tese defendida no presente estudo.

Assim, as propostas feitas nos itens anteriores — invalidação de sentença lesiva ao erário dada em outra ação popular ou de acórdão igualmente lesivo ao patrimônio público — deverão ser limitadas para não trazer uma indesejada e permanente instabilidade na Administração Pública.

Como afirmado, se lesivo ao patrimônio público (sentença ou acórdão), induvidoso que o julgado atenta contra o princípio da moralidade. Este, no entanto, em que pese ser tratado como o princípio dos princípios, não é absoluto, e por isso mesmo não se pode esquecer que outros princípios devem ser também sopesados, a exemplo dos princípios da proporcionalidade e da razoabilidade.

Além destes princípios, há o princípio da segurança jurídica, que repercute diretamente na realização de uma Administração Pública sem maiores percalços e por isso mesmo talvez menos onerosa aos cofres públicos.

Assim sendo, se a sentença anterior, ou o acórdão, analisou exatamente a alegação de efeitos nocivos de um ato jurisdicional ao patrimônio público ou à moralidade administrativa, não há que se falar em propositura de outra ação popular buscando a invalidação daqueles atos jurisdicionais típicos. É que nesse caso já houve o acertamento jurídico a respeito dos fatos e do direito antes questionados e "nenhum juiz decidirá novamente as questões já decididas, relativas à mesma lide" (art. 471 do CPC).

A pensar diferente, toda e qualquer sentença proferida contra os interesses da Administração Pública estaria sujeita à invalidação pelo autor popular e dificilmente se teria a estabilidade jurídica.

Em capítulo próprio o tema será novamente objeto de análise e considerações.

Estudados os pontos controvertidos, passa-se ao enfoque do ato jurisdicional (oportunidade em que se considerará sua sujeição ao princípio da moralidade) e da coisa julgada, sob o aspecto de suas características, limites e fundamentos.

# Capítulo 5

# Ato Jurisdicional e Coisa Julgada

**Sumário: 5.1** Ato jurisdicional – **5.1.1** Ato tipicamente jurisdicional – **5.1.2** O tratamento jurisprudencial – **5.1.3** Sujeição do ato jurisdicional ao princípio da moralidade – **5.2** O instituto da coisa julgada – **5.2.1** A coisa julgada – **5.2.2** A coisa julgada material e formal – **5.2.3** Eficácia da sentença e sua imutabilidade – **5.2.4** Limites objetivos da coisa julgada – **5.2.5** Limites subjetivos da coisa julgada – **5.2.6** Fundamentos e teorias da coisa julgada

## 5.1 Ato jurisdicional

### 5.1.1 Ato tipicamente jurisdicional

O processo, visto estruturalmente, é uma sequência de atos praticados em busca da prestação jurisdicional, razão pela qual "são atos processuais todos aqueles realizados por uma parte, ou o Tribunal, frente à outra parte, que mediata ou imediatamente, servem ao impulso do procedimento civil",[241] observa o alemão Adolf Schönke.

Mas o ato processual não deixa de ser, em sua essência, ato jurídico. A diferença está em que o ato processual é praticado e surte seus efeitos no processo.

Luiz Rodrigues Wambier, Flávio Renato Correia de Almeida e Eduardo Talamini conceituam o ato processual como "toda manifestação de vontade humana que tem por fim criar, modificar, conservar ou extinguir a relação jurídica processual",[242] praticada pelas partes e por todos os integrantes do processo.

No Direito Processual Civil, estuda-se que, dentre os atos processuais praticados pelos diversos partícipes da relação processual, tem-se o ato jurisdicional, praticado pelo juiz, tido como o mais importante.

---

[241] 2003, p. 147.
[242] 2002, p. 164.

O ato jurisdicional é função de garantia da Constituição, sendo inconcebível falar-se, então, em decisão jurisdicional que contrarie a própria Constituição ao violar, por exemplo, o princípio da moralidade administrativa, materializado pela lesão ao erário público.

Como é sabido, a partir do momento em que o Estado democrático de direito vedou o exercício da autotutela, chamou para si a responsabilidade de dizer de quem é o direito nos litígios entre seus súditos e destes consigo próprio, passou o Estado a ter sob sua responsabilidade a prática de atos que receberam a denominação de atos de jurisdição; estes se consubstanciam ou se materializam na decisão proferida pelo juiz, depois de observado o devido processo legal.

Na visão intrincada de Rosemiro Pereira Leal, "a *decisão* no direito democrático é processualmente provimental e construída a partir da legalidade procedimental aberta a todos os indivíduos e se legitima pelos fundamentos teórico-jurídicos do discurso democrático nela contidos".[243] [...]

Por outras palavras, o juiz, ao proferir sentença, em verdade pratica ato do Estado, em seu nome e tem sua validade desde que com base em um poder instituído pelo povo, pois o Estado somente pode existir se o for para o bem do povo, além de se exigir fundamentação nos princípios democráticos e de dignidade da pessoa humana.

O fato de ser função específica, fruto de reflexão do julgador, portanto com características próprias e especiais, não tem o resultado da atividade jurisdicional poder absoluto de decidir acima ou contra a própria Constituição e ficar a salvo pela necessidade de se colocar fim no litígio.

Ao contrário, tem que atender aos seus comandos, tal qual deve observar o agente que administra e o que legisla, cujos atos estão sujeitos ao controle de constitucionalidade, tal qual é plenamente aceito e acolhido por doutrinadores e tribunais do Brasil e de tantos outros Estados.

Ato de conteúdo jurisdicional entende-se como sendo o que emana do Juiz, na prestação jurisdicional; estes, na dicção dos parágrafos do art. 162 do Código de Processo Civil, são classificados como *sentenças, decisões interlocutórias e despachos.*

Inserem-se, também, neste rol os acórdãos, dos órgãos colegiados, os tribunais de instâncias superiores e as decisões monocráticas, proferidas por desembargadores e ministros que integram aqueles.

---

[243] LEAL, Rosemiro Pereira. *Teoria processual da decisão jurídica*. São Paulo: Landy, 2002. p. 101.

Visando dar celeridade processual, através da Lei nº 8.952/94, o art. 162 ganhou o §4º, para prever que "os atos meramente ordinatórios, como a juntada e a vista obrigatória, independem de despacho, devendo ser praticados de ofício pelo servidor e revistos pelo juiz quando necessários". A mudança tem por objetivo a agilização do processo, porque se trata de ato que é praticado pelo servidor e revisto pelo Juiz, que terá responsabilidade de averiguar a sua regularidade. Por ser meramente ordinatório, não enseja a interposição de quaisquer recursos.

Os despachos, no dizer didático de Ernane Fidélis dos Santos, "são provimentos do juiz, sem cunho de decisão propriamente dita. O despacho ordena o processo, dá-lhe andamento, sem solucionar nenhuma questão".[244] Não desafia qualquer recurso e por consequência não há motivo para que seja atacável pela ação popular, visto que nada decide e por isso não causa lesão.

A decisão interlocutória é ato pelo qual o juiz resolve questão incidental no curso do processo; julga-o, mas não o extingue. De modo geral, o enfoque é apenas de natureza processual, sem analisar o mérito da causa. Se não decide mérito, em princípio não causa lesão. Se não causa lesão, pelo menos em tese, não pode ser objeto de impugnação através de ação popular, ainda que ultrapassado o prazo para o agravo de instrumento ou retido. E se lesão causar, a interlocutória poderá ser desfeita via efeito suspensivo deferido em agravo de instrumento.

Contudo, inegável é que uma decisão interlocutória pode, por vezes, trazer prejuízo de monta e irreparável ao cidadão, principalmente depois de assimilado pela lei processual da chamada antecipação de tutela, em que o mérito da demanda, de certa forma, é prévia e provisoriamente decidido. É o exemplo da decisão que autoriza liminarmente a antecipação do direito de demolição de prédio de interesse histórico para a comunidade ou da que indefere antecipação de tutela, que buscava cessar a degradação ao meio ambiente. E, nesses casos, nem mesmo um "salvador" efeito suspensivo pode chegar a tempo, porque o cidadão fica à mercê da sentença proferida por um único julgador, que, via de regra, não muda sua decisão, mesmo diante de fundado "pedido de reconsideração". E tal situação ocorre até com relativa frequência.

Atentou para o tema o publicista Caio Tácito, ao estudar o desvio de poder por atos jurisdicionais dessa natureza:

---

[244] 1997, p. 218.

Certamente, com o deferimento imoderado de medidas liminares ou cautelares, além de sua definida finalidade, estará o juiz excedendo ao escopo próprio da jurisdição, imporá dizer, incidirá em vício que se identifica, substancialmente, com a natureza do desvio do poder. A competência jurisdicional estará, em tese, presente, mas seu emprego abusivo atingirá alvo diverso que não se coaduna com o conteúdo do poder exercido.[245]

Casos concretos de antecipação imoral de tutela ocorrem na vida forense, como o narrado por Frederico Vasconcelos, jornalista da *Folha de São Paulo*, que cobriu casos de corrupção perpetrados por nada menos que um desembargador federal, do Tribunal Regional Federal da 3ª Região:

> Em janeiro de 2003, a *Folha* revelou que o Ministério Público Federal havia denunciado Theotonio Costa, acusado de receber vantagens econômicas por decisão que proferira em 1996 para beneficiar o grupo Bamerindus. Tratava-se de manipulação na distribuição de processos, numa manobra suspeita que permitiu ao Bamerindus, mediante tutela antecipada (antecipação do pedido principal do processo), receber crédito de R$ 150 milhões do Banco Econômico, então sob liquidação extrajudicial. [...] O intermediário acusado, nesse caso, foi o desconhecido advogado Ismael Medeiros, de Mato Grosso do Sul. Ele recebeu R$ 1,5 milhão do grupo Bamerindus [...] Paulo Theotonio Costa recebeu, através de Ismael Medeiros, pelo menos R$ 1,04 milhão, repassados a título de empréstimo a empresas do desembargador.[246]

A sentença, por sua vez, é definida pelo Código de Processo Civil, no art. 162, §1º, como o "ato pelo qual o juiz põe termo ao processo, decidindo ou não o mérito da causa".[247]

José Frederico Marques esclarece que "a sentença é *nomem iuris* de ato processual dos juízos monocráticos de primeiro grau, que põe fim ao processo de conhecimento na instância inferior".[248]

A origem etimológica do termo "sentença", conforme definição dada pelo Dicionário Houaiss, vem da locução latina *sentire*, que

---

[245] TÁCITO, Caio. Desvio de poder por atos administrativos, legislativos e jurisdicionais. *Revista de Direito Administrativo*, São Paulo, v. 228, p. 11, abr./jun. 2002.

[246] VASCONCELOS, Frederico. *Juízes no banco dos réus*. São Paulo: Publifolha, 2005. p. 110-111.

[247] NEGRÃO, Theotonio. *Código Civil e legislação civil em vigor*. 21. ed. Colaboração de José Roberto Ferreira Gouvêa. São Paulo: Saraiva, 2002b. p. 244.

[248] MARQUES, José Frederico. *Manual de Direito Processual Civil*. v. 3. Atual. por Vilson Rodrigues Alves. Campinas: Bookseller, 1997b. p. 41.

significa "perceber pelos sentidos, sentir", que por sua vez originou a palavra *sententia*, ou seja, "sentimento, parecer, opinião, idéia, maneira de ver, impressão do espírito; modo de pensar ou de sentir", de modo que o juiz, ao proferir sua sentença, em verdade, está expressando seu sentimento acerca do que lhe foi demonstrado e questionado.

Sendo ato processual, a sentença, como se sabe, analisa ou não o mérito da causa e pode ser impugnada via apelação; portanto, é passível de sofrer reforma perante a segunda instância ou mesmo de ser cassada. Conforme define o parágrafo primeiro do art. 162 do CPC (redação determinada pela Lei nº 11.232, de 22.12.2005), "Sentença é o ato do juiz que implica alguma das situações previstas nos arts. 267 e 269 desta Lei".

Denomina-se "sentença processual ou terminativa" a proferida com base no art. 267 do CPC, quando o mérito não é analisado e é prematuramente interrompida a marcha do processo, situação em que o juiz não exerce a verdadeira jurisdição. Trata-se de "atividade de filtragem ou joeiramento prévio",[249] destaca o gaúcho Fábio Gomes.

Sentença de mérito, ou definitiva, é a que resolve o mérito, ou a que homologa acordo apresentado pelas partes, com solução da lide trazida pelas partes; é proferida nos casos indicados nos incisos do art. 269 do CPC.

Com recurso voluntário da parte ou sendo caso de sentença sujeita ao duplo grau de jurisdição, uma vez apreciada em segundo grau, ganha a especial qualidade de sentença transitada em julgado; mas, ainda, é passível, pelo prazo de 2 anos (CPC, art. 495), de ser modificada via ação rescisória, desde que ocorram as hipóteses do art. 485 do CPC.

Por último, já em fase de execução, na qualidade de título executivo judicial (CPC, art. 475-N, inc. I), a sentença proferida em desfavor da fazenda pública pode ser questionada por embargos, nos termos do art. 741 e incisos, do CPC; não sendo a fazenda pública a executada, poderá ser objeto de impugnação, prevista no §1º do art. 475-J, alegando-se as matérias dos incisos do art. 475-L.

Ocorre que doutrinadores de envergadura sustentam que os atos de natureza jurisdicional escapam da incidência da ação popular. Dizem que os atos de natureza jurisdicional não seriam suscetíveis de impugnação em demanda popular, salvo em se tratando de atos de tribunais de natureza administrativa, que, na essência, são atos administrativos.

---

[249] *Comentários ao Código de Processo Civil*: do processo de conhecimento, arts. 243 a 269. São Paulo: Revista dos Tribunais, 2000. v. 3, p. 288.

Sustenta, por exemplo, o constitucionalista José Afonso da Silva

> [...] que não cabe ação popular contra atos jurisdicionais. É conhecida a controvérsia a respeito do exercício do mandado de segurança contra tais atos. O problema poderia ter surgido também relativamente à ação popular, porquanto a Constituição vigente, como a de 1946, não especifica que espécies de atos são sindicáveis por meio dela, do mesmo modo que não diz contra que autoridade especificamente é cabível o mandado de segurança. — Todavia, podemos sustentar que os atos jurisdicionais são imunes a seu ataque, não que tais atos não possam ser inválidos por lesivos ao patrimônio público. Ao contrário, o art. 798 do C.P.C. indica casos de nulidade de sentença e, entre eles, um especialmente propício a prejudicar o patrimônio de entidades públicas (se estas forem parte no feito): a proferida por juiz peitado.[250]

Segue, o renomado autor, apontando três argumentos que o convence da inoponibilidade da demanda popular contra atos jurisdicionais:

> Primeiro, para tal hipótese, a lei outorga uma ação própria — rescisória do julgado, cumprindo notar que, se eventualmente fosse admissível a ação popular, somente o seria contra coisa julgada, único caso em que a lesão seria efetiva; ora, ação popular nunca pode ser sucedânea de outra; logo, se é cabível a ação rescisória do julgado, ela não o será. Segundo, porque sentença nula somente poderia causar dano ao patrimônio público, se fosse proferida contra as pessoas e entidades sindicáveis em ação popular (União, Estados, Municípios, etc.), mas, em tal caso, cumpre a elas a defesa do patrimônio, promovendo a nulidade da sentença viciada, mediante ação própria; já vimos que a ação popular não é sucedânea de outra, como não é supletiva de omissão das partes interessadas. Terceiro, em se não tratando de coisa julgada, mas de decisão ainda recorrível, o prejuízo seria meramente potencial, e caberia recurso que a ação popular não pode substituir, e, se o pudesse, legítima para usá-lo seria a parte, não qualquer cidadão.[251]

Idêntica linha de entendimento, Elival da Silva Ramos defende, dizendo que em relação

---

[250] 1968, p. 130 e 131.
[251] 1968, p. 130 e 131.

Capítulo 5
Ato Jurisdicional e Coisa Julgada | 141

[...] aos atos jurisdicionais, a melhor doutrina recusa a possibilidade de serem invalidados em face de ação popular, visto que, ou são impugnáveis por recursos próprios ou ação rescisória, a cargo sempre das entidades prejudicadas, ou existe coisa julgada material não atacável por rescisória e tampouco por ação popular.[252]

Na mesma senda, segue Péricles Prade, ao afirmar que, em relação aos atos tipicamente jurisdicionais, [...] "é claro, estão fora do alcance da ação popular".[253]

Sobre a atacabilidade do ato judicial pela ação popular, a respeitada Maria Sylvia Zanella Di Pietro também entende que

Contra ato judicial não é cabível ação popular; se o ato não é definitivo, deve ser impugnado pelos recursos previstos na lei processual, ou, na falta deles, por mandado de segurança; se já se tornou definitivo, pelo trânsito em julgado, não permite ação popular, porque traz em si uma presunção de legitimidade, impossível de ser contrastada por outra via que não a ação rescisória.[254]

Ao estudar a Lei nº 8.429/92, que trata da improbidade administrativa, Francisco Octávio de Almeida Prado também defende que, em relação aos magistrados, "os atos tipicamente jurisdicionais escapam à regência dessa lei, uma vez que são insuscetíveis de configurar improbidade administrativa".[255]

Também, embora sob o ângulo da improbidade administrativa, há o ponto de vista de Mauro Roberto Gomes de Mattos; ele sustenta que não há como questionar o ato jurisdicional, porque faltaria

possibilidade jurídica para o ingresso de ação de improbidade administrativa contra ato judicial, a teor do art. 267, IV do CPC, que combinado com o §8º do art. 17, da Lei de Improbidade, levará a dita ação para a sua conseqüente extinção liminarmente, sem a necessidade de citação dos Réus.[256]

Tem-se, ainda, a vacilante posição de Manoel Gonçalves Ferreira Filho, para quem "a discussão é acadêmica, pois não

---

[252] 1991, p. 159.
[253] 1986, p. 14.
[254] 1995, p. 528.
[255] PRADO, Francisco Octávio de Almeida. *Improbidade administrativa*. São Paulo: Malheiros, 2001. p. 70.
[256] MATTOS, Mauro Roberto Gomes de. Improbidade administrativa e atos judiciais. *Revista de Direito Administrativo*, São Paulo, v. 230, p. 192, out./dez. 2002.

consta haver tribunal algum acolhido ação popular contra decisão judiciária".[257]

Destaca, em seguida, o renomado constitucionalista, que, na prática, seria possível ser ajuizada ação popular contra ato judicial somente depois de cristalizada a coisa julgada, mas recua, afirmando que admitir "ação popular de caráter rescisório seria preferir a moralidade à segurança das decisões judiciárias"[258] e não haveria, a seu ver, sentido prático promover ação popular contra ato do próprio Poder Judiciário.

Ainda que relevantes os argumentos declinados pelos renomados autores, com eles, não há como comungar o mesmo ponto de vista, conforme esta pesquisa procura fundamentar.

Para melhor compreensão do tema, faz-se, ainda, necessário rápido enfoque sobre o ponto de vista jurisprudencial, que deu início às reflexões que culminaram na produção deste livro. É o que será feito no próximo tópico.

## 5.1.2 O tratamento jurisprudencial

O Supremo Tribunal Federal, pela sua 2ª Turma,[259] ao julgar o Agravo Regimental nº 2.018-9-SP, em acórdão relatado pelo Ministro Celso de Mello, entendeu que os atos de conteúdo jurisdicional, por não serem de caráter administrativo, não podem ser atacados via ação popular, seja porque são passíveis de recurso próprio, seja porque podem ser desfeitos através da ação rescisória.

Como informado retro, foi o referido acórdão ponto de partida para o presente estudo, na medida em que despertou, em um primeiro momento, a pronta discordância com o enunciado para, em seguida, provocar reflexões e análise ampla acerca do tema e, por último, culminar em conclusões e propostas ora apresentadas.

Ao decidir agravo regimental interposto que visava à reforma de decisão daquela Corte, que não conheceu ação popular ajuizada contra ato jurisdicional, o STF entendeu que "os atos de conteúdo jurisdicional — precisamente por não se revestirem de caráter administrativo — estão excluídos do âmbito de incidência da ação popular".

---

[257] FERREIRA FILHO, Manoel Gonçalves. *Curso de direito constitucional*. 28. ed. São Paulo: Saraiva, 2002. p. 318.

[258] 2002, p. 318.

[259] BRASIL. Supremo Tribunal Federal. Agravo Regimental na Petição nº 2.018-9-SP. 2ª Turma. Rel. Min. Celso de Mello. j. 22.08.2000. *DJU*, Brasília, 16 fev. 2001. *Revista dos Tribunais*, n. 788, p. 173.

Trratava-se de ação popular constitucional ajuizada pelo agravante contra decisão emanada da 2ª Turma do STJ, que havia reconduzido o então Prefeito de São Paulo, Celso Pitta, ao seu cargo. O autor popular fundamentava que o ato decisório deveria ser anulado, por "ausência de tecnicalidade", "absoluta falta de amparo legal" e, ainda, por ser lesivo ao princípio ético-jurídico da moralidade.

Em seu voto, argumentou o Ministro Celso de Mello (Relator) que os atos de conteúdo jurisdicional "se acham sujeitos a um sistema específico de impugnação, quer por via recursal, quer mediante utilização de ação rescisória" e, dada a sua índole jurisdicional, S. Exa. considerou que o mesmo

> [...] ou ainda não se tornou definitivo — podendo, em tal situação, ser contestado mediante utilização dos recursos previstos na legislação processual —, ou, então, já transitou em julgado, hipótese em que, havendo decisão sobre o mérito da causa, expor-se-á à possibilidade de rescisão, nos termos do art. 485 do CPC.

Dentro do âmbito processual em que foi o caso concreto apreciado pelo STF e em que, possivelmente, o ato impugnado estava ainda a desafiar recurso ou ação rescisória, num primeiro relance, pode-se concordar com a decisão.

Mas, o Ministro Celso de Mello, no corpo do acórdão, afirmou de forma categórica que se estava diante de uma "impossibilidade jurídica"; apoiado nas lições de Cretella Júnior, sustenta que tal impossibilidade "decorre da circunstância de a ação popular restringir-se, quanto ao seu âmbito de incidência, à esfera de atuação administrativa", abrangendo, assim, "unicamente os atos administrativos, os fatos administrativos e as resoluções que veiculem conteúdo materialmente administrativo".[260]

Vê-se, portanto, que o enunciado da ementa e as razões declinadas e o corpo do acórdão contêm assertivas que merecem objeções, porque levam o intérprete mais afoito ao entendimento de que em situação alguma seria possível, ao autor popular, voltar-se contra sentença ou acórdão.

Talvez, a redação da ementa não tenha sido das mais acertadas, porque deveria no mínimo ressaltar o pormenor de que não seria possível o manejo de ação popular, desde que ainda fosse

---

[260] BRASIL. Supremo Tribunal Federal. Agravo Regimental na Petição nº 2.018-9-SP. 2ª Turma. Rel. Min. Celso de Mello. j. 22.08.2000. *DJU*, Brasília, 16 fev. 2001. *Revista dos Tribunais*, n. 788, p. 173.

possível ser o ato jurisdicional impugnado por recurso próprio ou ação rescisória.

O entendimento segundo o qual, contra ato jurisdicional, em hipótese alguma, é possível valer-se de ação popular constitucional conduz à supervalorização da função jurisdicional e eleva a mesma em grau de importância acima da própria Constituição Federal e dos princípios fundamentais estabelecidos pela mesma. E isso não é bom, porque "se a Constituição é deturpada, o Estado degenera e a liberdade dos cidadãos fica gravemente ameaçada",[261] alerta Simone Goyard-Fabre.

Ora, a falibilidade humana, a diversidade de caráter e formação das pessoas que integram a magistratura, estão a indicar que nem sempre a atividade jurisdicional está em sintonia com a Constituição Federal.

Como ficaria o interesse público frente a uma sentença lesiva ao erário público (por isso imoral), transitada em julgado, não mais passível de rescisória e de embargos à execução?

Por isso mesmo é que, em uma análise contextual e considerando todo o arcabouço jurídico pátrio, notadamente os princípios fundamentais que regem a Carta Magna, talvez a melhor interpretação do referido julgado é no sentido de que somente não seria possível falar-se em propor ação popular contra ato jurisdicional quando este ainda fosse passível de modificação por recurso ou outro instrumento processual, como os embargos previstos no art. 730, alegando-se uma das matérias indicadas nos incisos do art. 741, ambos do CPC.

Em artigo sobre a coisa julgada inconstitucional, Humberto Theodoro Júnior e Juliana Cordeiro de Faria fazem os seguintes questionamentos:

> O problema para cuja reflexão se deseja fazer um convite é o de já não mais ser a decisão judicial inconstitucional passível de impugnação recursal. Nesta hipótese, existiria um mecanismo de controle de constitucionalidade da coisa julgada ou esta é isenta de fiscalização? Ou reformulando o questionamento: verificando-se que uma decisão judicial sob o manto da *res iudicata* avilta a Constituição, seja porque dirimiu o litígio aplicando lei posteriormente declarada inconstitucional, seja porque deixou de aplicar determinada norma constitucional por entendê-la

---

[261] 1999, p. 104.

inconstitucional, ou, ainda, porque deliberou contrariamente a regra ou princípio diretamente contemplado na Carta Magna, poderá ser ela objeto de controle?[262]

O presente estudo também, por ser inevitável, analisará a coisa julgada inconstitucional, que viola a moralidade administrativa, porque é lesiva ao erário público.

A realidade tem demonstrado que é perfeitamente possível deparar-se com sentença transitada em julgado inconstitucional, em situação em que é inatacável via rescisória ou embargos e em que os recursos possíveis já foram manejados ou sequer foram interpostos oportunamente.

É o caso do funcionário público, que tem assegurado judicialmente, com sentença transitada em julgado, o direito de perceber vantagem pecuniária e que trabalha ao lado de um colega que não obteve o mesmo direito reconhecido, porque outro juiz decidiu a questão ou o tribunal modificou a decisão de primeiro grau que concedia a vantagem. No caso, os dois funcionários ocupam o mesmo cargo e detêm as mesmas vantagens pessoais decorrentes de tempo de serviço, formação escolar etc. Nota-se que tal situação fere de morte o princípio da isonomia, previsto na Constituição Federal, ao simplório argumento de que em coisa julgada não se mexe, ainda que seja para fazer justiça.

Tal pode ocorrer em decisões judiciais que causem lesão ao erário público.

Diante desta possível situação e em efetivamente ocorrendo, a conclusão única é que a opção que o cidadão terá para questionar e invalidar o ato jurisdicional lesivo ao bem público é sem dúvida a ação popular. Isso porque os atos do Poder Judiciário não podem ficar inalcançáveis, em momento algum, da fiscalização do povo, destinatário que é das conquistas democráticas, inclusive a atividade jurisdicional.

J.J. Gomes Canotilho, com maestria, ensina que o princípio democrático "implica esquemas de organização e de procedimento que ofereçam aos cidadãos efectivas possibilidades de participar no processo de decisão e exercer o controle democrático do poder".[263]

Inconcebível, portanto, a ideia de que atos jurisdicionais escapem desse controle democrático, ainda mais que o Brasil se

---

[262] 2002, p. 23.
[263] CANOTILHO, José Joaquim Gomes. *Fundamentos da Constituição*. Coimbra: Coimbra Ed., 1991. p. 77.

autointitula como sendo um Estado Democrático de Direito (art. 1º da Constituição Federal).

Magistrados são homens de carne e osso e, como tais, também podem cometer improbidade através dos atos eminentemente jurisdicionais, conforme alertam Emerson Garcia e Rogério Pacheco Alves, ao discorrerem sobre a improbidade administrativa:

> A falibilidade é fator indissociável da natureza humana, e como tal o será da atividade judicante. Isto é indiscutível. No entanto, igualmente indiscutível é o fato de que todo agente público deve exercer suas atividades, pois para tanto é remunerado pelos cofres públicos; tendo o dever de agir visando à consecução do interesse público.[264]

E exemplos vivos da falibilidade humana de magistrados há, embora percentualmente muito ínfima se comparada com a corrupção reinante no Legislativo e Executivo.

Vejamos dois casos mais recentes:

O livro-reportagem de Frederico Vasconcelos — *Juízes no banco dos réus* — confirma as assertivas aqui declinadas. Da obra de Vasconcelos, a respeito do juiz Rocha Mattos, preso durante a *Operação Anaconda*, colhe-se os seguintes trechos:

> Num dos casos, Rocha Mattos determinara a restituição de uma motocicleta importada apreendida, [...] do então ministro da Agricultura, Antônio Cabrera Mano Filho, sem colher a opinião do Ministério Público Federal. Noutro caso, o juiz teria proferido sentença em processo sobre tráfico internacional de cocaína imputado ao nigeriano Ignatius Ohzimihe sem dar oportunidade ao Ministério Público de manifestar-se sobre o laudo de exame químico-toxicológico. [...] Em outro processo, envolvendo a importação e comercialização de automóveis [...] extinguiu a punibilidade sob a alegação de pagamento de tributo.[265]

A chamada *Operação Furacão* culminou na prisão de desembargadores federais do Rio de Janeiro, suspeitos de venderem liminares que favoreciam a jogatina naquele Estado, indiciando inclusive um Ministro do Superior Tribunal de Justiça.

---

[264] GARCIA, Emerson; ALVES, Rogério Pacheco. *Improbidade administrativa*. Rio de Janeiro: Lumen Juris, 2002. p. 259.

[265] 2005, p. 213.

O escândalo foi amplamente noticiado pela imprensa, a exemplo da matéria de autoria do jornalista Alexandre Oltramari, publicada na revista *Veja*:

No Rio de Janeiro, na Operação Hurricane, monitoraram os passos de dois desembargadores do TRF e conseguiram autorização para prender ambos. Um é o desembargador José Eduardo Carreira Alvim, cujo genro, Silvério Nery Júnior, foi flagrado negociando liminar do sogro por 1 milhão de reais com emissários de bingueiros. [....] O outro desembargador preso é José Ricardo de Siqueira Regueira [...] envolvido na venda de sentença para a máfia que adultera combustíveis.[266]

Como se vê, há exemplos contundentes demonstrando de forma irrefutável que a sentença pode ser fruto de conduta contrária aos princípios norteadores da Constituição Federal.

A decisão judicial que se desvia do interesse público, para causar lesão ao erário público, será ato de improbidade, de desonestidade e, como tal, atentatório à moralidade administrativa, que por sua vez justifica pleitear-se a invalidação através de ação popular, porque sentença jamais poderá ser "um ato isolado ou onipotente do órgão jurisdicional, ditando ou criando direitos a seu talante, máxime se fundados na fórmula ilógica, inconstitucional e antidemocrática",[267] adverte Ronaldo Brêtas de Carvalho Dias.

## 5.1.3 Sujeição do ato jurisdicional ao princípio da moralidade

O ato jurisdicional típico, conforme fundamentado antes, porque praticado por agente público, não deixa de ser ato estatal ou pelo menos é, em última análise, verdadeira manifestação de vontade de um dos poderes constituídos, sendo, portanto, ato praticado pelo Estado.

Se o ato jurisdicional é praticado, em sua essência, pelo Estado, só pode situar-se no mesmo pedestal do ato puramente administrativo. Está, portanto, sujeito às mesmas regras exigidas para outros atos

---

[266] OLTRAMARI, Alexandre. Furacão da limpeza: na maior devassa da história do Judiciário, a polícia prende juízes sob suspeita de vender decisões – e dá início a uma faxina que tem tudo para fazer bem ao país. *Veja*, São Paulo, ano 40, n. 16, p. 73-78, 25 abr. 2007.

[267] DIAS, Ronaldo Brêtas de Carvalho. *Responsabilidade do Estado pela função jurisdicional*. Belo Horizonte: Del Rey, 2004. p. 88.

emanados pelos Poderes Executivo e Legislativo e, por isso, também deve obedecer aos mesmos princípios do art. 37 da CF.

O art. 37 prescreve que a administração pública de *qualquer dos Poderes* deve obedecer aos princípios da legalidade, impessoalidade, *moralidade* e eficiência. Ora, ao empregar a expressão "administração pública", quis a Carta Magna indicar que se trata de administração pública no sentido lato, para abranger além da acepção que "designa os entes que exercem a atividade administrativa; compreende pessoas jurídicas, órgãos e agentes públicos incumbidos de exercer uma das funções em que se triparte a atividade estatal",[268] ensina Maria Sylvia Zanella Di Pietro. Ou seja, não pretendeu a Constituição (e é inconcebível essa ideia) que as funções típicas de legislar ou julgar estivessem liberadas para agir fora daqueles princípios.

"O *poder* é uno e indivisível",[269] destacam Luiz Alberto David Araújo e Vidal Serrano Nunes Júnior, que em seguida arrematam: "Assim, a edição de uma lei, de um ato administrativo ou de uma sentença, embora produto de distintas funções, emana de um único pólo irradiador do poder: o Estado".[270]

Reforçam esse entendimento as palavras de José Afonso da Silva: "Vale dizer, portanto, que o poder político, *uno, indivisível* e *indelegável*, se desdobra e se compõe de *várias funções*, fato que permite falar em distinção das funções, que fundamentalmente são três: a *legislativa*, a *executiva* e a *jurisdicional*".[271]

Com efeito, qualquer que seja a natureza do ato, praticado por qualquer agente público, deve sempre amoldar-se àqueles elevados princípios constitucionais, mormente no Estado Democrático de Direito, porque por "democracia" somente se compreende a efetiva participação do povo nas coisas públicas. E "quando é o povo que governa, é impossível não haver corrupção na esfera dos negócios públicos", alerta Norberto Bobbio.[272]

J.J. Gomes Canotilho admite que as decisões de tribunais, porque têm "a qualidade de actos públicos concretamente aplicativos do direito, podem também violar normas e princípios constitucionais — decisões jurisdicionais inconstitucionais".[273]

---

[268] 2002, p. 49.

[269] 2003, p. 271.

[270] 2003, p. 271.

[271] 2001, p. 112.

[272] BOBBIO, Norberto. *A teoria das formas de governo*. 6. ed. Brasília: Ed. UnB, 1980. p. 41.

[273] 1998, p. 873.

Contudo, logo em seguida, o mesmo J.J. Gomes Canotilho hesita, quanto ao controle constitucional de decisões judiciais, ao afirmar que

[...] uma coisa é controlar normas e outra coisa é controlar sentenças dos tribunais. Por outras palavras: fiscalizar a constitucionalidade de normas jurídicas aplicadas pelos tribunais não se confunde com a fiscalização da constitucionalidade das próprias decisões jurisdicionais. O controlo da constitucionalidade é um controlo normativo incidente sobre normas e não sobre decisões judiciais aplicadoras de normas.[274]

Rui Medeiros, ao analisar a distinção entre fiscalização de normas jurídicas e controle das decisões jurisdicionais, observa que, "em sistemas como o português que restringem o objecto da fiscalização às normas jurídicas",[275] fica o Tribunal Constitucional obstado em controlar decisões jurisdicionais e destaca que "o problema está relacionado com a questão do fundamento da impugnação".

Mas, o referido autor português, conforme citado antes, lembra que na Alemanha a concepção é outra:

[...] a formulação de uma queixa constitucional permite controlar a conformidade com os direitos fundamentais as actuações do poder público em geral. A maioria das queixas constitucionais dirige-se [...] contra decisões jurisdicionais. [...] Seja como for, para efeitos de objecto de controlo do Tribunal Constitucional Federal, é indiferente que a violação do "Direito Constitucional específico" tenha origem num acto normativo ou numa decisão jurisdicional.[276]

E, em seguida, arremata, ao escrever que, para os alemães, "não está excluída a possibilidade de o particular contestar a decisão jurisdicional com fundamento, por exemplo, na violação do princípio da proibição de arbítrio ou em ofensa de direitos fundamentais".[277]

Como se vê, entende-se que, na Alemanha, em última análise, todo ato, seja do administrador, seja do legislativo, seja do juiz, é ato emanado do Estado, manifestado em seu nome e por isso mesmo é passível do controle de constitucionalidade.

---

[274] 1998, p. 873.
[275] 1999, p. 336.
[276] 1999, p. 336-337.
[277] 1999, p. 336-337.

# 150 | Lúcio Eduardo de Brito
A Ação Popular como Instrumento de Invalidação da Sentença Lesiva ao Patrimônio Público

Assim, não é porque está a decidir de quem é o direito e por ser ato típico de um dos Poderes, que o ato jurisdicional deixa de ser, em sua essência, um ato de Estado, numa acepção mais ampla. É, com efeito, ato de Estado em sua essência. Está, portanto, passível de passar pelo crivo do controle de constitucionalidade como qualquer outro ato de Estado. Segundo José Cretella Júnior

Diferença sutil pode fazer-se entre ato "de" administração e ato "da" Administração. [...] Ato "da" Administração é gênero de que ato administrativo e ato "de" administração constituem espécies, residindo o atributo da juridicidade, precisamente, na diferença específica, entre ambos.[278]

Ora, ao proferir a sentença, o juiz pratica ato de Estado, posto que este, em dado momento da história, monopolizou sob sua responsabilidade a atividade de dizer o direito e dizer o direito é jurisdição. É a prática de um ato, com efeitos concretos. Esse ato não pode ter tratamento diferente e nem pode se portar indiferente à regra moral. Oportunas são as palavras de Georges Ripert:

Há centenas de anos que uma regra moral precisa criou a civilização ocidental; esta civilização exprime-se no seu direito. Defendendo as regras fundamentais deste direito, impedimos que desapareça esta concepção moral do mundo. Mas estas regras fundamentais não são a expressão dum vago ideal de justiça comum a todos os povos. Não se procure justificá-las banalizando-as e defendendo-as em nome dum ideal comum a todos. Devemos, pelo contrário, mantê-las nos seus severos mandamentos e na sua necessária intransigência.[279]

E é bom ressaltar aqui que o controle de constitucionalidade por imoralidade administrativa ou lesividade, que se propõe como ponto de preocupação desta obra, não se refere apenas ao ato jurisdicional não mais passível de ser modificado pelas vias ordinárias previstas no ordenamento jurídico.

O português Jorge Miranda, ao tratar da inconstitucionalidade dos atos, escreve que a "Constituição diz que a validade das leis e dos demais actos do Estado, das regiões autónomas e do poder local depende da sua conformidade com a Constituição (art. 3º, nº 3), abrangendo aí quaisquer espécies de actos".[280]

---

[278] CRETELLA JR., José. *Curso de direito administrativo*. 11. ed. Rio de Janeiro: Forense, 1992. p. 189.

[279] 2000, p. 17.

[280] MIRANDA, Jorge. *Manual de direito constitucional*. Coimbra: Coimbra Ed., 1996b. t. II, p. 314.

No estudo dos atos de improbidade administrativa previstos na Lei nº 8.429/92, especificamente sobre a atividade de magistrados, Emerson Garcia e Rogério Pacheco Alves declinaram entendimento de que estão eles também sujeitos aos atos que o referido diploma legal enumera como ímprobos:

> Em que pese ser o magistrado um instrumento utilizado para o exercício da soberania estatal, sendo-lhe garantida a independência no exercício de sua relevante atividade, é absolutamente incompatível com o atual estágio de evolução da ciência jurídica que se conceba um agente público absolutamente irresponsável pelos seus atos ou omissões.[281]

Induvidosa mostra-se, portanto, a possibilidade de haver o controle constitucional de atos jurisdicionais típicos, mesmo através de ação popular. Nem o art. 1º da Lei nº 4.717, de 29 de junho de 1965, nem a Constituição Federal fazem qualquer distinção sobre a natureza do ato a ser invalidado. Logo, poderá ele ser também de natureza jurisdicional.

E a coisa julgada, produto final da atividade estatal de dizer o Direito, em que pese reclamar definitividade em nome da paz social, terá também, necessariamente, que se amoldar aos princípios constitucionais, porque se subordina à ordem democrática em que está inserida e, no caso de eventual desajuste, torna-a passível de invalidação.

Assim, para melhor compreensão das ponderações declinadas neste estudo, os próximos tópicos são dedicados à análise do instituto da coisa julgada, sua razão de ser, suas teorias. E, na sequência, outro tópico dedicará especial enfoque sobre as modernas doutrinas nacionais e estrangeiras que se ocupam da qualidade da sentença passada em julgado. Também será observado que, mesmo timidamente, os tribunais pátrios já assimilam a relativização da coisa julgada nos casos em que a sentença, tornada imutável, choca-se com o senso de justiça e os princípios que informam a Constituição Federal.

## 5.2 O instituto da coisa julgada

### 5.2.1 A coisa julgada

Impugnar o ato jurisdicional típico, ou seja, a sentença judicial, nos moldes acima explanados, em um primeiro relance, mostra-se

---

[281] 2002, p. 259.

impossível ante o argumento de que esbarrar-se-ia no secular instituto da coisa julgada.

Sobre a coisa julgada, Eduardo Couture ressalta que a atividade jurisdicional é única em reunir características especiais. Diz o autor:

> A coisa julgada é o atributo da jurisdição. Nenhuma outra atividade de ordem jurídica tem a virtude de reunir as características acima mencionadas: a irreversibilidade, a imutabilidade e a coercitividade. Nem a legislação nem a administração podem expedir atos com esta modalidade, já que, por sua própria natureza, as leis derrogam outras leis e os atos administrativos revogam-se ou modificam-se através de outros atos.[282]

A Constituição Federal de 1988 estabelece, no art. 5º, inc. XXXVI, que "a lei não prejudicará o direito adquirido, o ato jurídico perfeito e a coisa julgada".[283]

A Lei de Introdução ao Código Civil, em seu art. 6º, por sua vez, diz que a [...] "lei em vigor terá efeito imediato e geral, respeitados o ato jurídico perfeito, o direito adquirido e a coisa julgada"[284] e o §3º do referido artigo diz que se chama [...] "coisa julgada ou caso julgado a decisão judicial de que já não caiba recurso".[285]

Já o Código de Processo Civil, no art. 467, denomina coisa julgada material a eficácia "que torna imutável e indiscutível a sentença, não mais sujeita a recurso ordinário ou extraordinário".[286]

Segundo lição de Giuseppe Chiovenda, a "coisa julgada não é senão o bem julgado, o bem reconhecido ou desconhecido pelo juiz"[287] [...]

A paz social e a necessidade de não se eternizarem os litígios são tomadas como justificativas para a existência da autoridade da coisa julgada, que se reveste da imutabilidade e indiscutibilidade, para ficar insuscetível de mudança, ainda que por força de lei.

Não há qualquer preocupação com o acerto ou a justiça da decisão. Como bem lembra Humberto Theodoro Júnior,

> [...] ao instituir a coisa julgada, o legislador não tem nenhuma preocupação de valorar a sentença diante dos fatos (verdade) ou

---

[282] COUTURE, Eduardo. *Fundamentos del derecho procesal civil*. Buenos Aires: Depalma, 1974. p. 411-412, traduziu-se.

[283] BRASIL. *Constituição Federal*, 2002, p. 8.

[284] NEGRÃO, 2002a, p. 29.

[285] NEGRÃO, 2002a, p. 29.

[286] NEGRÃO, 2002b, p. 482-483.

[287] CHIOVENDA, Giuseppe. *Instituições de direito processual civil*. Trad. Paolo Capitanio. Campinas: Bookseller, 1998a. v. 1, p. 447.

dos direitos (justiça). Impele-o tão-somente uma exigência de ordem prática, quase banal, mas imperiosa, de não mais permitir que se volte a discutir acerca das questões já soberanamente decididas pelo Poder Jurídico. Apenas a preocupação de segurança nas relações jurídicas e de paz na convivência social é que explicam a *res iudicata*.[288]

Outra não é a explicação de Luiz Guilherme Marinoni e Sérgio Cruz Arenhart:

[...] a coisa julgada não se liga, ontologicamente, à noção de verdade. Não a representa, nem constitui ficção (ou presunção) legal de verdade. Trata-se, antes, de uma opção do legislador, ditada por critérios de conveniência, que exigem a estabilidade das relações sociais e, conseqüentemente, das decisões judiciais.[289]

De fato, é de importância para a paz social e a tranquilidade dos litigantes que, uma vez decidida a demanda e ultrapassados os possíveis recursos, a questão reste definitivamente decidida. É de se questionar, no entanto, se essa paz ou tranquilidade seriam mais importantes que a justiça da decisão.

A imutabilidade, como se nota, interessa, principalmente, às partes que demandaram em juízo, até porque dispõe o art. 472 do CPC que "a sentença faz coisa julgada às partes entre as quais é dada, não beneficiando, nem prejudicando terceiros".

Ainda passível de recurso, a sentença não tem força para transmitir certeza e segurança, pois ainda pode ser modificada. Depois do decurso dos prazos para recursos é que a sentença se torna firme e passa a produzir seus jurídicos efeitos.

A preclusão do prazo recursal torna a sentença ato imperativo para produzir seus efeitos em toda sua esfera jurídica, ou seja, o ato pode ser considerado "sentença" e não mais situação jurídica meramente processual, pois compôs a lide e, assim, atingiu seu resultado.

Pela preclusão dos prazos ou pelo não cabimento de recursos, a sentença transitada em julgado, torna-se imutável, o que também torna imutável os seus tradicionais efeitos (declaratório, condenatório ou constitutivo).

---

[288] 2002a, p. 477.

[289] MARINONI, Luiz Guilherme; ARENHART, Sérgio Cruz. *Manual do processo de conhecimento*. São Paulo: Revista dos Tribunais, 2001. p. 612.

## 5.2.2 A coisa julgada material e formal

A coisa julgada classifica-se em formal e em material. Com a preclusão dos recursos, a sentença torna-se imutável (coisa julgada formal), e, em consequência, tornam-se imutáveis os seus efeitos (coisa julgada material). A expressão "coisa julgada" é usada para referir-se à coisa julgada material.

Segundo Pontes de Miranda, "a irrecorribilidade pela natureza especial da sentença, ou pela preclusão, é que faz julgada a *res*".[290]

Uma vez ultimada a função jurisdicional, com a prolação da sentença, a parte que sucumbiu e não se conformar tem a faculdade de valer-se dos recursos previstos no ordenamento jurídico, que criam a possibilidade de mudar a sentença e reverter a seu favor aquilo que, em primeiro grau, havia ficado decidido.

Como o litígio e o próprio processo não podem se eternizar, muito menos ficar ao bel-prazer das partes, haverá um momento em que os instrumentos de manifestação de inconformismo se extinguem, seja pelo seu não uso (transcurso de prazo) ou pelo seu próprio uso. Aí restará inalterável o que foi decidido.

Em face do uso dos recursos disponíveis ou não uso deles, surge a coisa julgada formal, que é a imutabilidade da situação jurídica afirmada na sentença não mais sujeita a recurso ordinário ou extraordinário. Esta imutabilidade é verificada somente em razão da inviabilidade recursal e por isso tem-se que a coisa julgada formal tem seu âmbito de incidência apenas no processo em que se originou.

Assim, por "coisa julgada formal" entende-se o fenômeno da imutabilidade da sentença pela preclusão dos prazos para a interposição de recursos. É a imutabilidade da sentença, como ato processual, dentro do processo.

Na visão de Liebman, a "coisa julgada é a situação produzida pela passagem em julgado da sentença";[291] ou, nas palavras de Pontes de Miranda, a "coisa julgada não permite que se discuta, no mesmo processo, o que se discutiu e julgou".[292]

Rosemiro Pereira Leal, por sua vez, defende que a coisa julgada, depois da "vigência da Constituição Brasileira de 1988, assumiu contornos teóricos de instituto jurídico autônomo, perdendo a inerência significativa de mero atributo"[293] [...]

---

[290] 1974c, p. 130.

[291] LIEBMAN, Enrico Tullio. *Manuale di Diritto Processuale Civile*. 3ª ed. Milano: Dott. A. Giuffrè Editore, 1976. v. 3, p. 25, traduziu-se.

[292] 1974c, p. 133.

[293] LEAL, Rosemiro Pereira. *Relativização inconstitucional da coisa julgada*: temática processual e reflexões jurídicas. Belo Horizonte: Del Rey, 2005. p. 3.

Sob a ótica do referido autor

[...] não é mais a sentença (ato judicacional do juiz) que adquire autoridade de coisa julgada, mas esta é, instituto impositivo do devido processo para tornar juridicamente existente, líquida, certa, exigível e eficaz (eficiente-efetiva) a sentença de mérito transitada em julgado ou tornar inexigíveis e ineficazes os efeitos da sentença de mérito transitado em julgado.[294]

Nota-se, portanto, que coisa julgada formal é situação que se aproxima da preclusão, na qual também é observada a impossibilidade de ser modificado o resultado do processo.

Processo quer dizer caminhar e vem da forma latina *pro-cessus*, que significa "caminhada adiante".

Para Cândido Rangel Dinamarco, como método de trabalho, processo é a "série de atos interligados e coordenados ao objetivo de produzir a tutela jurisdicional justa, a serem realizados no exercício de poderes ou faculdades ou em cumprimento a deveres ou ônus".[295]

Em outra obra, o mesmo Dinamarco afirma que processo "é o *palco* em que atuam os protagonistas do drama litigioso, ou o roteiro que deve adaptar-se o papel que cada um deles vem desempenhar, com a crescente participação do diretor".[296]

Ocorre que os atos têm um tempo certo para a prática, sob pena de eternizarem-se as demandas.

Para tanto, o legislador criou o instituto da preclusão, que tem por finalidade estabelecer condições e tempo para a prática de atos no processo, principalmente para as partes.

A preclusão, como se vê, como elemento constitutivo do procedimento, permite o desenvolvimento e fechamento das etapas procedimentais, ao encerrar etapa anterior que constitui pressuposto da etapa posterior. A diferença é que, no caso da coisa julgada, existe um grau de preclusão mais acentuado, o que certamente levou doutrinadores a chamarem a coisa julgada de "preclusão máxima".

A coisa julgada material, por sua vez, reflete fora do processo os efeitos da sentença proferida, devido à sua imutabilidade; faz surgir o que se chama de "autoridade de coisa julgada", para impedir que a relação de direito material, decidida entre as mesmas partes,

---

[294] 2005, p. 5.
[295] 2001a, p. 25.
[296] 2002a, p. 121-122.

seja reexaminada, no mesmo processo ou em outro processo, pelo mesmo ou outro juiz ou tribunal. "Essa imutabilidade impõe-se a quem quer que seja: autoridade judicial, administrativa ou mesmo legislativa",[297] assinala José Maria Tesheiner.

Ao presente estudo, como se verá, interessa sobretudo a coisa julgada material, porque surte efeitos além do processo e na hipótese de ser lesiva, legitimará o autor popular a ir às portas do Judiciário para pedir seu desfazimento.

A só coisa julgada formal, exceto em raríssimos casos de cumprimento de sentença de natureza mandamental ou executiva, em que o recurso não suspende o cumprimento da sentença, é que se justificaria o pedido de outra liminar, talvez na forma de tutela antecipada, em demanda popular. Mas discorrer sobre ela, nesse momento, desviará o enfoque pretendido, ampliando por demais a perspectiva do assunto aqui abordado.

É importante ressaltar que toda coisa julgada material é também e antes de tudo coisa julgada formal, posto que a coisa julgada material "só pode ocorrer de par com a coisa julgada formal, isto é, toda sentença para transitar materialmente em julgado deve, também, passar em julgado formalmente",[298] ensina Humberto Theodoro Júnior.

Nota-se, portanto, que a coisa julgada material não incide efeitos apenas em relação ao processo em que surgiu. A coisa julgada material irradia sua proibição de revisão da causa julgada também a outros processos; impede que outros juízes decidam o que restou decidido na demanda anterior. Também veda que o legislador produza lei mitigando sua autoridade.

A coisa julgada material encontra, como se sabe, justificativa em razões sociais e de política judiciária, ao argumento de que a função jurisdicional não alcançaria o seu propósito pacificador dos litigantes, caso sua decisão não ficasse imunizada à reiteração do embate judicial. Além disso, é certo também que a coisa julgada material visa proteger a relação jurídica já decidida de sentenças eventualmente conflitantes.

Contudo, nem todos os fundamentos que justificam o instituto da coisa julgada estão hoje a merecer o tratamento outrora dado, em nome da estabilização da lide, sem preocupação alguma com a justiça da decisão. Para pacificar o litígio e tornar-se imutável, conforme será

---

[297] TESHEINER, José Maria. *Eficácia da sentença e coisa julgada no processo civil*. São Paulo: Revista dos Tribunais, 2002. p. 73.

[298] 2002a, p. 475.

exposto, necessário se faz que a sentença preencha outros requisitos além do que a simples passagem em julgado da sentença.

É que a decisão judicial, como manifestação de um órgão estatal, necessariamente, deve estar de acordo com a situação fática vivida pelas partes.

Decisão judicial em rota de colisão com a percepção humana daquilo que é justo, aptidão natural de todos os homens, leva ao seu descrédito. Além disso, os litigantes [...] "poderão ou não se acomodar àquilo que foi decidido em juízo, e poderão até, de acordo com a natureza da relação jurídica, dispor algo diferentemente do que foi decidido, pelo juiz", alertam Tereza Arruda Alvim Wambier e José Miguel Garcia Medina.[299]

## 5.2.3 Eficácia da sentença e sua imutabilidade

Não há que se confundir a eficácia da sentença com a imutabilidade da situação jurídica que surge depois do trânsito em julgado.

Conforme ensina o professor italiano Enrico Tullio Liebman, [...] "a autoridade da coisa julgada não é efeito da sentença, [...] mas, sim, modo de manifestar-se e produzir-se dos efeitos da própria sentença, algo que a esses efeitos se ajunta para qualificá-los e reforçá-los em sentido bem determinado".[300]

Nota-se, portanto, a distinção clara entre eficácia, que é efeito, de qualidade da coisa julgada, que goza de autoridade.

Existe, porém, entendimento divergente, de outro estudioso italiano, nada menos que Francesco Carnelutti. Este, quando analisou o tema, escreveu que o "princípio que expressa a eficácia da coisa julgada é, então, o seguinte: *a coisa julgada faz (vale como) lei no que se refere a relação jurídica deduzida no ofício*",[301] o que dá outro sentido aos conceitos de eficácia e qualidade.

Posição semelhante era defendida por Giuseppe Chiovenda, para quem a sentença era a expressão concreta da lei. Chiovenda, expressamente, dizia

A coisa julgada é a eficácia própria da sentença que acolhe ou rejeita a demanda, e consiste em que, pela suprema exigência da ordem e

---

[299] 2003, p. 23.
[300] LIEBMAN, Enrico Tullio. *Eficácia e autoridade da sentença e outros escritos sobre a coisa julgada*. Trad. Alfredo Buzaid e Benvindo Aires. 3. ed. Rio de Janeiro: Forense, 1984. p. 40.
[301] CARNELUTTI, Francesco. *Instituições do processo civil*. Trad. Adrián Sotero de Witt Batista. São Paulo: ClassicBook, 2000. v. 1, p. 187.

da segurança da vida social, a situação das partes fixada pelo juiz com respeito ao bem da vida [...] A eficácia ou a autoridade da coisa julgada é, portanto, por definição, destinada a agir no futuro, com relação aos futuros processos.[302]

Para melhor assimilar a teoria, deve-se entender eficácia como o atributo que um ato possui para produzir o resultado por ele almejado. Eficácia da sentença pode ser mais facilmente compreendida mediante uma análise paralela com um contrato, um negócio jurídico, por exemplo, de locação de um imóvel residencial. O contrato em si é perfeito, sendo as partes capazes, o objeto lícito, a vontade livremente manifestada etc. Apto, portanto a gerar efeitos nele objetivados, daí a eficácia.

Mas por motivos não decorrentes do instrumento celebrado entre as partes, no campo fático, pode não se concretizar a entrega do imóvel ao inquilino, que passará a ter o direito de, em juízo, fazer valer aquilo que contratou, justamente porque o contrato é dotado de eficácia.

Com relação à sentença, ocorre situação idêntica. Prolatada a sentença, de conformidade com os preceitos legais, com o trânsito em julgado, estará ela apta a atingir os efeitos projetados. Uma vez condenado o causador de um acidente de automóvel a indenizar o autor, este poderá, com base no título judicial, executar o patrimônio do requerido para reparar os danos que experimentou.

Nota-se, portanto, que a eficácia está intimamente ligada ao aspecto prático, com aquilo que se pode extrair de concreto da decisão, ao passo que a imutabilidade é, em verdade, uma qualidade. Dessa forma, a sentença pode até não ser cumprida, como também o contrato; mas, o teor do que restou decidido e o que foi pactuado entre as partes não muda.

Pontes de Miranda ensina:

O "nada mais se pode dizer" é elemento conceptual, e não eficacial. Partindo-se de que houve coisa julgada é que se pode apontar a eficácia. Nada mais se pode mudar; portanto, daí em diante é que se pode indagar qual o efeito ou quais os efeitos da sentença.[303]

E o célebre Liebman ensina que "eficácia da sentença deve, lógica e praticamente, distinguir da sua imutabilidade".[304]

---

[302] 1998a, p. 452.
[303] 1974c, p. 132.
[304] 1984, p. 51.

Ou seja, a coisa julgada material é qualidade distinta da eficácia da sentença, até porque a sentença pode ter eficácia antes de se tornar coisa julgada, como no caso da execução provisória: enquanto pendente de recurso já se pode obter sua eficácia.

Exemplo prático é a sentença que decreta o despejo por falta de pagamento de aluguéis: mesmo em face da interposição de recurso de apelação, é plenamente eficaz perante o inquilino, que poderá ser despejado. E, em termos de eficácia, vista como proveito prático que a parte pode ter de uma decisão judicial, é inegável que decisões cautelares, antecipações de tutela, deferidas liminarmente ou no curso do processo, são providas de eficácia, porque têm o potencial de surtirem efeitos concretos no mundo fático.

A propósito, esse aspecto causa preocupação e merece análise mais profunda, notadamente se a decisão for causadora de danos de difícil ou impossível reparação, que afetem interesses de todos os cidadãos.

## 5.2.4 Limites objetivos da coisa julgada

Nos termos do art. 469 do CPC, a coisa julgada não envolve os motivos, a verdade dos fatos e a apreciação da questão prejudicial, decidida incidentemente no processo. Contudo, se a parte requerer, a coisa julgada poderá também abranger a questão incidental, desde que o juiz seja competente para a matéria e a questão constituir pressuposto necessário para o julgamento da lide (art. 470 do CPC).

Os limites objetivos da coisa julgada são fixados pelos pedidos formulados pelas partes, ou seja, nos mesmos limites da própria lide posta para apreciação pelo Estado-juiz. Por isso, as razões que levam o julgador a decidir dessa ou daquela forma, os fundamentos que invoca para, de forma lógica, atingir sua decisão, assim como, a veracidade dos fatos que embasa a sentença, não são abrangidos pela coisa julgada.

Com efeito, a coisa julgada, obviamente, situa-se no dispositivo da sentença, ponto em que o juiz define a demanda trazida pelos litigantes, conforme se depreende do inciso III do art. 458 do CPC.

Ao se dirigirem ao juiz, o que as partes pretendem é resolver o litígio em que se envolveram e não lograram êxito em solucionar por si mesmas e, como a jurisdição foi monopolizada pelo Estado, que vedou a autotutela, cabe a ele, Estado, decidir de quem é o direito.

O Estado vale-se do devido processo legal para decidir a lide. A sentença é dotada de eficácia imperativa com vistas a trazer a paz entre os litigantes, razão pela qual deve ser perene, dar segurança ao vencedor, porque a ninguém interessa o ressurgimento da pendenga. Mas, esta imutabilidade não recai sobre toda a sentença, que é composta de relatório, motivação e dispositivo.

Na motivação é que o juiz analisará as questões de fato e de direito e desenvolverá os fundamentos através dos quais, logicamente, concluiu que o pedido procede ou não. Esta parte da sentença, como dito, não faz coisa julgada.

Assim, aquilo que foi tido como verdadeiro em determinado processo pode perfeitamente ser considerado inverídico em outro. Mas, assevera Humberto Theodoro Jr. que o [...] "segundo julgamento, embora baseado no mesmo fato, há de referir-se à lide ou questões diversas"[305] [...]

É importante lembrar sobre a previsão do art. 474 do CPC, que, por ficção, reputa como alegado pela parte aquilo que poderia ter alegado e não alegou. É o chamado *princípio do dedutível e do deduzido*.

Num caso, por exemplo, de acidente automobilístico, se o autor alegar culpa do motorista por excesso de velocidade e sendo julgado improcedente o pedido, não pode ser proposta, pelo mesmo autor, nova ação com idêntico pedido, mas com a alegação de culpa por embriaguez ao volante, ou por negligência na manutenção dos freios do veículo, porque por força do disposto no art. 474 do CPC, é como se tais alegações tivessem sido deduzidas na primeira ação, mesmo sem terem sido alegadas, observando-se, no entanto, que a causa de pedir — culpa — é a mesma na primeira e na segunda ação.

Sabe-se que o tema é tormentoso, com duas correntes doutrinárias — teoria da individualização e teoria da substanciação atenuada — prevalecendo a última; assim, o disposto no art. 474 do CPC amplia os limites objetivos da coisa julgada, mas não veda da apreciação do Poder Judiciário lesão ou ameaça de direito (inc. XXXV, art. 5º, CF) e as alegações e defesas que as partes deixaram de deduzir são entendidas como sendo aquelas que não alteram ou extrapolam os chamados elementos individualizadores da demanda.

O art. 468 do CPC diz que "a sentença, que julgar total ou parcialmente a lide, tem força de lei nos limites da lide". Entende-se por lide o pedido e a causa de pedir. Com efeito, os limites objetivos da coisa julgada são estabelecidos a partir do objeto do processo, isto é, da pretensão deduzida pelo autor — abrangente do pedido e à luz da causa de pedir — e resolvida com a sentença, no dispositivo.

---

[305] 2002a, p. 484.

Mas, o juiz chegou ao dispositivo depois de uma atividade mental, através da qual sempre invoca os motivos. Com isso, os motivos acabam determinando a extensão objetiva dos efeitos da sentença e da autoridade da coisa julgada.

E pode ocorrer, ainda, que a fundamentação de uma sentença seja de importância tal, a ponto de quase ser ela o próprio dispositivo da sentença, mas há necessidade de se distinguir o que é motivo e o que é razão, posto que, entre eles, não há uma relação de causa e efeito. Ocupou-se deste tema, de forma brilhante, o Professor Ronaldo Cunha Campos:

> Os motivos não geram os fatos que constituem a razão da decisão, eles simplesmente os representam no processo. São meios de revelação da existência e características dos fatos, mas não causa de sua existência. É preciso reafirmar a existência de dois planos, e repetir que uma coisa é gerar, ser causa de um fato; outra é ser a sua revelação ou representação.[306]

O surgimento de uma lide é causado por acontecimentos, que levaram as partes a um confronto. Mas há acontecimentos que "apenas servem ao processo para a formação do julgado",[307] conforme esclarece Humberto Theodoro Júnior. Os primeiros são, em verdade, "os fatos jurídicos litigiosos",[308] ensina o Mestre citado, ao passo que os outros são denominados fatos simples. Estes, por terem apenas influenciado o convencimento do juiz, não passam em julgado.

## 5.2.5 Limites subjetivos da coisa julgada

Em princípio, a sentença somente pode surtir efeitos para as partes que efetivamente participaram do processo, sem interferir na esfera jurídica de pessoas estranhas à relação processual.

O art. 472 do CPC diz que a sentença faz coisa julgada somente em relação às partes entre as quais é dada, sem beneficiar ou prejudicar terceiros. O mesmo dispositivo prevê, ainda, que, em ações que envolvam o estado da pessoa, a coisa julgada atingirá terceiros.

O art. 472 do CPC estabelece que a coisa julgada não beneficia nem prejudica terceiros. Isto que dizer que apenas a imutabilidade

---

[306] CAMPOS, Ronaldo Cunha. *Limites objetivos da coisa julgada*. 2. ed. Rio de Janeiro: Aide, 1988. p. 86.
[307] 2002, p. 483.
[308] 2002, p. 483.

e a indiscutibilidade da sentença passada em julgado não afeta os terceiros, mas estes, ainda que não citados para a ação, devem respeitar a decisão judicial, posto que a eficácia natural vale para todos, tal qual ocorre em qualquer outro ato jurídico.

É o que se colhe da lição de José Frederico Marques:

> Donde deve concluir-se que o julgamento final, como ato emanado de órgão do Estado, tem eficácia *erga omnes*; mas seus efeitos somente são imutáveis *inter partes*, pelo que o terceiro, que tenha interesse jurídico, poderá impugnar os efeitos do julgado, demonstrando estar ele em desacordo com o direito objetivo.[309]

Os motivos pelos quais os efeitos da sentença ficam restritos aos partícipes do processo se devem, em primeiro lugar, à garantia constitucional de contraditório que, ao terceiro, não pode ser vedado e, em segundo lugar, porque a sentença há que atingir somente aqueles que estão, de alguma forma, vinculados ao bem da vida objeto da demanda decidida.

Há situações, no entanto, em que pode haver relações jurídicas conexas com a demanda posta para decisão do juiz e, em razão disso, surtirão efeitos reflexos da sentença, em relação a terceiros. Nesse caso, o que se deve perquirir é até que ponto os terceiros, titulares dessas relações conexas, poderão discutir a coisa julgada ocorrida em processo em que são estranhos. O objetivo principal deste livro não comporta uma análise mais profunda sobre o assunto, o que seria mais apropriado em trabalho dedicado exclusivamente à teoria geral do processo, em especial à coisa julgada.

Contudo, é importante ressaltar que a primeira parte do art. 472 do CPC excepciona os casos do substituído processualmente, que assume a qualidade de terceiro no processo e, por isso, é atingido pelos efeitos da coisa julgada, o que também ocorre com os sucessores do demandante falecido.

Não está autorizado a impugnar a coisa julgada o terceiro credor se o devedor tiver redução de seu patrimônio por força de sentença, porque, no caso, tem-se o que é chamado mero "prejuízo de fato". É que o direito de crédito, em si, deste terceiro persiste intacto, ainda que o devedor tenha sido reduzido à situação de insolvência com a sentença proferida em processo outro.

Para Liebman, a sentença gera efeitos também para os terceiros, naquilo que chama de "eficácia natural da sentença", mas

---

[309] 1997b, p. 281.

com amplitude menor da projetada para as partes. Veja-se o que diz o autor italiano:

> É, pelo menos, possível que os efeitos da sentença se produzam também em relação aos terceiros, embora sem aquela qualidade característica, mas não certamente essencial nem logicamente necessária, da autoridade da coisa julgada.[310]

É importante distinguir a autoridade da coisa julgada, que atinge apenas as partes, daquilo que Liebman chama de efeitos da sentença, que podem atingir terceiros não participantes da relação processual. Assim, a posição adotada pelo insigne processualista não encontra, no Brasil, obstáculo no disposto no art. 472 do CPC, uma vez que tal dispositivo restringe a coisa julgada apenas em relação às partes.

Com efeito, eventualmente os efeitos da sentença podem atingir a situação jurídica de terceiros. Exemplos disso são o da sentença que decreta o despejo, em que o sublocatário sofrerá as consequências do comando judicial, bem como, na decretação da falência, a que ficam sujeitos todos os credores do falido.

Dessa forma, de especial interesse ao presente livro é a análise da coisa julgada material lesiva ao erário em face de todos os cidadãos que não participaram da relação processual em que a *res judicata* se formou.

Como o patrimônio público é amealhado a partir de cobrança de impostos cobrados de todos e sendo a sentença lesiva, é de se indagar se qualquer outro cidadão, que do processo não participou, teria à sua frente a coisa julgada, já que ela não atinge terceiros.

Sobre esse aspecto específico, discorrer-se-á no próximo capítulo, quando do enfrentamento da invalidação da coisa julgada material lesiva ao erário público.

No entanto, far-se-á, antes, breve incursão nos fundamentos que procuram justificar o instituto da coisa julgada. Em seguida, ver-se-á que as novas concepções processuais em voga não mais aceitam a santidade daquele instituto.

## 5.2.6 Fundamentos e teorias da coisa julgada

A paz social e a necessidade de não se eternizarem os litígios são as principais justificativas para a existência da autoridade da

---

[310] 1994, p. 122.

coisa julgada, que se reveste da imutabilidade e indiscutibilidade, para ficar insuscetível de mudança, ainda que por força de lei.

Trata-se, pois, de fundamento de ordem política, que se baseia na possibilidade de a decisão proferida ser questionada por meio de recursos e, através deles, podem ser reexaminados os motivos dos litígios e também ocorrer a reforma da decisão. Contudo, a procura da justiça deve ter um limite para a própria organização do direito, qualquer que seja ele, e também para sua própria estabilidade. Esse limite consiste na possibilidade de interposição de recursos em determinado prazo, para cada caso, de conformidade com a sua natureza. Somente dessa forma se chegaria à conclusão do direito e da certeza da justiça.

Assim se justifica a coisa julgada, que, na visão tradicional, faz do branco o preto, do redondo o quadrado, ainda que, de fato, permaneçam branco e redondo.

José Augusto Delgado diz que o fundamento de ordem jurídica que explica a coisa julgada

> [...] é analisado de modo controvertido pela doutrina. Esta procura explicá-lo de vários modos, adotando teorias variadas, a saber: a) a da presunção da verdade contida na sentença (Ulpiano, Pothier e outros); b) a da ficção da verdade ou da verdade artificial (Savigny); c) a da força legal, substancial da sentença (Pargestecher); d) a da eficácia da declaração contida na sentença (Hellwig, Binder, Stein); e) a da extinção da obrigação jurisdicional (Ugo Rocco); f) a da vontade do Estado (Chiovenda e doutrinadores alemães); g) a de que a autoridade da coisa julgada está no fato de provir do Estado, isto é, na imperatividade do comando da sentença onde se concentra a força da coisa julgada (Chiovenda); h) a teoria de Liebman que vê na coisa julgada uma qualidade especial da sentença.[311]

Veja-se, portanto, em rápidas linhas, cada uma das teorias que se desenvolveram em torno da coisa julgada, para justificá-la.

A *Teoria da Presunção da Verdade* foi desenvolvida por juristas da Idade Média e fundamentava a autoridade da coisa julgada na presunção da verdade contida na sentença. Baseava-se em texto de Ulpiano (Digesto 1.5.25) e partia da dedução de que nem sempre a sentença reproduz a verdade, mas sim a presunção da verdade.

---

[311] DELGADO, José Augusto. Pontos polêmicos das ações de indenização de áreas naturais protegidas: efeitos da coisa julgada e os princípios constitucionais. *Revista de Processo*, n. 103, p. 18, jul./set. 2001.

Amparava essa conclusão no referido texto de Ulpiano: *res iudicata pro veritate habetur*.

Essa doutrina, que se estendeu para os tempos modernos, pela implantação do Código de Napoleão e foi, por essa via, consequentemente, assimilada por outros Códigos. Essa teoria estabelecia como presunções legais absolutas os fatos ou atos que a lei expressamente estabelece como verdade, ainda que haja prova em contrário.

A chamada "Teoria da Ficção da Verdade" parte do princípio segundo o qual as sentenças injustas, tanto de fato ou quanto de direito, fazem coisa julgada, ou seja, aquilo que a sentença injusta declara não pode mais deixar de ser reconhecido como verdade. Em suma, na sentença nada mais há do que uma ficção da verdade, uma verdade artificial, justificada em razões práticas ao modo dos romanos.

Tem-se, ainda, a "Teoria da Força Legal, Substancial da Sentença", segundo a qual toda sentença, mesmo a meramente declaratória, cria direito, é constitutiva de direito. Assim, a sentença produz coisa nova, um *plus* que se ajusta à certeza produzida pela mesma, o que a torna criadora de direito, isto é, constitui o direito, e é isto que lhe dá autoridade de coisa julgada.

A "Teoria da Eficácia da Declaração" embasa a autoridade da coisa julgada na eficácia da declaração de certeza contida na sentença: o que em toda sentença permanece é a declaração e esta é que produz a certeza do direito, para se tornar indiscutível, incontestável, não só para as partes como para todos os juízes.

A "Teoria da Extinção da Obrigação Jurisdicional" fundamenta que o conceito de sentença e de coisa julgada prende-se, necessariamente, ao conceito de ação e jurisdição. Se ao direito de ação corresponde obrigação jurisdicional, a sentença nada mais é do que o ato pelo qual o Estado impõe a ordem pública ao prestar sua obrigação jurisdicional.

A extinção da obrigação jurisdicional faz cessar também o direito de ação.

Chiovenda, apoiado no pressuposto segundo o qual na vontade do Estado está a razão de existir da coisa julgada, defendeu a chamada "Teoria da Vontade do Estado". A sentença tem força obrigatória por nela intervir a vontade do Estado. Na sentença interfere o Estado. A vontade do Estado é que atribui à sentença a qualidade de ato estatal, irrevogável e de força obrigatória.

Segundo Giuseppe Chiovenda

A sentença é unicamente a afirmação ou a negação de uma vontade do Estado que garanta a alguém um bem da vida no caso concreto; e só a isto se pode estender a autoridade do julgado; com a sentença só se consegue a certeza da existência da vontade e, pois, a incontestabilidade do bem reconhecido ou negado.[312]

Apresenta certa semelhança a teoria de Carnelutti.[313] O notável processualista italiano defende que a autoridade da coisa julgada está no fato de provir do Estado. É na imperatividade do comando da sentença que está a coisa julgada, porque pressupõe o comando da lei, como um comando suplementar.

E, para finalizar, acrescente-se a teoria de Liebman,[314] calcada na convicção de que a coisa julgada não é efeito principal da sentença e, sim, uma *qualidade especial da sentença*, porque reforça sua eficácia. Para Liebman, a coisa julgada é a imutabilidade da sentença como ato processual (coisa julgada formal) e a imutabilidade dos seus efeitos (coisa julgada material). Segundo Liebman, uma vez proferida a sentença, esta produz a sua eficácia natural: está apta a produzir os seus efeitos declaratórios, constitutivos ou condenatórios. Contudo, pode, ainda, ser alvo de recursos e reformada. Com a preclusão de todos os recursos, torna-se imutável. Surge, então, a coisa julgada: uma *qualidade especial* da sentença, que reforça a sua eficácia. Irrecorrível ou irrecorrida, a sentença torna-se imutável no processo em que foi proferida (coisa julgada formal), surgindo, em consequência, a imutabilidade dos seus efeitos (coisa julgada material).

Depois deste breve estudo acerca das teorias desenvolvidas para justificar a existência da coisa julgada, percebe-se que elas não resistem a uma análise frente à moderna concepção de processo segundo a qual deve-se entregar um resultado justo às partes litigantes.

Não que o instituto da coisa julgada seja pernicioso ao interesse dos litigantes. Ao contrário, não deve ser simplesmente suprimido do ordenamento jurídico, pois é a solução encontrada para pôr fim à demanda.

Contudo, não se pode admitir a existência de coisa julgada em detrimento da justiça da decisão, da moralidade administrativa e da própria Constituição.

É o que pensa José Augusto Delgado:

---

[312] 1998a, p. 449.
[313] 2000a, p. 187.
[314] 1984, p. 50.

Essas teorias sobre a coisa julgada devem ser confrontadas, na época contemporânea, se a coisa julgada ultrapassar os limites da moralidade, o círculo da legalidade, transforma fatos não verdadeiros em reais e violar princípios constitucionais, com as características do pleno Estado de Direito que convive impelido pelas linhas do regime democrático e que há de aprimorar as garantias e os anseios da cidadania.[315]

Não mais é a coisa julgada tida como intangível a ponto de fazer o quadrado ficar redondo e o preto ficar branco. Nomes da envergadura de José Augusto Delgado, Teresa Arruda Alvim Wambier, Humberto Theodoro Júnior e Cândido Rangel Dinamarco, dentre outros, já contribuíram com trabalhos científicos de expressão, sobre a coisa julgada inconstitucional, admitindo sua relativização, conforme será visto oportunamente.

Não se admite mais a tese do processualista Vicente Greco Filho, de que seria "preferível uma decisão eventualmente injusta do que a perpetuação dos litígios".[316]

Os tempos mudaram e o modo de ver a coisa julgada é outro, embora ainda haja opiniões contrárias, conforme será citado. Mas o certo é que a jurisprudência tem assimilado a nova doutrina e, recentemente, o legislador fez inserir o parágrafo único do art. 741 do CPC, que autoriza a Fazenda Pública invocar a inexigibilidade do título judicial que se fundou em lei ou ato normativo declarados inconstitucionais pelo Supremo Tribunal Federal.

É a respeito deste tema novíssimo que o próximo tópico se ocupará, ou seja, da relativização da coisa julgada toda vez que o comando da sentença transitada em julgado contrariar princípios constitucionais. Tem-se aí o confronto da *segurança* do julgado com a *justiça* do mesmo, o que enseja uma revisão do instituto.

---

[315] 2001, p. 18.
[316] GRECO FILHO, Vicente. *Direito processual civil brasileiro*. 9. ed. São Paulo: Saraiva, 1995. v. 2, p. 242.

# CAPÍTULO 6

# COISA JULGADA INCONSTITUCIONAL E AS NOVAS CONCEPÇÕES

**Sumário: 6.1** Coisa julgada inconstitucional – **6.1.1** Enquadramento normativo da coisa julgada – **6.1.2** Coisa julgada e justiça da decisão – **6.2** Posicionamentos doutrinários – **6.2.1** O ponto de vista do português Paulo Otero – **6.2.2** A tese de Humberto Theodoro Júnior e Juliana Cordeiro de Faria – **6.2.3** As ideias de Cândido Rangel Dinamarco – **6.2.4** O pensamento do Ministro José Augusto Delgado – **6.2.5** Os argumentos de Alexandre Freitas Câmara – **6.2.6** A tese de Teresa Arruda Alvim Wambier e José Miguel Garcia Medina – **6.3** Síntese das novas concepções doutrinárias

## 6.1 Coisa julgada inconstitucional

## 6.1.1 Enquadramento normativo da coisa julgada

Como visto, os fundamentos que tentam explicar ou justificar a coisa julgada não mais resistem à releitura do instituto frente aos atuais princípios contidos na Carta Magna e à nova visão de um processo justo, atento aos valores inarredáveis da proporcionalidade e razoabilidade, que só pode ser utilizado como ferramenta para atender à almejada dignidade da pessoa humana.

A coisa julgada, conforme definida em capítulos anteriores, é a qualidade de imutabilidade do dispositivo da sentença contra a qual não caiba mais recurso, seja porque não manejado a tempo e modo ou porque os possíveis já foram aviados e decididos pela segunda instância.

Da forma como é prevista em nosso ordenamento jurídico a sua posição na Constituição Federal (art. 5º, inc. XXXVI), a coisa julgada tem garantia de sua intangibilidade apenas em face do legislador, que não pode editar lei que desfaça ou invalide aquilo que o judiciário decidiu.

Aliás, é de suma importância observar que o referido comando constitucional, posto como garantia constitucional expressamente endereçada ao legislador ordinário, por ser *cláusula pétrea*, somente pode deixar de existir pela iniciativa do Poder Constituinte originário.

O inc. XXXVI do art. 5º da Constituição Federal é omisso em dizer que a sentença não pode prejudicar a coisa julgada. Diante dessa omissão, a conclusão a que se chega é a de que, em tese, não há que se falar em inconstitucionalidade de uma sentença que desfaça a coisa julgada.

De fato, o inc. XXXVI do art. 5º da Carta Magna, estabelece que "**a lei** não prejudicará [...] a coisa julgada",[317] sem se referir à sentença.

A definição do que é coisa julgada é dada pelo art. 467 do Código de Processo Civil, segundo o qual, coisa julgada é a [...] "eficácia, que torna imutável e indiscutível a sentença, não mais sujeita a recurso ordinário ou extraordinário". Depreende-se, portanto, que eventual sentença ou acórdão invalidando a coisa julgada material desafiará recurso especial, porque o *decisum* estará negando vigência a lei federal.

Portanto, o que se nota é que as regras aplicáveis ao instituto da coisa julgada são dadas pelo legislador ordinário. A Carta Magna emite comando dirigido apenas e tão somente ao legislador.

Como o regramento da coisa julgada está hierarquicamente subordinado à Carta Magna, inconcebível é, então, a ideia de uma coisa julgada que encerre comando contrário à própria Lei Maior.

Embora não devessem ocorrer, o certo é que, não muito raro, se tem casos de sentenças contrárias à Constituição Federal e revestidas da imutabilidade pelo trânsito em julgado.

Em face de situação dessa natureza, é que processualistas de renome no cenário jurídico nacional, na mesma trilha da doutrina estrangeira, recentemente passaram a defender a relativização da coisa julgada inconstitucional. Suas concepções serão apresentadas em tópico específico.

## 6.1.2 Coisa julgada e justiça da decisão

Miguel Reale ensina que Kelsen concebia o Direito apenas com olhos de jurista, "sem procurar a todo instante elementos que a Psicologia elabora, a Economia desenvolve ou a Sociologia nos apresenta",[318] pois ao seu ver o Direito era ciência que tinha como objeto o *dever ser*.

---

[317] Destaque do autor.

[318] REALE, Miguel. *Filosofia do direito*. 18. ed. São Paulo: Saraiva, 1998. p. 455.

É inegável, no entanto, que a ciência do Direito é um tipo de conhecimento tirado do tirocínio humano, fruto de experiências, ponderado e configurado conjunturalmente, de forma a regular o dia a dia dos homens em grupo, num determinado contexto cultural e histórico. Assim, impossível é vê-la abstraída de qualquer elemento axiológico, separada daquilo que é justo e seja tido como bom para o próprio homem, ser que é dotado de sensibilidade e inteligência.

Hans Kelsen observa, no entanto, que quando sua *Teoria Pura* delimita o conhecimento do Direito, "fá-lo não por ignorar ou, muito menos, por negar essa conexão"[319] com a psicologia, com a sociologia, com a ética e com a política. Entende que uma das características marcantes da democracia é "a participação no governo, ou seja, na criação e aplicação das normas gerais e individuais da ordem social que constitui a comunidade".[320]

E Montesquieu, lembrando Aristóteles, ensina que além

[...] do sentimento que os homens inicialmente têm, eles logram também ter conhecimentos, e dessa forma têm outro laço que os outros animais não têm. Existe, portanto, um novo motivo para associarem-se, e o desejo de viver em sociedade constitui a quarta lei natural.[321]

Ao homem, a quem o Direito deve servir, não é assimilável a sentença que represente uma injustiça, que fere a dignidade humana, que queira fazer do branco o preto, do quadrado o redondo. Muito menos a que surrupia recursos pertencentes ao povo, que, a duras penas e honestamente, pagou seus impostos.

Não se pode esquecer que o "homem da rua é o homem simples, ingênuo e destituído de conhecimentos jurídicos, mas capaz de distinguir entre o bem e o mal, o sensato e o insensato, o justo e o injusto", escreveu Dinamarco.[322]

A propósito, discorrendo sobre a regulação dos atos processuais, Francesco Carnelutti, com sabedoria, escreve que "*Justiça* do ato é, por outra parte, sua *conformidade às regras éticas*. Quando é justo, um ato ajuda à paz; nisso está sua bondade".[323]

---

[319] KELSEN, Hans. *Teoria pura do direito*. São Paulo: Martins Fontes, 1991. p. 1.

[320] 1993, p. 142.

[321] MONTESQUIEU. *O espírito das leis*. Trad. Jean Melville. São Paulo: Martin Claret, 2002. p. 20.

[322] DINAMARCO, Cândido Rangel. Relativizar a coisa julgada material. *Revista de Processo*, São Paulo, n. 109, p. 32, jan./mar. 2003.

[323] 2000, p. 509.

E justiça do ato, obediência às regras morais, a realização da paz e a bondade são ações que se sintonizam com a busca do que se chama dignidade do ser humano, já que para "ser legítimo, o direto de uma comunidade jurídica concreta, normatizado politicamente, tem que estar , ao menos, em sintonia com princípios morais",[324] observa Jürgen Habermas.

Como se sabe, nos termos do inciso III, do artigo 1º da CF, a "República Federativa do Brasil, [...] constitui-se em Estado Democrático de Direito e tem como [um de seus] fundamentos: [...] III – a dignidade da pessoa humana".

Alexandre de Moraes afirma:

> A dignidade é um valor espiritual e moral inerente à pessoa, que se manifesta singularmente na autodeterminação consciente e responsável da própria vida e que traz consigo a pretensão ao respeito por parte das demais pessoas, constituindo-se em um mínimo invulnerável que todo estatuto jurídico deve assegurar[325] [...]

A sentença judicial, como ato de poder do Estado, é verdadeira forma de manifestação concreta da ciência do Direito. Também ela está subordinada à Constituição Federal e aos princípios fundamentais que a informam, bem como, deve emanar conteúdo e comando que não entrem em choque com aquilo que se tem como justo, digno, moral e aceitável em um determinado momento histórico e social dos homens a quem ela se dirige.

"O direito não é um sistema fechado narcisisticamente em si mesmo, uma vez que se alimenta da 'eticidade democrática' dos cidadãos e da cultura política liberal",[326] adverte Jürgen Habermas.

E mesmo a coisa julgada não pode contrariar tal assertiva, ao fundamento de que se faz necessária esta cristalização em nome da segurança jurídica e da paz social, como o ponto final definitivo da demanda.

Cândido Rangel Dinamarco, ao discorrer sobre os escopos sociais do processo, destaca a relevância do valor da justiça: "*Eliminar conflitos mediante critérios justos* — eis o mais elevado escopo social das atividades jurídicas do Estado".[327]

---

[324] 1997, v. 1, p. 350-351.
[325] 1998, p. 44.
[326] 1997, v. 2, p. 323.
[327] DINAMARCO, Cândido Rangel. *A instrumentalidade do processo*. São Paulo: Malheiros, 2001. p. 161, grifos no original.

Coisa julgada que encerre em seu dispositivo determinação injusta, imoral ou indigna, ao contrário da segurança e da pacificação desejadas, pode vir a gerar outros conflitos. É, em verdade, fomentadora de insegurança e intranquilidade entre os homens, além de dar azo ao descrédito no Poder Judiciário. Dessa forma, a coisa julgada, que decorre de ato de Estado, na sua especial função de dizer o direito, há que obedecer aos sagrados princípios norteadores da administração pública prescritos na Carta Magna, até porque o art. 37 diz que os agentes de "qualquer dos Poderes", *sem exceção*, deverão atentar para os princípios da legalidade, impessoalidade, moralidade, publicidade e eficiência. Na expressão "administração pública", aqui em seu sentido amplo, evidentemente está inserida a atividade jurisdicional, na medida em que é inconcebível sequer cogitar que ato jurisdicional típico estaria dispensado de observar o princípio da moralidade administrativa no seu conteúdo.

E, no confronto da segurança das relações jurídicas advindas da coisa julgada com a justiça das decisões, doutrina e jurisprudência têm manifestado tendência para nova interpretação do instituto. É o que destaca Cândido Rangel Dinamarco:

> [...] a doutrina e os tribunais começam a despertar para a necessidade de repensar a garantia constitucional do instituto técnico-processual da coisa julgada, na consciência de que *não é legítimo eternizar injustiças a pretexto de evitar a eternização de incertezas.*[328]

Acompanhando essa tendência, felizmente, nossos tribunais vêm admitindo a relativização da coisa julgada. Tanto que, ultrapassado o entendimento contrário, anteriormente manifestado, o Superior Tribunal de Justiça[329] já permitiu que se transpusesse a coisa julgada para analisar nova ação investigatória baseada no exame de DNA, caso a primeira tenha sido julgada improcedente por falta de provas.

Trata-se de caso em que não foi excluída, expressamente, a paternidade do investigado na primitiva ação de investigação de paternidade por causa da precariedade da prova e da ausência de indícios suficientes a caracterizar tanto a paternidade como a sua negativa. À época do ajuizamento da primeira ação, o exame pelo DNA ainda não era disponível e nem havia notoriedade a seu respeito.

---

[328] 2003, p. 13.
[329] BRASIL. Superior Tribunal de Justiça. Recurso Especial n° 226.436/PR. 4ª Turma. Rel. Min. Sálvio de Figueiredo Teixeira. *DJU*, Brasília, p. 370, 04 fev. 2002.

Assim, o STJ entendeu que é admissível o ajuizamento de nova ação investigatória, ainda que tenha sido aforada uma anterior com sentença de improcedência do pedido. O julgado levou em consideração o progresso da ciência, em matéria de prova, como elemento de substituição da verdade ficta pela verdade real. Em síntese, a coisa julgada, em ações de estado, como no caso de investigação de paternidade, deve ser interpretada *modus in rebus*.

Em situação similar, o Tribunal de Justiça de Minas Gerais,[330] tido como uma das mais conservadoras Cortes do País, também assimilou a nova perspectiva do instituto em demandas de investigação de paternidade. O Julgado argumenta que "o direito de investigar a paternidade constitui interesse indisponível e imprescritível, razão pela qual a investigação de paternidade, por se cuidar de uma ação de estado, não se materializa na coisa julgada". Concluiu-se que se, anteriormente, a paternidade, por falta de prova segura, não foi reconhecida ou negada, porque quando do ajuizamento da primeira ação, o exame pelo DNA ainda não era disponível e nem havia notoriedade a seu respeito, a sentença que julgou a pretérita ação investigatória não faz coisa julgada material. Decidiu, então, o TJMG, que permanece o direito do investigado de "intentar nova ação de investigação de paternidade, quando entender que possui elementos de prova suficientes para comprovar suas alegações, ainda que tenha sido aforada uma anterior, com sentença julgando improcedente o pedido".

Além da matéria relativa às ações de investigação de paternidade antes julgadas improcedentes por falta de prova e repetidas com base na prova técnica de DNA, também em matéria tributária a coisa julgada tem sido mitigada, em hipótese de sentença transitada em julgado que tenha se embasado em lei posteriormente declarada inconstitucional pelo STF.

Em face de situações ocorridas, juristas do Brasil e estrangeiros se debruçaram sobre o tema e produziram esclarecedores estudos, com propostas de mudança da lei e de novo enfoque jurídico do tema.

Assim, no próximo tópico, tratar-se-á do ensinamento dos doutrinadores e de suas proposições mitigadoras do instituto da coisa julgada.

## 6.2 Posicionamentos doutrinários

Renomados autores estrangeiros e nacionais dedicaram-se à defesa da relativização da coisa julgada inconstitucional.

---

[330] BRASIL. Tribunal de Justiça do Estado de Minas Gerais. Agravo de Instrumento n° 247.666-1/00. 1ª C. Cível. Rel. Des. Francisco Lopes de Albuquerque. j. 30.04.2002. *Jurisprudência Mineira*, Belo Horizonte, n. 161, p. 310.

Na literatura estrangeira, citam-se o português Paulo Manuel Cunha da Costa Otero[331] e José Antonio Rivera S.[332] No Brasil temos Humberto Theodoro Júnior, em coautoria com Juliana Cordeiro de Faria,[333] o Ministro José Augusto Delgado,[334] Cândido Rangel Dinamarco,[335] Teresa Arruda Alvim Wambier,[336] em coautoria com o paranaense José Miguel Garcia Medina, e Alexandre Freitas Câmara.[337]

Discorrer-se-á, na sequência, em rápidas linhas, sobre algumas destas teses recentemente desenvolvidas, que defendem a relativização da coisa julgada.

## 6.2.1 O ponto de vista do português Paulo Otero

O ponto de destaque da análise feita pelo autor luso é encampar os atos típicos do Poder Judiciário como passíveis de obediência à Constituição, ao lado das demais funções estatais, ao afirmar que [...] "num Estado de Direito material, tal como a lei positiva não é absoluta, também não o são as decisões judiciais".[338]

O constitucionalista português Paulo Otero salienta que:

> [...] as questões de validade constitucional dos atos do Poder Judicial foram objeto de um esquecimento quase total, apenas justificado pela persistência do mito liberal que configura o juiz como "a boca que pronuncia as palavras da lei" e o Poder Judicial como "invisível e nulo" (Montesquieu).[339]

Afirma o referido autor que, para ser considerado como existente, o ato judicial deve conter um mínimo de elementos que o caracterizem como ato judicial, isto é, emanado da pena de um Juiz em sua função jurisdicional própria.

Destaca-se o seguinte trecho escrito por Paulo Otero:

---

[331] OTERO, Paulo Manuel Cunha da Costa. *Ensaio sobre o caso julgado inconstitucional.* Lisboa: Lex, 1993. p. 9.

[332] RIVERA S., José Antonio. El amparo constitucional contra sentencias judiciales con autoridade de cosa juzgada: una perspectiva del tema em Bolivia. *Revista Latino-Americana de Estudos Constitucionais,* Belo Horizonte, n. 2, p. 372-392, jul./dez. 2003.

[333] 2002, p. 21-40.

[334] 2003, p. 77-121.

[335] 2003, p. 9-38.

[336] 2003, p 39.

[337] CÂMARA, Alexandre. Relativização da coisa julgada material. *In:* DIDIER JR., Fredie (Coord.). *Relativização da coisa julgada:* enfoque crítico. Salvador: JusPodivm, 2004. v. 2, p. 3.

[338] 1993, p. 10.

[339] 1993, p. 9.

A idéia da defesa da segurança e certeza da ordem jurídica constituem princípios fundamentadores de uma solução tendente a limitar ou mesmo excluir a relevância da inconstitucionalidade como factor autónomo de destruição do caso julgado. No entanto, se o princípio da constitucionalidade determina a insusceptibilidade de qualquer acto normativo inconstitucional se consolidar na ordem jurídica, tal facto poderá fundamentar a possibilidade, senão mesmo a exigência, de destruição do caso julgado desconforme com a Constituição.[340]

E, sem esmaecer a importância da segurança jurídica, o constitucionalista português defende, enfim, a plausibilidade de ataque da coisa julgada material que contrarie a constituição.

Alerta o autor luso que não se pode conformar com a impossibilidade de impugnação dos atos judiciários, sob pena de ser outorgado aos tribunais um poder absoluto e arremata: "todos os Poderes Públicos constituídos são iguais, porém, o Poder Judicial é mais igual do que os outros".[341]

Paulo Otero lembra que tal qual ocorre com os outros órgãos do Poder Público, também os homens que desenvolvem a atividade jurisdicional podem, infelizmente, executar "uma actividade geradora de situações patológicas, ao proferir decisões [...] cujo conteúdo vá ao ponto de violar a Constituição".[342]

Sobre o trabalho de Paulo Otero destaca-se o seguinte trecho:

O princípio da constitucionalidade determina [...] que a validade de quaisquer actos do Poder Público dependa sempre da sua conformidade com a Constituição. Por isso mesmo, as decisões judiciais desconformes com a Constituição são inválidas; o caso julgado daí resultante é, também ele, conseqüentemente, inválido, encontrando-se ferido de inconstitucionalidade.[343]

Argumenta, ainda, o autor, que a imutabilidade da coisa julgada foi concebida apenas na situação em que o julgado não contrasta com a Constituição. Se em descompasso, o princípio da imodificabilidade não pode prevalecer.

---

[340] 1993, p. 93.
[341] 1993, p. 36.
[342] 1993, p. 32.
[343] 1993, p. 61.

## 6.2.2 A tese de Humberto Theodoro Júnior e Juliana Cordeiro de Faria

O processualista mineiro, em artigo publicado sobre a coisa julgada, ainda em 1998, alertou sobre a nenhuma preocupação do legislador com a verdade dos fatos ou a justiça da decisão, visto que é motivado apenas por "uma exigência de ordem prática, quase banal, mas imperiosa".[344]

E em data mais recente, Humberto Theodoro Júnior, desta feita em coautoria com a Professora Juliana Cordeiro de Faria, trataram novamente do assunto.

No trabalho publicado na Revista dos Tribunais número 795, Humberto Theodoro Júnior e Juliana Cordeiro de Faria destacam que todos os poderes e órgãos do Estado têm que se submeterem às normas e princípios hierarquicamente superiores da Constituição, razão pela qual também os atos jurisdicionais devem acatar a Lei Maior.

Entendem que a coisa julgada tem sua intangibilidade disciplinada no ordenamento jurídico brasileiro, através do Código de Processo Civil e não pela Constituição Federal, razão pela qual argumentam que, em hipótese alguma, pode ela estar imune aos princípios da Carta Magna, hierarquicamente superior; por isso propõem uma urgente e imprescindível reanálise acerca do controle dos atos do Poder Judiciário, de modo a conciliar o fator segurança jurídica e justiça das decisões judiciais.

Os autores veem como distorcida a concepção de imutabilidade da coisa julgada, pelo fato de que se trata de princípio que está hierarquicamente inferior, dada sua noção processual e não constitucional, pelo que concluem que "a coisa julgada será intangível enquanto tal apenas quando conforme a Constituição. Se desconforme, estar-se-á diante do que a doutrina vem denominando *coisa julgada inconstitucional*".[345]

Humberto Theodoro Júnior e Juliana Cordeiro de Faria defendem o emprego da *querela nullitatis insanabilis* em face de uma coisa julgada inconstitucional, sem ter que se valer da via especial da ação rescisória.

Sobre a *querela nullitatis*, em ensaio publicado sobre coisa julgada e rescindibilidade da sentença, em 1994, Theodoro Júnior já havia se manifestado nesse mesmo sentido:

---

[344] THEODORO JÚNIOR, Humberto. Nulidade, inexistência e rescindibilidade da sentença. *Revista de Processo*, São Paulo, n. 19, p. 25, jul./set. 1998.
[345] 2002, p. 31.

Em torno do tema abordado neste estudo, vai-se formando, nos termos atuais, uma jurisprudência com nítida tendência de uniformidade, no sentido de sobrevivência da ação da *querela nullitatis* e da dispensa dos rigores da ação rescisória, quando a sentença atacada se revela contaminada de inexistência ou de nulidade absoluta.[346]

Humberto Theodoro e Juliana Cordeiro propõem que a parte prejudicada por coisa julgada inconstitucional poderá opor embargos quando da execução da sentença ou qualquer ação comum que leve ao reexame da lide, no caso a declaratória ordinária, ressuscitando a *querela nullitatis*.

O renomado processualista mineiro e a Prof. Juliana alertam: "A coisa julgada não pode suplantar a lei, em tema de inconstitucionalidade, sob pena de transformá-la em um instituto mais elevado e importante do que a lei e a própria Constituição".[347]

Em verdade, Theodoro Júnior reafirma tese por ele defendida em 1994, quando sustentou que "para se opor aos efeitos da sentença nula ou inexistente, a parte interessada não depende de ação, podendo fazê-lo incidentalmente em qualquer procedimento que a outra parte lhe promover, mediante simples exceção ou embargos".[348]

Aliás, Humberto Theodoro Júnior cogitou até mesmo da utilização do mandado de segurança e os embargos de terceiro, que, ao seu ver, "não são remédios estranhos ao problema e, conforme as circunstâncias, podem ser eficazmente manejados contra os resultados da sentença nula ou inexistente".[349]

Por último, é interessante observar que Humberto Theodoro Júnior e Juliana Cordeiro lançam a ideia de *imprescritibilidade da coisa julgada inconstitucional*, quando indagam: "Se a lei não é imune, qualquer que seja o tempo decorrido desde a sua entrada em vigor, aos efeitos negativos da inconstitucionalidade, por que o seria a coisa julgada?"[350]

Pela natural dialética do Direito, a tese defendida por Humberto Theodoro e Juliana Cordeiro recebeu críticas da comunidade jurídica, vindas de prestigiados juristas, dentre os quais se destaca o Professor José Carlos Barbosa Moreira, preocupado

---

[346] 1994, p. 15.

[347] 2002, p. 26.

[348] THEODORO JUNIOR, Humberto. A coisa julgada e a rescindibilidade da sentença. *Jurisprudência Mineira*, n. 128, p. 23, out./dez. 1994.

[349] 1994, p. 23.

[350] 1994, p. 26.

com a imaginação dos advogados que poderiam "descobrir inconstitucionalidade ou injustiças nas sucessivas sentenças",[351] levando ao infinito as arguições de inconstitucionalidade de uma sentença. Respondendo a esta indagação, Humberto Theodoro e Juliana Cordeiro lembram que ela simplesmente não existe, uma vez que nosso sistema processual prevê "que as questões solucionadas pela Justiça não se repetem e devem ser uma única vez solucionadas em caráter definitivo",[352] ou seja, a arguição de inconstitucionalidade de uma sentença somente poderia ser apreciada uma só vez em juízo, por força do disposto nos arts. 471 e 473 do CPC.

## 6.2.3 As ideias de Cândido Rangel Dinamarco

O processualista paulista, em tese bem fundamentada, propõe relativizar a coisa julgada material, demonstrando preocupação com a justiça das decisões, hoje tida como essencial à tutela jurisdicional. Destaca as ideias de doutrinadores que já haviam lançado suas ideias de mitigação da *res iudicata*, dentre eles, o Min. José Augusto Delgado e Hugo Nigro Mazzilli.

Também destaca o pioneirismo de Eduardo Juan Couture, Juan Carlos Hitter e da Professora Ada Pellegrini Grinover, que ousaram escrever sobre a relatividade da coisa julgada. Cândido Rangel Dinamarco adere à ideia de que não se deve "levar longe demais a autoridade da coisa julgada",[353] proposta por Pontes de Miranda.

Dinamarco conclui que "é inconstitucional a leitura clássica da garantia da coisa julgada, ou seja, sua leitura com a crença de que ela fosse algo absoluto e, como era hábito dizer, capaz de fazer do preto branco e do quadrado, redondo".[354]

O processualista de São Paulo apresenta, em seu ensaio, situação relativa ao justo preço em indenizações por desapropriação. Defende que a expressão "justo preço" é garantia constitucional tanto para o proprietário desapropriado como também para o erário público, em face dos princípios da igualdade, da proporcionalidade e da razoabilidade.

---

[351] MOREIRA, José Carlos Barbosa. Considerações sobre a chamada "relativização" da coisa julgada material. *Revista Dialética de Direito Processual*, v. 22, p. 109.

[352] THEODORO JÚNIOR, Humberto; FARIA, Juliana Cordeiro de. O tormentoso problema da inconstitucionalidade da sentença passada em julgado. *Revista de Processo*, n. 127, São Paulo, p. 50, set. 2005.

[353] 2003, p. 20.

[354] 2003, p. 20.

Afirma "que o encargo de zelar pela moralidade administrativa é difuso entre os organismos estatais e membros do congregado político denominado *povo*",[355] o que induvidosamente também dá respaldo ao entendimento declinado neste estudo, de que qualquer cidadão é apto para rescindir a coisa julgada material lesiva ao erário, valendo-se da ação popular.

Sobre o princípio da moralidade e da ideia de justiça o autor escreveu:

> Nesse quadro, não é justa uma indenização que vá extraordinariamente além do valor de mercado do bem, porque, ao contrariar a regra da moralidade, ela estará em choque com os próprios objetivos do Estado, traçados na Constituição. *Justiça* é, na lição sempre respeitada de Norberto Bobbio, a correspondência da norma "com os valores últimos ou finais que inspiram um determinado ordenamento jurídico". É lícito dizer, parafraseando o grande pensador, que perguntar se uma indenização é justa ou injusta significa perguntar se ela é ou não apta a atuar equilibradamente o valor da garantia da propriedade e o da moralidade administrativa, plantados na Constituição Federal.[356]

Como meios para desfazer a coisa julgada, Dinamarco adota a posição de Pontes de Miranda, que entende dever ser proposta nova demanda idêntica à anterior, desconsiderando a coisa julgada, ou que devam ser opostos embargos à execução ou, ainda, que se apresente a alegação *incidenter tantum*.

Mas, Dinamarco observa que, até então, em face da escassez de casos ocorridos, os tribunais indicam este ou aquele instrumento processual ou procedimental como o adequado para desfazimento da coisa julgada, mencionando uma espécie de *ação autônoma*, sugerida pelo STF.

Propõe, ainda, o redimensionamento da ação rescisória, de modo a ser possível usá-la como instrumento contra a coisa julgada inconstitucional, com um critério geral, aplicável tanto em favor do Estado como em favor do cidadão, diante de sua justificada preocupação em relação ao emprego do instituto somente em favor do que chama "*Estado-inimigo*, que litiga e resiste em juízo com a consciência de não ter razão, abusando do direito de recorrer com o objetivo de postergar a satisfação de suas vítimas".[357] [...]

---

[355] 2003, p. 30.
[356] DINAMARCO, 2003, p. 30.
[357] 2003, p. 35.

Em síntese, Dinamarco busca o afastamento, somente em situações extraordinárias, de injustiças materializadas pela coisa julgada. Com a sensatez e a cautela que lhe são próprias, o que o insigne processualista propõe, ao finalizar seu ensaio, não é o enfraquecimento puro e simples, sem critério, da autoridade da coisa julgada, garantida pela Constituição Federal, defendendo

> [...] apenas um trato extraordinário destinado a situações extraordinárias com o objetivo de afastar absurdos, injustiças flagrantes, fraudes e infrações à Constituição — com a consciência de que providências destinadas a esse objetivo devem ser tão excepcionais quanto é a ocorrência desses graves inconvenientes.[358]

## 6.2.4 O pensamento do Ministro José Augusto Delgado

No exercício da judicatura, em casos concretos, o Ministro José Augusto Delgado afastou o dogma da coisa julgada, fazendo prevalecer o que é justo e moral, a despeito da imutabilidade da coisa julgada.

Em suas reflexões, José Augusto Delgado escreve:

> A sentença não pode expressar comando acima das regras postas na Constituição, nem violentar os caminhos da natureza, por exemplo, determinando que alguém seja filho de outrem, quando a ciência demonstra que não o é. Será que a sentença, mesmo transitada em julgado, tem valor maior que a regra científica? É dado ao juiz esse "poder" absoluto de contrariar a própria ciência? A resposta, com certeza, é de cunho negativo.[359]

O Ministro Delgado também manifesta a sua preocupação com as sentenças injustas, violadoras da moralidade e da legalidade, imunizadas pela coisa julgada. Cita vários exemplos, em quantidade superior ao das letras do alfabeto, nos quais, a seu ver, as sentenças "nunca terão força da coisa julgada".[360]

Merecem destaque os seguintes casos de sentenças: o da falta de citação da parte requerida, quando uma delas ocupa posição

---

[358] 2003, p. 36.
[359] 2003, p. 97.
[360] 2003, p. 103.

privilegiada; a baseada em fatos falsos; a que atenta contra a dignidade humana; a que manda o poder público indenizar o desapropriado, sem observância do princípio da justa indenização etc.

E tal qual pensam Humberto Theodoro e Juliana Cordeiro, o Ministro José Augusto Delgado também defende a ideia de *imprescritibilidade da coisa julgada inconstitucional*, ao afirmar que sentença com esta mácula poderá, [...] "a qualquer tempo, ser desconstituída".[361]

Seu pensamento, apresentado de forma esquematizada, divide-se em dois momentos: no primeiro, fixa premissas; no segundo, apresenta propostas, cuja quantidade novamente esgota as letras do alfabeto.

José Augusto Delgado defende, por exemplo, que a coisa julgada não pode se sobrepor aos princípios da moralidade e da legalidade; não pode ser via para a prática de injustiças; além disso, a segurança jurídica vincula-se aos princípios da razoabilidade e da proporcionalidade.

Nesse sentido, uma de suas propostas é de que, no conflito dos princípios da coisa julgada com outros, o intérprete deve fazer opção que conduza "a uma solução justa e ética e nunca aquela que acabaria por consagrar uma iniqüidade, uma imoralidade".[362]

Ao final, o Ministro Delgado revela seu fascínio pelo reestudo da coisa julgada e alerta a doutrina e a jurisprudência para o tema, que deve ser assimilado em nome do amplo exercício da cidadania e para coibir a prática de estelionatos pelas vias processuais, sob o manto da coisa julgada inconstitucional. Naturalmente, por colocá-lo frente aos casos concretos de inconstitucionalidade da coisa julgada, o exercício da judicatura deve ter sido o ponto de partida para os estudos e conclusões do Ministro José Augusto Delgado.

## 6.2.5 Os argumentos de Alexandre Freitas Câmara

Para o advogado carioca Alexandre Freitas Câmara, entre "os mais graves casos de sentenças erradas estão, indubitavelmente, aqueles em que o conteúdo da sentença ofende a Constituição da República".[363]

O processualista admite que a inconstitucionalidade da decisão judicial é raramente abordada pela doutrina, embora possa "contrariar um comando constitucional",[364] citando os casos enumerados por José Augusto Delgado e por isso sugere que se adote

---

[361] 2003, p. 103.
[362] 2003, p. 114.
[363] 2004, p. 9.
[364] 2004, p. 9.

um mecanismo de controle. No entanto, diverge de José Augusto Delgado, entendendo que, mesmo sendo inconstitucional, a sentença é alcançada pela coisa julgada e que o dilema a enfrentar é se deve não relativizar a coisa julgada.

Lançadas essas premissas e depois de referir-se à doutrina minoritária divergente (Leonardo Greco, Sérgio Gilberto Porto e José Maria Rosa Tesheiner), o Professor Alexandre Freitas Câmara conclui que a relativização da coisa julgada se impõe.

Convicto de que a coisa julgada além de garantia constitucional é também um direito fundamental, porque põe a salvo da retroatividade de leis que tendem a prejudicá-la, o autor defende que não se trata, no entanto, de uma garantia absoluta. Como corolário de sua tese, invoca o princípio da razoabilidade (inc. LIV, do art. 5º da CF), segundo o qual, em face de dois valores constitucionais, o intérprete deve afastar o de menor importância e proteger o mais relevante: "a norma infraconstitucional pode, por sua própria conta, ponderar tais interesses e estabelecer o modo como essa relativização se dará", destaca Alexandre Freitas Câmara.[365]

O autor alerta, por outro lado, "que não se pode, simplesmente, admitir que a parte vencida venha a juízo alegando que a sentença transitada em julgado está errada, ou é injusta, para que se admita o reexame do que ficou decidido".[366] Somente quando o fundamento for de ordem constitucional é que seria possível reapreciar o que restou decidido, porque a inconstitucionalidade é, no ponto de vista de Alexandre Câmara, o mais grave vício de um ato jurídico.

Sobre o parágrafo único do art. 741 do CPC, o autor observa que a modificação recebeu apoio de autorizada doutrina, citando Humberto Theodoro Júnior e Juliana Cordeiro de Faria. Alexandre Câmara defende, em síntese, os embargos do executado, ou mesmo a "exceção de pré-executividade", como meio processual adequado para a alegação de inexigibilidade de tributo considerado inconstitucional pelo STF, decisão que por ser oponível contra todos, também deve livrar da cobrança aquele que foi condenado a pagar em sentença transitada em julgado.

Seguindo o posicionamento de Humberto Theodoro Júnior e Juliana Cordeiro de Faria, o Professor Alexandre Câmara também sugere a revitalização da *querela nullitatis*, para obter a declaração de ineficácia da sentença transitada em julgado, mas destacando

---

[365] 2004, p. 19.
[366] 2004, p. 20.

que tanto nos mecanismos processuais antes citados como neste, "a questão principal a ser resolvida será, precisamente, a da inconstitucionalidade da sentença anteriormente proferida e transitada em julgado".[367] E sob sua ótica, a inconstitucionalidade da sentença poderá ser acolhida como questão principal ou como questão prévia, como vem sendo decidido pelo STJ, em casos de investigação de paternidade julgada sem exame de DNA, em que a paternidade é negada por quem foi declarado pai, em ação negatória.

Alexandre Câmara sugere, *de lege ferenda*, o acréscimo de um novo inciso ao art. 485 do CPC, prevendo que "a sentença de mérito transitada em julgado poderia ser rescindida quando ofendesse norma constitucional"[368] e um parágrafo único, ao referido dispositivo processual, estabelecendo que a sentença de mérito transitada em julgado que ofende a Constituição só deixará de produzir efeitos depois de ser rescindida, podendo o relator deferir liminar suspendendo temporariamente seus efeitos em caso de risco de dano grave, de difícil ou impossível reparação, desde que relevante o fundamento da ação rescisória.

Por último, o processualista carioca sugere a imprescritibilidade do direito à rescisão da sentença transitada em julgado, quando o fundamento for violação da norma constitucional, acrescentando-se parágrafo com essa disposição no art. 495 do Código de Processo Civil, e a revogação do parágrafo único do art. 741, porque ficaria incompatível com a sua proposta.

Alexandre Câmara justifica sua sugestão e a entende como vantajosa, porque seria evitado que um juiz de primeiro grau desconstituísse decisões dos tribunais superiores, pois a seu ver não "é razoável que juízo de primeira instância possa, como hoje pode, em embargos do executado, desconstituir até mesmo as decisões do Supremo Tribunal Federal".[369]

### 6.2.6 A tese de Teresa Arruda Alvim Wambier e José Miguel Garcia Medina

Teresa Arruda Alvim Wambier e José Miguel Garcia Medina também se dedicaram a escrever sobre a relativização da coisa julgada, em trabalho recentemente publicado pela Editora Revista

---

[367] 2004, p. 25.
[368] 2004, p. 27.
[369] 2004, p. 28.

dos Tribunais, no qual dão especial enfoque às hipóteses em que o intérprete do Direito deve ceder à imutabilidade do instituto.

O ensaio trata inicialmente daquelas sentenças que não transitam em julgado, ponto de vista há muito defendido pela Professora Teresa Arruda Alvim Wambier, na obra que a autora havia publicado pela Revista dos Tribunais, sob o título *Nulidades do processo e da sentença*.[370]

Para explicar seu ponto de vista na referida obra, Teresa Arruda Alvim Wambier traça um paralelo entre o ato jurídico inexistente, que tem defeito tão nocivo que o desfigura, a exemplo do casamento entre pessoas do mesmo sexo.

Sob o enfoque processual, Teresa Arruda e José Miguel afirmam que inexistirá processo e, consequentemente, sentença, se faltar um pedido formulado pelo autor, dirigido a um juiz e contra um réu, validamente citado. Em suma, a sentença *extra petita* seria inexistente, do ponto de vista jurídico, assim como também o será a dada sem que o réu tenha sido citado validamente.

Por consequência, ante a inexistência de sentença juridicamente válida, não há que se falar em coisa julgada e muito menos em possibilidade de se manejar contra ela a ação rescisória, sustentam os autores.[371]

Para tanto, sugerem que o interessado lance mão da chamada "ação declaratória de inexistência jurídica", denominada *actio* ou *querela nullitatis*, tal qual sugeriram Humberto Theodoro e Juliana Cordeiro de Faria.

Nesse aspecto, Teresa Arruda Alvim Wambier e José Miguel Garcia Medina, ostensivamente, divergem da posição de Cândido Rangel Dinamarco, que chama de "sentença juridicamente impossível" a que julga *pedido juridicamente impossível*, como a que declare o recesso de algum Estado federado brasileiro. É que Teresa Arruda e José Miguel argumentam que a falta de uma das condições da ação leva à *sentença juridicamente inexistente*.

E nessa linha de raciocínio defendem que "as sentenças que são inconstitucionais porque acolhem pedidos inconstitucionais, são sentenças (estas sim!) que não transitam em julgado"[372] [...]

Fazem percuciente análise de casos ocorrentes, como o de sentença que se baseia em lei posteriormente declarada inconstitucional, o de sentença baseada na não incidência de

---

[370] WAMBIER, Teresa Arruda Alvim. *Nulidades do processo e da sentença*. 4. ed. São Paulo: Revista dos Tribunais, 1998. (Coleção de estudos de direito de processo Enrico Tullio Liebman, v. 16).

[371] 2003, p. 28.

[372] 2003, p. 39.

# 186 | Lúcio Eduardo de Brito
A Ação Popular como Instrumento de Invalidação da Sentença Lesiva ao Patrimônio Público

determinada norma, porque considerada inconstitucional *incidenter tantum*, que posteriormente o STF considerou constitucional em outra ação e dos embargos à execução fundamentados na inconstitucionalidade da lei que serviu de base para a sentença exequenda.

Em todas essas hipóteses, Teresa Arruda e José Miguel fundamentam que não é o caso de se propor ação rescisória e, sim, ação que reconheça a inexistência jurídica da sentença.

Na mesma trilha de outros doutrinadores anteriormente analisados, Teresa Arruda Alvim e José Miguel Medina também sustentam que a proteção constitucional da coisa julgada dirige-se ao legislador. Por isso mesmo defendem que a lei ordinária pode "alterar o regime da coisa julgada, como na ação popular, e mesmo estabelecer que em determinadas hipóteses, como na ação de alimentos ou no processo cautelar, a coisa julgada não ocorre".[373]

Em seguida, escrevem:

> Não se deve, portanto, superestimar a proteção constitucional à coisa julgada, tendo-se sempre presente que o texto protege a situação concreta da decisão transitada em julgado contra a possibilidade de incidência de nova lei. Não se trata de proteção ao instituto da coisa julgada, (em tese) de molde a torná-la inatingível, mas de resguardo de situações em que se operou a coisa julgada, da aplicabilidade de lei superveniente.[374]

Para tanto, depois de discorrerem sobre princípio da proporcionalidade (que chamam de princípio dos princípios), dentre outros, os autores argumentam que são "rescindíveis sentenças em que se fizeram incidir princípios que não deveriam ter incidido ou em que se afastaram princípios dos quais deveria a lide ter sido julgada".[375]

Em suas reflexões, os autores fazem interessante estudo das sentenças que não transitam em julgado no direito canônico, berço da *querela nullitatis* em ações de estado, para em seguida abordarem o palpitante tema da coisa julgada em ações de investigação de paternidade com resultados contrários aos exames de DNA, cuja suposta infalibilidade Teresa Arruda e José Miguel destacam como ponto de preocupação, posto que o "exame pericial de DNA, assim, mesmo que realizado em conformidade com os mais rígidos padrões procedimentais, podem não revelar a verdade"[376] [...], arrematam os autores.

---

[373] 2003, p. 171.
[374] 2003, p. 171.
[375] 2003, p. 179.
[376] 2003, p. 191.

Mas, especialmente em relação à ação de investigação de paternidade, defendem a coisa julgada *secundum eventum probationis*: [...]. "Ou o juiz extingue o processo sem julgamento do mérito, ou o objeto é decidido sem caráter de definitividade, nada impedindo que algum dos interessados mova ação com base em nova prova, tal como ocorre em relação às ações coletivas"[377] [...], sugerem os autores. Distinguem entre sentenças nulas e sentenças inexistentes. As primeiras ensejarão ação rescisória e para este caso, *de lege lata*, sugerem que o prazo decadencial tenha início não no momento da formação da coisa julgada, mas a partir do momento que a parte prejudicada toma conhecimento da nulidade.

Já nas situações em que não se forma a coisa julgada, quando se está diante de sentença inexistente, Teresa Arruda e José Miguel indicam o remédio da ação declaratória e nesse particular seguem a mesma trilha de Cândido Dinamarco, ou seja, o interessado poderia ajuizar nova ação igual à primeira e a coisa julgada seria desconsiderada, porque inexistente. Ou poderia opor embargos à execução da sentença (inexistente) ou, ainda, poderia valer-se de alegação *incidenter tantun* em outro processo.

Quanto à situação específica da nulidade de citação, dada sua peculiaridade, os autores do primoroso ensaio dedicam um tópico inteiro; nele sustentam que o referido vício ou a sua falta [...] "geram *inexistência*, não *nulidade*"[378] da sentença, e por isso entendem "que nada haverá a 'rescindir', propriamente, pois sentenças inexistentes não ficam acobertadas pela autoridade da coisa julgada (diferentemente do que ocorre com sentenças nulas".[379] [...]

O ponto alto do trabalho dos autores, ora em análise, é, sem dúvida, a sustentação da própria inexistência de sentença, quando esta for proferida mesmo ausente alguma das condições da ação.

Tal concepção é importante apoio doutrinário para o presente livro, de modo que será sustentado, linhas adiante, sobre a impossibilidade jurídica do pedido que atente contra a moralidade administrativa.

## 6.3 Síntese das novas concepções doutrinárias

A preocupação comum dos autores que se dedicaram ao tema é de que não se pode supervalorizar a coisa julgada em detrimento

---

[377] 2003, p. 194.
[378] WAMBIER; MEDINA, 2003, p. 217.
[379] 2003, p. 217.

188 | Lúcio Eduardo de Brito
A Ação Popular como Instrumento de Invalidação da Sentença Lesiva ao Patrimônio Público

de um pronunciamento jurisdicional que contrarie princípios constitucionais e que não decida com justiça, tal qual concebida e esperada no meio social em que irá incidir seus efeitos concretos.

Os doutrinadores comentados, em face da dialética própria da ciência do Direito, logo ganharam ferrenhos opositores, de doutores da estatura de Araken de Assis,[380] Ovídio Batista,[381] Luiz Guilherme Marinoni,[382] Nelson Nery Júnior,[383] e Ivo Dantas.[384]

Em que pese o prestígio e os relevantes fundamentos levantados pelos doutrinadores citados, a opinião inovadora, reconhece-se, é mais convincente e está apoiada em uma visão do processo como instrumento de realização de justiça, que busca soluções em harmonia com a Constituição Federal.

Em relação aos trabalhos analisados, viu-se que são unânimes em entender que a proteção constitucional da coisa julgada direciona-se ao legislador e a sua regulamentação está prevista no Código de Processo Civil. Por isso entendem que a abrangência da mesma pode ser modificada e até deixar de existir em situações especiais.

Sem dúvida, a Constituição Federal permite ao legislador ordinário modificar a abrangência da coisa julgada, como já o fez em diversas outras oportunidades. Tal ocorreu em ações coletivas e na ação popular, em que a improcedência por falta de provas não faz coisa julgada, ficando o caminho aberto para que outra idêntica seja ajuizada, com o mesmo pedido e causa de pedir, municiada de novas provas.

Bastante intèressante, e merece especial destaque, conforme foi ressaltado, é a tese defendida por Teresa Arruda Alvim Wambier e José Miguel Garcia Medina, da própria inexistência jurídica de sentença (diferente da nulidade da sentença) que aprecia o mérito quando o autor não preenchia uma das condições da ação.

Nesse caso, o autor teria exercido, em verdade, apenas e tão somente o direito de petição, afirmam os referidos autores.[385]

---

[380] ASSIS, Araken de. Eficácia da coisa julgada inconstitucional. *In*: DIDIER JR., Fredie (Coord.). *Relativização da coisa julgada*: enfoque crítico. Salvador: JusPodivm, 2004. v. 2, p. 31.

[381] SILVA, Ovídio A. Batista da. Coisa julgada relativa?. *In*: DIDIER JR., Fredie (Coord.). *Relativização da coisa julgada*: enfoque crítico. Salvador: Juspodivm. 2004. v. 2, p. 213.

[382] MARINONI, Luiz Guilherme. O princípio da segurança dos atos jurisdicionais (a questão da relativização da coisa julgada material). *In*: DIDIER JR., Fredie (Coord.). *Relativização da coisa julgada*: enfoque crítico. Salvador: Juspodivm. 2004. v. 2, p. 159.

[383] NERY JR., Nelson. A polêmica sobre relativização (desconsideração) da coisa julgada e o Estado Democrático de Direito. *In*: DIDIER JR., Fredie (Coord.). *Relativização da coisa julgada*: enfoque crítico. Salvador: JusPodivm, 2004. v. 2, p. 187.

[384] DANTAS, Ivo. Da coisa julgada inconstitucional: novas e breves notas. *In*: TORRES, Heleno Taveira (Coord.). *Direito e poder*: nas instituições e nos valores do público e do privado contemporâneos. Barueri: Manole, 2005. p. 591.

[385] 2003, p. 31.

O ponto que chama atenção é que inexistirá, no caso, a própria coisa julgada e aí não há que se falar em ação rescisória, o que permite o emprego de ação declaratória, aspecto que será abordado oportunamente.

E para o caso de uma aparente coisa julgada lesiva ao erário público, qualquer cidadão poderá lançar mão da ação popular, com pedido de declaração de invalidade da sentença causadora de prejuízo para o patrimônio público.

Quanto aos instrumentos processuais, o interessado em invalidar a coisa julgada inconstitucional os terá conforme a posição que ocupar diante da situação processual concreta.

Nesse ponto, o que importa mais é que se observe o devido processo legal, tal qual alerta Rosemiro Pereira Leal: "o desfazimento do ato preparado e formado em contraditório ou exposto ao contraditório há de passar por igual PROCESSO".[386]

Na hipótese de ente público que se ver executado por sentença inconstitucional passada em julgado, poderá opor embargos com base na inexigibilidade do título porque a sentença contraria ou é incompatível com a Constituição Federal ou, ainda, é fundamentada em lei ou ato normativo declarado inconstitucional pelo Supremo Tribunal Federal. Isso graças à nova previsão contida no novo *parágrafo único* do art. 741 do CPC.

E, no caso, o parágrafo único do art. 741 do CPC aplicar-se-á tanto em favor do particular executado por outro particular, como em favor do Estado, que se vir executado por algum particular. A nova regra é para todos.

Mas podem ocorrer situações em que o prejudicado não é o diretamente executado, numa relação processual que envolva as partes originalmente posicionadas nos polos ativo e passivo da demanda.

É o caso da sentença lesiva ao erário público, em que os prejudicados com a suposta imutabilidade do que restou decidido são todos os cidadãos. Nesse caso específico, qualquer cidadão terá interesse processual para agir, bem como, a legitimidade, ambos assentados na Constituição Federal, que oferece como instrumento processual a ação popular.

O próximo tópico voltará a focar, então, o tema central do presente livro, ou seja, a invalidação do ato jurisdicional lesivo ao erário público, através da ação popular constitucional ajuizada por qualquer cidadão, ainda que aparentemente petrificada pela *res judicata*.

---

[386] 2005, p. 21.

Capítulo 7

# A Invalidação do Ato Jurisdicional Lesivo ao Erário Público

**Sumário: 7.1** A coisa julgada lesiva ao erário público – **7.2** A invalidação da sentença lesiva através de ação popular e os seus limites – **7.3** Limites para invalidação da sentença lesiva através de ação popular – **7.4** Sentença imoral, sentença inexistente

## 7.1 A coisa julgada lesiva ao erário público

Da análise das teorias que procuraram justificar o instituto da coisa julgada, percebeu-se que a razão de a mesma existir não tem comprometimento algum com a verdade ou a justiça da sentença judicial, mas pura e simplesmente com a estabilidade das relações, para dar um ponto final na demanda.

Os efeitos da sentença no que diz respeito à coisa julgada, conforme foi analisado, não podem prejudicar terceiros que não foram partes no processo. Então é de se perguntar: é justo que uma sentença transitada em julgado permita uma lesão aos cofres públicos, com prejuízo a todos os contribuintes, inclusive aqueles que não figuraram como partes no processo em que teria formado a aparente coisa julgada lesiva?

A resposta, obviamente, é negativa.

O interesse coletivo deve prevalecer sobre o interesse individual das partes que participaram do litígio decidido por sentença de mérito. Não se pode permitir que uma sentença lesiva ao patrimônio público não possa, de alguma forma, ser impugnada, principalmente por qualquer um cidadão, uma vez que o próprio é, na condição de cidadão, também prejudicado em seu direito de contribuinte para a formação da coisa pública.

Insensatez maior ainda é permitir que a eficácia (efeito concreto) deste ato jurisdicional cause prejuízo ao erário público, prejudicando diretamente o cidadão, que fica despojado do exercício pleno da cidadania, por não lhe ser disponibilizado o acesso à saúde, ao ensino básico e ao próprio lazer, em face do desvio do dinheiro que poderia atender tais políticas públicas.

Nesse particular, Jürgen Habermas lembra: "para que o processo democrático de estabelecimento do direito tenha êxito, é necessário que os cidadãos utilizem seus direitos de comunicação e de participação num sentido orientado também para o bem comum"[387] [...]

É importante lembrar que a *Constituição Cidadã*, antes de assegurar a autoridade da coisa julgada, em seu art. 5º, inc. XXXV, estabeleceu que "a lei não excluirá da apreciação do Poder Judiciário lesão ou ameaça a direito".[388]

Há situações em que ao cidadão restará somente uma saída, qual seja, a ação popular, o mais democrático mecanismo processual para exercício de cidadania e participação ativa e direta nos destinos da coisa pública.

A lesão ao patrimônio público, como já afirmado, induvidosamente, trará efeitos maléficos que vão atingir terceiros, além de atingir aquelas pessoas que figuraram nos polos passivo e ativo da ação em que se originou a aparente coisa julgada lesiva.

Cândido Rangel Dinamarco afirma

> [...] as sentenças de mérito só ficam imunizadas pela autoridade do julgado quando forem dotadas de uma imperatividade possível: não merecem tal imunidade (a) aquelas que em seu decisório enunciem resultados materialmente impossíveis (b) as que, por colidirem com valores de elevada relevância ética, humana ou política, também amparadas constitucionalmente, sejam portadoras de uma impossibilidade jurídico-constitucional.[389]

Linhas adiante, o eminente processualista paulista ressalta que as

> [...] impossibilidades jurídico-constitucionais são o resultado de um equilibrado juízo comparativo entre a relevância ético-política da coisa julgada material como fator de segurança jurídica (supra, nn. 952 e 954) e a grandeza de outros valores humanos, éticos e políticos, alçados à dignidade de garantia constitucional tanto quanto ela. A partir dessa premissa, começa a surgir na doutrina brasileira e em

---

[387] 1997b, p. 323.

[388] BRASIL. *Constituição Federal* (1988), 2002, p. 8.

[389] 2001b, p. 306 e 307.

algumas decisões do próprio Supremo Tribunal Federal a consciência de uma coisa julgada inconstitucional (José Augusto Delgado), assim inquinada pela contrariedade a alguma garantia constitucional de significado tão elevado quanto a *auctoritas rei judicatae* ou até de maior relevância que a segurança nas relações jurídicas. Por isso, não ficam imunizadas as sentenças que transgridam frontalmente um desses valores, porque não se legitima que, para evitar a perenização de conflitos, se perenizem inconstitucionalidades de extrema gravidade, ou injustiças intoleráveis e manifestas.[390]

Conforme foi estudado supra, no cenário jurídico brasileiro já existe forte tendência do abrandamento da coisa julgada; este vem sendo proposto por doutores de renome e, aos poucos, os tribunais têm assimilado, nos casos em que a coisa julgada cria situações injustas ou é inconstitucional.

Há exemplos, em matéria tributária, em que a lei que havia autorizado a cobrança de tributo foi considerada inconstitucional e também nas hipóteses de ação de investigação de paternidade, julgadas antes improcedentes com base em prova indiciária e que, com o advento do DNA, deixaram expostas situações que atentam contra a dignidade humana, ao determinar que seja pai quem biologicamente não o é e vice-versa.

Em situações relativas ao Direito Tributário, diante de inegável existência de coisa julgada baseada em lei inconstitucional, o Superior Tribunal de Justiça[391] já decidiu, sob a relatoria do Ministro José Delgado, que o "prevalecimento de obrigações tributárias cuja fonte legal foi declarada inconstitucional pelo Supremo Tribunal Federal constitui injúria à lógica jurídica, em ofensa aos princípios da legalidade e da igualdade tributárias", ao fundamento de que o julgado se sujeita à ação rescisória, ainda que, na época, os Tribunais divergissem a respeito, o que ocorre também quando o acórdão aplica lei que o Supremo Tribunal Federal, mais tarde, declara inconstitucional.

No julgado, o STJ concluiu que a coisa julgada afrontava o princípio da igualdade tributária e estava apoiada em lei declarada inconstitucional pelo STF, bem como, não havia decisões controvertidas. O acórdão fundamenta que a sentença e o acórdão foram prolatados e, posteriormente, a situação jurídica examinada mereceu

---

[390] 2001, p. 307.
[391] BRASIL. Superior Tribunal de Justiça. Recurso Especial n° 218.354/RS. Rel. Min. José Delgado. j. em 17.08.1999. Brasília. *DJU*, p. 49, 11 out. 1999. *Revista do Superior Tribunal de Justiça*, n. 129, p. 147.

declaração de inconstitucionalidade da lei aplicada, com efeitos *ex tunc*, alcançando as relações jurídicas passadas. O julgado sustenta, ainda, que "o princípio da segurança jurídica, inspirador dos efeitos da coisa julgada, não pode ser levado ao extremo de ofender o princípio constitucional da igualdade tributária".

No que tange às questões de investigação de paternidade, a doutrina de Teresa Arruda Alvim e José Miguel Garcia Medina, estudada linhas atrás, sugere que se regule [...] "tal espécie de ação de modo que a sentença fizesse coisa julgada *secundum eventum probationis*".[392]

Aliás, é esse o espírito da Lei nº 4.717, de 29 de Julho de 1965, quando em seu art. 18, diz que a "sentença terá eficácia de coisa julgada oponível *erga omnes*, exceto no caso de haver sido a ação julgada improcedente por deficiência de prova; neste caso, qualquer cidadão poderá intentar outra ação com idêntico fundamento, valendo-se de nova prova".

Nota-se, e parece óbvio, que o legislador quis de forma inequívoca oportunizar ao cidadão o requestionamento do ato lesivo, que em uma primeira ação não se apurou por falta de prova.

Como se vê, o dispositivo citado faz tábua rasa do instituto da coisa julgada, tal qual também ocorreu com as ações coletivas posteriormente lançadas no ordenamento jurídico. E o fez por uma boa causa, qual seja, a de não impossibilitar o ajuizamento de outra ação popular depois do insucesso de uma primeira, frente ao aparecimento de novas provas.

Não se vê óbice, com base nos princípios da igualdade, da razoabilidade, que se abra também uma exceção à coisa julgada para viabilizar a propositura de ação popular que vise desfazer sentença lesiva ao erário público, ainda que com aparência de coisa julgada.

Além disso, conforme foi dito, a redação do art. 1º da Lei nº 4.717, de 29 de junho de 1965, é no sentido de que o autor popular pode "pleitear a anulação ou a declaração de nulidade de atos lesivos", sem distinguir ou limitar quais atos seriam passíveis de invalidação. Poderá, portanto, ser de natureza jurisdicional.

Passemos, portanto, como anunciado, à análise do cabimento da ação popular.

## 7.2 A invalidação da sentença lesiva através de ação popular e os seus limites

Conforme citado desde as primeiras linhas, o objetivo principal deste livro é sustentar entendimento de que é possível ao

---

[392] 2003, p. 194.

cidadão impugnar, via ação popular, ato de conteúdo jurisdicional lesivo ao erário público.

É perfeitamente possível situação em que o ato jurisdicional consubstanciado em uma sentença (ou acórdão) possa provocar concretos e imediatos efeitos lesivos aos cofres públicos; isso depois de seu trânsito em julgado ou de transcorrido o prazo para ajuizamento de ação rescisória ou, ainda, já esgotado o prazo para embargos.

Acrescente-se aí a circunstância de que a sentença seja fruto de conluio entre magistrado e administrador público, numa verdadeira *simulação* de processo, portanto com a mácula da imoralidade a saltar aos olhos. E não se pode excluir desta hipótese a possibilidade de que também esteja mancomunado com o juiz e o advogado da causa, também o representante do Ministério Público, que obviamente jamais instauraria ação civil pública de improbidade do ato imoral do qual foi partícipe.

O exemplo imaginado pode parecer um raro absurdo, mas não é impossível de acontecer e já aconteceu. Não muito longe no tempo, deu-se o escandaloso caso dos famigerados fraudadores da previdência social, no Estado do Rio de Janeiro, que envolveu uma advogada, um procurador do INSS e o próprio juiz, saqueando os cofres públicos.

Há pouco tempo nada menos que um Ministro do Superior Tribunal de Justiça foi afastado do cargo sob a acusação de estar envolvido em suposta "venda de *habeas corpus*" para traficantes de entorpecentes e tem sido alvo da imprensa a chamada "indústria de liminares".

Mais recentemente desembargadores e juízes federais foram pegos na famosa *Operação Anaconda*, que culminou com a prisão de um magistrado federal — Rocha Mattos — sob a acusação de envolvimento em esquema de venda de sentenças.

O jornalista Frederico Vasconcelos, no livro-reportagem *Juízes no banco dos réus*, narra detalhes do envolvimento do juiz federal João Carlos da Rocha Mattos em possíveis vendas de sentença, como por exemplo, no caso da absolvição de um dos acusados no escândalo dos precatórios, o Sr. Sérgio Chiamarelli Júnior, diretor da empresa Split DTVM Ltda. O juiz federal Rocha Mattos absolveu Sérgio Chimarelli Jr., com quem mantinha laços de amizade, comprovado por gravação feita pela Polícia Federal:

> No dia 13 de maio de 2003, às 18h30, o delegado Bellini telefonou para Rocha Mattos, que estava em Porto Alegre. Esse telefonema ficaria famoso porque Bellini diz que "Serginho" (Chimarelli) estava mandando um beijo para o juiz. E Rocha Mattos perguntava a Bellini

se o empresário havia gostado da decisão, sentença que proferira, dias antes, absolvendo-o.[393]

Em data mais recente, na *Operação Hurricane*, a lufada de um furacão fez esvoaçar com força as togas de magistrados do Rio de Janeiro, desvendando possível envolvimento de desembargadores federais, e de um ministro do STJ, em um vergonhoso esquema de venda de sentenças para contraventores cariocas. É o que se lê da matéria de autoria do jornalista Alexandre Oltramari, publicada na revista semanal Veja:

> Só na Operação Hurricane, três desembargadores foram parar atrás das grades — e o ministro Paulo Medina, do STJ, mesmo sem ser preso, foi parar no olho do furacão. [...] O ministro Paulo Medina é suspeito de vender liminares com a ajuda de seu irmão, o advogado Virgílio Medina. Com gravações telefônicas, escutas ambientais, filmagens e fotografias, a Polícia Federal documentou Virgílio Medina vendendo três decisões judiciais do irmão.[394]

Possivelmente preocupados com exemplos dessa natureza é que Emerson Garcia e Rogério Pacheco Alves instigam uma maior reflexão para casos apontados, que qualificam como frutos da "influência de fatores externos no teor das decisões proferidas".[395] É o que destacam, em casos

> [...] quando haja recebimento de algum tipo de vantagem patrimonial para que a decisão seja favorável a determinado litigante. *In casu*, haverá flagrante violação aos princípios da legalidade e da moralidade, sendo imprescindível, no entanto, que a verificação de tais irregularidades seja feita com grande cautela, inclusive com o prévio manejo das ações autônomas de impugnação.[396]

É importante ressaltar que, por ato com conteúdo jurisdicional lesivo ao patrimônio público, deve-se entender, para o caso em análise, a sentença (ou acórdão) desfavorável à União, ao Estado e ao Município e às demais pessoas jurídicas indicadas no art. 1º da Lei nº 4.717/65.

Mas é possível cogitar-se também em relação às decisões interlocutórias lesivas ao patrimônio público e outros bens tutelados

---

[393] 2005, p. 310.

[394] OLTRAMARI, Alexandre. Furacão da limpeza: na maior devassa da história do Judiciário, a polícia prende juízes sob suspeita de vender decisões – e dá início a uma faxina que tem tudo para fazer bem ao país. *Veja*, São Paulo, ano 40, n. 16, p. 73-78, 25 abr. 2007.

[395] 2002, p. 260.

[396] 2002, p. 260-261.

pela ação popular (meio ambiente etc.), que ficariam expostas à concessão de medida de urgência, deferida em ação popular, impeditiva de seu cumprimento.

Tem-se, por exemplo, o caso de decisão liminar que autoriza a demolição de imóvel histórico ainda não tombado ou a que indefere liminar que objetivava a paralisação de degradação do meio ambiente. É preciso amadurecer essa concepção. Mas talvez seja o caso de qualquer cidadão ter condições de impedir a irreversível destruição da memória de uma cidade ou do meio ambiente. Poderia o cidadão valer-se da ação popular, promovida perante outro juiz da localidade, de igual instância, em caráter de urgência, com pedido emergencial no sentido de evitar o dano ao patrimônio cultural ou ao meio ambiente, com decisão liminar, para antecipar a tutela.

Em situações tais, seja em razão de despesas e do tempo, não seria o caso de se exigir que o cidadão, prestes a ser lesado, tivesse que manejar recurso dirigido à instância superior, muitas vezes geograficamente longe do local da lesão. E o instituto da prevenção, excepcionalmente nestes casos, teria que ser desconsiderado, para oportunizar que outro juiz local pudesse, liminarmente, impedir o dano iminente, fruto de decisão interlocutória prejudicial. Mas, como o tema escapa ao objetivo das presentes reflexões, as considerações sobre ele ficam aqui encerradas.

Volta-se, portanto, ao tema proposto para esse tópico, qual seja, a viabilidade de ser ajuizada ação popular contra uma suposta coisa julgada material lesiva ao erário público.

Para tanto, novamente será analisada aqui a condição de ação, específica para a ação popular, já vista anteriormente, qual seja, o interesse processual de agir.

Numa primeira análise, pode-se dizer que faltaria, em tese, interesse de agir para o autor popular, mesmo que já transitada em julgado a sentença, se existir ainda o prazo de dois anos a contar do trânsito em julgado para ajuizamento da ação rescisória. E, além disso, há que se verificar se a ação rescisória seria cabível. Ou seja, é necessário, ainda, que estejam presentes quaisquer dos motivos para a ação rescisória arrolados em *numerus clausus* nos incs. I ao IX, do art. 485, do CPC.

Não sendo o caso de rescisória ou tiver decorrido o prazo, ter-se-ia aí o interesse de agir do autor popular. Contudo, tal se aplica apenas para o entendimento de que se estaria diante de sentença exposta à ação rescisória.

Com a perspectiva de a sentença lesiva ao erário ser passível de declaração de inexistência, por afrontar o princípio da moralidade, conforme será visto no próximo tópico, não há que se cogitar em ação rescisória, ainda que cabível. A sentença seria, potencialmente, lesiva e, desde já, seria atacável pela ação popular, com pedido declaratório de inexistência jurídica, uma vez que a Carta Magna autoriza a apreciação pelo Poder Judiciário não só da lesão em si, mas também da *ameaça a direito* (CF, art. 5º, inc. XXXV).

A inexistência jurídica da sentença, defendida neste livro, além de afastar a aplicação do prazo decadencial para propositura de ação rescisória, também torna desnecessária a ocorrência de uma das situações indicadas como fundamento para sua propositura (incisos I ao IX, do art. 485, do CPC).

Mas, de alguma das situações do art. 485, principalmente tendo-se à mão prova robusta de que a sentença lesiva foi dada por prevaricação, concussão ou corrupção do juiz, poderia ser ajuizada a própria rescisória e estaria legitimada para ela, ordinariamente, a entidade pública passível de sofrer a lesão.

Contudo, tem-se aí um questionamento de suma importância. E se o representante legal dessa entidade quedar-se inerte?

Em princípio, poder-se-ia dizer que qualquer cidadão, na qualidade de terceiro juridicamente interessado (inc. II, art. 487, CPC), por ter legítimo interesse baseado no argumento de que o erário público (de todos) está passível de lesão, poderia propor a ação rescisória. Contudo, o terceiro juridicamente interessado tem que estar direta ou reflexamente exposto à sentença rescindenda, na qualidade de titular do direto da relação jurídica vinculada à sentença.

A titularidade com a relação jurídica tratada na sentença rescindenda é de intensidade maior do que a relação que o cidadão tem para com o patrimônio público. Portanto, inviável é a ação rescisória, porque colocaria qualquer cidadão em dificuldade enorme para justificar-se como parte legítima, muito embora a lesão ao erário atinja patrimônio que também não deixa de ser seu.

É de se ter, portanto, como concorrentemente legitimado qualquer cidadão, mas não para ajuizar a ação rescisória que o ente público deixou de propor e, sim, para propor ação popular visando o reconhecimento judicial de inexistência do ato jurisdicional lesivo.

Na análise das situações em que é possível a propositura da ação popular infringente de sentença lesiva, tem-se, ainda, quanto à União, ao Estado, ao Município e suas autarquias e fundações públicas, como se sabe, que a sentença de mérito desfavorável a estas entidades está sujeita ao duplo grau de jurisdição, conforme está disposto no art. 475 do CPC (exceto nos casos dos §§2º e 3º) e só produziria efeito depois de transitada em julgado, ou seja, de reexaminada pela instância superior e, enquanto isso não ocorre, não há que se falar em coisa julgada.[397] Ou seja, ainda que a sentença proferida em primeiro lugar ofenda o princípio da moralidade, para ser exequível e apta a surtir efeitos concretamente lesivos ao erário, haverá de ser reexaminada pela instância superior.

Com efeito, nessa excepcional situação, não existiria a possibilidade de ser ajuizada a ação popular com pedido declaratório de sua inexistência, ao argumento de que faltaria interesse processual de agir ao autor popular, já que a sentença lesiva poderia ser cassada pela segunda instância. No entanto, conforme será fundamentado no último tópico desta obra, a sentença é juridicamente inexistente, o que implica em ser possível o questionamento do julgado, tão logo publicado.

Não se deve esquecer, ainda, dos casos dos §§2º e 3º do art. 475, que ganharam nova redação recentemente dada pela Lei nº 10.352, de 26 de dezembro de 2001: quando a condenação, ou o direito controvertido, for de valor certo não excedente a 60 (sessenta) salários mínimos, bem como, no caso de embargos do devedor na execução de dívida ativa do mesmo valor e quando a sentença estiver fundamentada em jurisprudência do plenário do Supremo Tribunal Federal ou em súmula deste Tribunal ou do tribunal superior competente.

Em tais hipóteses, por inexistir o reexame necessário, não sendo interposto recurso pela União, Estado, Municípios (e respectivas autarquias e fundações), opera-se, em tese, a coisa julgada. Independentemente da possibilidade de ser ajuizada ação rescisória, ou do transcurso de dois anos e mesmo diante da possibilidade de a Fazenda Pública embargar a execução, está qualquer cidadão com todas as condições de ação para buscar, em juízo, a declaração de invalidade da sentença lesiva.

Por se tratar de sentença inexistente, não se vê motivo para que, desde que proferida, seja a mesma passível de impugnação via ação popular com pedido de reconhecimento de sua inexistência jurídica e consequente invalidade.

Sabe-se que atualmente dos tribunais e a doutrina exigem a lesividade como requisito indispensável para procedência da ação popular. Possivelmente exigir-se-á que a lesão já tenha sido efetivada, quando então o autor popular irá buscar sentença invalidando a sentença e condenando os responsáveis a ressarcirem os cofres públicos, como no caso concreto dos fraudadores da previdência social.

---

[397] Coisa julgada é aqui citada apenas do ponto de vista formal, porque a sentença lesiva ao erário público, como fundamentado, em momento algum será coisa julgada, porque é uma sentença inexistente.

Todavia, com base no entendimento proposto neste livro, legitimado está, concorrentemente, o cidadão a buscar a invalidade do ato lesivo, valendo-se da ação popular, instrumento próprio para a proteção da moralidade administrativa e acessível a qualquer cidadão, antes mesmo que a lesão ao erário ocorra. No caso, como a sentença lesiva por si só significa uma ameaça ao erário público, é potencialmente lesiva, o embasamento jurídico está também no inc. XXXV do art. 5º da CF, que assegura a apreciação pelo Poder Judiciário, ainda que o direito esteja apenas ameaçado.

E não parece razoável ou lógico que se aguarde a efetiva ocorrência da lesão aos cofres públicos, o que é de difícil ou impossível reparação posterior, ainda seja reconhecida a prática lesiva e responsabilizados os autores da improbidade.

Melhor é, com certeza, que se evite a ocorrência da lesão, podendo o autor popular questionar a sentença lesiva, assim que estiver na iminência de causar a lesão, ou seja, surtir seus efeitos ameaçadores, tal qual ocorre em casos de leis lesivas de efeitos concretos. E isso vai ter que ser analisado caso a caso: poderá ser quando da expedição do precatório em desfavor dos cofres públicos, como poderá ser de imediato, como no caso da sentença proferida em mandado de segurança, de caráter mandamental, que a administração pública tem que cumprir independentemente de trânsito em julgado.

Cumpre assinalar, no entanto, que concorrentemente poderia a Fazenda Pública embargar ao argumento de que é inexigível o título (matéria do inc. II do art. 741) em face da lesividade e imoralidade da sentença exequenda. E agora a Fazenda Pública pode também invocar a inexigibilidade do título judicial que se fundou em lei ou ato normativo declarados inconstitucionais pelo Supremo Tribunal Federal, conforme redação inserida pelo novíssimo parágrafo único do art. 741 do CPC, inicialmente introduzido pela Medida Provisória nº 2.180/01, posteriormente ratificado pela Lei nº 11.232, de 22.12.2005.

Transpostas as situações anteriormente indicadas, pensar que o ato jurisdicional típico é inatacável pela ação popular, será colocar o cidadão de pés e mãos atados frente a absurdos que se poderiam praticar acobertados pelo argumento de que a sentença judicial lesiva não pode ser questionada por qualquer cidadão.

Não é demais repetir que juízes, desembargadores e administradores públicos são homens e como tais, suscetíveis de engendrarem entendimento entre si com a finalidade de lesar os cofres públicos.

Lúcia Valle Figueiredo posiciona-se no sentido de que não há empecilho algum para responsabilizar o Estado por ato praticado pelas demais funções. Em que pese o enfoque estar no contexto da responsabilidade civil do Estado, são oportunas suas palavras:

> Efetivamente, encarna o Judiciário também a figura do agente público, de alguém que diz o Direito em normas concretas e por conta do Estado. Se assim é, dentro de certas comportas, que o regime jurídico da função postula, há de ser também responsabilizado na hipótese de lesão.[398]

Emerson Garcia e Rogério Pacheco Alves, quando analisam quais os atos de improbidade administrativa estariam sujeitos aos efeitos da Lei nº 8.429/92, apontam como tais também os de magistrados, inclusive quando estes exercem atividade judicante. Os autores destacam:

> A tendenciosidade e a má-fé, pejorativos igualmente raros mas nem por isso ausentes da rotina forense, além de preocupar os jurisdicionados, conduzem ao descrédito do próprio Estado de Direito, inviabilizando a consecução de seus fins. Em razão disto, sempre que for constatado o dolo do magistrado ou a presença das situações fáticas consubstanciadoras do impedimento — consoante previsão legal — aliadas ao silêncio deste e à ulterior prolação de decisório favorável ao seu preferido, ter-se-á um relevante indicador da improbidade.[399]

E mesmo quando a decisão judicial, fruto de improbidade, tenha transitado em julgado, seria ela, na visão de Emerson Garcia e Rogério Pacheco Alves, passível de ser desfeita através de ação civil pública proposta com base na Lei nº 8.429/92, senão vejamos:

> Ainda que a decisão tenha transitado em julgado, inexistirá óbice à aferição dos elementos que comprometeram a imparcialidade do magistrado, já que a pretensão a ser deduzida na ação civil não pressupõe o revolver da lide originária, mas sim a análise dos fatores externos que comprometeram sua inidoneidade. Tal ocorrerá com maior intensidade quando haja recebimento de algum tipo de vantagem patrimonial para que a decisão seja favorável a determinado litigante. In casu, haverá flagrante violação aos princípios da legalidade

---

[398] 2003, p. 282.
[399] 2002, p. 260.

e da moralidade, sendo imprescindível, no entanto, que a verificação de tais irregularidades seja feita com grande cautela, inclusive com o prévio manejo das ações autônomas de impugnação.[400]

Wallace Paiva Martins Júnior ,[401] sustenta que a referida lei é aplicável também para os servidores públicos que prestam a jurisdição, no caso juízes, desembargadores e ministros de tribunais superiores, mesmo em relação aos seus atos típicos de jurisdição. Wallace Paiva Martins Júnior assevera:

> A Lei Federal nº 8.429/92 aplica-se contra atos de improbidade administrativa de qualquer dos Poderes, abrangendo, pois, a improbidade não somente no Executivo, mas também no Legislativo e no Judiciário, sejam atos administrativos, legislativos ou jurisdicionais. Nesse sentido, dispunha o art. 1º, §1º, da Lei Federal nº 3.502/58. José Celso de Mello Filho observa que "o conceito de função pública é amplo, abrangendo, também, os próprios membros dos três Poderes do Estado", pois os atos jurisdicionais, legislativos e ministeriais atípicos são atos administrativos e os atos jurisdicionais, legislativos e ministeriais típicos, praticados com dolo, para fins ilícitos, traduzem o uso indevido da função. Assim, por culpa grave, causando lesão ao erário, o ato implicará improbidade administrativa.[402]

E, para finalizar seu ponto de vista, Wallace Paiva é incisivo:

> o juiz que aufere quantia para julgar a lide em favor de uma pessoa ou o deputado que recebe imóvel para votar favoravelmente a um certo projeto de lei de interesse de um determinado grupo cometem improbidade administrativa, na modalidade enriquecimento ilícito, no exercício de suas funções constitucionais típicas [...]. A doutrina destaca o desvio de poder nos atos legislativos [...] e jurisdicionais (deferimento imoderado de decisões liminares [...])[403]

Como já citado anteriormente, há alguns anos ocorreu o ruidoso caso do Estado do Rio de Janeiro, onde um *juiz*, um procurador do INSS e a advogada simularam processos contra a previdência social, com a finalidade de saquear os cofres da autarquia em vultosas quantias.

---

[400] 2002, p. 260-261.
[401] 2001, p. 249.
[402] 2001, p. 249.
[403] 2001, p. 249-250.

Felizmente, a trama foi descoberta e os envolvidos foram criminalmente responsabilizados. Contudo, o prejuízo para os cofres públicos foi enorme e apenas uma parte foi recuperada.

Com isso, direitos fundamentais assegurados na Constituição Federal, como o acesso à previdência social e à saúde (fatores determinantes da dignidade da pessoa humana) foram suprimidos do gozo do cidadão, tudo em razão da prática de atos lesivos ao erário público, acobertado por ato tipicamente jurisdicional.

O cidadão, a favor de quem o ordenamento jurídico foi instituído, pode lançar mão de milenar instrumento capaz de anular e afastar lesão ao patrimônio público, ainda que o alvo desta poderosa arma seja sentença de juiz ou mesmo acórdão de tribunal superior.

Sobre o tema Emerson Garcia e Rogério Pacheco Alves destacam:

> O fato de a atividade jurisdicional ser derivada da soberania do Estado não representa qualquer óbice à tese de responsabilização deste, pois a concepção de soberania somente restará maculada quando o ente estatal tiver seus atos limitados por fatores estranhos à sua vontade, o que não ocorrerá quando as restrições e as penalidades existentes forem por ele próprio impostas. Frise-se, ainda, que o ato administrativo, tanto quanto o jurisdicional, também é uma forma de manifestação da soberania, e nem por isso se afasta a responsabilidade do Estado pelos danos por ele causados.[404]

O instrumento mais democrático para combater ato de improbidade é, sem dúvida, a ação popular, cuja estrutura jurídica deveria ser reforçada, ampliada e facilitado o seu uso, conforme é proposto pelo publicista Fábio Konder Comparato.[405]

A cidadania mínima deve ser tida como suficiente para o manejo da ação popular, o leque de direitos protegidos merece ser ampliado e conforme o caso, sequer prazo para ajuizamento para a ação popular ser ajuizada deveria existir, principalmente nos casos de lesão ao patrimônio público e à moralidade administrativa.

Há, no entanto, um aspecto limitador da proposta defendida na presente obra, de importância ímpar e que não pode ser deixado de lado, qual seja, o de se estabilizar a relação jurídica discutida.

É indiscutível a importância do controle judicial dos próprios atos do Poder Judiciário, ainda que seja através de ação popular,

---

[404] 2002, p. 262.
[405] COMPARATO, Fábio Konder. Os obstáculos históricos à vida democrática em Portugal e no Brasil. *Revista Latino-Americana de Estudos Constitucionais*, Belo Horizonte, n. 1, jan./jul. 2003.

na hipótese de sentença ou acórdão lesivo ao patrimônio público, conforme a presente obra sustenta. Mas a invalidação de sentença ou de acórdão lesivo ao público deverá ter limites, para que não ocorra uma indesejada e permanente instabilidade na Administração Pública.

Induvidoso de que o ato jurisdicional lesivo ao patrimônio público (sentença ou acórdão) viola o *princípio da moralidade*, que é tido pela doutrina como o princípio dos princípios, o mais importante. Todavia, o princípio da moralidade não é absoluto, e por isso mesmo não podem ser desmerecidos outros princípios: podem e devem ser também ponderados os princípios da *proporcionalidade*, da *razoabilidade* e da *segurança jurídica*.

Em face dessas considerações, é salutar esclarecer neste ponto que o presente livro não prega que todo e qualquer ato jurisdicional, ainda que desfavorável aos interesses do cidadão, estaria sujeito ao reconhecimento judicial de inexistência jurídica, via ação popular.

Pensar assim, repetidas e reiteradas ações populares seriam propostas, perenizando demandas e jamais se teria uma desejada estabilidade jurídica na Administração Pública. E isso pode ser mais oneroso aos cofres públicos.

Portanto, em primeiro lugar deve-se salientar que apenas o ato jurisdicional causador de lesão ao patrimônio público, porque afronta a moralidade administrativa, estaria suscetível a ser reconhecido judicialmente como inexistente em ação popular.

E o mais importante: a alegação da violação da moralidade de uma sentença lesiva ao erário tem que ser limitada a um único questionamento. Uma vez afastada a inconstitucionalidade alegada, obteve-se o acertamento jurídico e vedada está a reabertura da questão, através de outra ação popular.

Esse aspecto é sustentado por Humberto Theodoro e Juliana Cordeiro:

> Urge, pois, distinguir a questão constitucional nunca examinada da que já foi objeto de decisão judicial pelo órgão competente. Naturalmente, se a argüição já foi repelida uma vez, por tribunal competente, e a sentença a seu respeito transitou em julgado, somente por meio de ação rescisória poderá ser reavaliada. É que o Poder Judiciário já terá feito, de forma definitiva, o controle de constitucionalidade que lhe competia.[406]

---

[406] 2005, p. 50.

Com efeito, quando a sentença anterior ou o acórdão apreciou especificamente a alegação de efeitos de um ato jurisdicional nocivos ao patrimônio público ou à moralidade administrativa, não há que se falar em propositura de outra ação popular buscando a invalidação deste último ato jurisdicional, sob o mesmo argumento.

O que não é admissível é a possibilidade de uma sentença servir de instrumento para a lesão aos cofres públicos e nunca poder ser impugnada através da ação popular, por qualquer cidadão.

## 7.3 Limites para invalidação da sentença lesiva através de ação popular

É de suma importância ressaltar que uma vez levada à apreciação do Poder Judiciário a alegação de inconstitucionalidade da sentença, por violação do princípio da moralidade, ou lesão ao erário, depois de decidida a demanda, ainda que desfavorável ao autor popular, não mais se admite nova rediscussão dos fatos e direitos apreciados.

A bem da verdade, um limite natural já existe no Código de Processo Civil brasileiro, que estatui no art. 471 que "nenhum juiz decidirá novamente as questões já decididas, relativas à mesma lide".

Por isso, não há que se cogitar, e muito menos temer, que no campo prático o uso da ação popular pelo cidadão, buscando invalidar sentença causadora de lesão ao patrimônio do povo, permitirá que se repita indefinidamente a propositura de mais e mais ações populares, "numa cascata ou espiral sem fim",[407] expressão cunhada por Humberto Theodoro Júnior e Juliana Cordeiro de Faria.

Conforme fundamentado, a ação popular também pode voltar-se contra a *aparente coisa julgada* formada em outro processo, desde que se apresente lesiva ao patrimônio público.

Com efeito, impõe-se discorrer sobre a natureza jurídica da sentença lesiva, incompatível com os princípios constitucionais.

Seria ela rescindível? Trata-se de sentença nula, anulável ou inexistente?

Como já foi acenado antes, por diversas vezes, trata-se de sentença juridicamente inexistente e é exatamente sobre esse palpitante tema que o próximo tópico tratará.

Propositalmente, como se nota, foi utilizada a expressão "aparente coisa julgada" e em outras passagens empregou-se a expressão "coisa julgada em tese".

---

[407] 2005, p. 49.

As razões jurídicas para esse tratamento serão explicitadas a seguir, ao encerramento destas reflexões.

## 7.4 Sentença imoral, sentença inexistente

Ao discorrer sobre as condições da ação, foi afirmado que, para provocar a função jurisdicional estatal, ou seja, invocar a tutela jurisdicional e o juiz analisar o mérito da causa, é preciso preencher alguns requisitos processuais, previstos no Código de Processo Civil, sem os quais o autor teria exercido mero *direito de petição*.

Além dos pressupostos de validade e existência do processo, temos as condições da ação: legitimidade de partes, possibilidade jurídica do pedido e interesse processual de agir. E, na falta de qualquer uma das condições da ação, o processo é simplesmente extinto pelo juiz, ou seja, *deixa de existir* por carência de ação (art. 267, inc. VI, do CPC).

Apoiado em Liebman, o Professor Humberto Theodoro Júnior destaca:

> É que, embora abstrata, a ação não é genérica, de modo que, para obter a tutela jurídica, é indispensável que o autor demonstre uma pretensão idônea a ser objeto da atividade jurisdicional do Estado. Vale dizer: *a existência da ação* depende de alguns requisitos constitutivos que se chamam "condições da ação", [...] Por conseguinte, à falta de uma condição da ação, o processo será extinto,[408] [...]

Conforme se depreende da doutrina do prestigiado processualista, a própria *existência da ação* dependerá do preenchimento das condições da ação.

Sob o ponto de vista jurídico, o que é extinto *deixa de existir*, torna-se *inexistente*. E será tido como inexistente por força declarativa de sentença extintiva porque o processo não poderia ter jamais existido. Se eventualmente veio a existir, a existência aí é meramente uma aparência de existência, sem o condão de gerar efeitos jurídicos. Inexistindo o processo, óbvio que não se pode sequer cogitar da existência da sentença eventualmente nele proferida, se se chegou a tanto.

É importante frisar que a inexistência de que se cogita é a *jurídica*, posto que, no campo fático, tem-se a visão de uma pretensa

---

[408] 2002a, p. 49, destaque nosso.

sentença, impressa em papel timbrado do Poder Judiciário, com assinatura de juiz, publicada etc. Aliás, a sentença inexistente pode estar até confirmada em segundo grau, aparentemente revestida de imutabilidade e capaz mesmo de provocar efeitos materiais, empíricos, porque, como antes afirmado, tem-se uma aparência de sentença com eficácia, que pode ser lida e cumprido seu dispositivo.

Além disso, não é demais repetir que se sustenta como inexistente o ato jurisdicional que viola o princípio constitucional e pela primeira vez. Isso porque se já afastada a alegação de inexistência jurídica uma vez, não há como ser novamente revolvida a questão, sob pena de se instalar a instabilidade e incerteza no seio da Administração Pública.

Sobre a inexistência do ato jurídico, Fábio Gomes lembra que "a doutrina identifica não só a inexistência material, mas também a inexistência jurídica".[409]

O autor arremata logo em seguida:

> Com efeito, o ato pode simplesmente inexistir no mundo dos fatos, sequer como aparência de ato (inexistência material). Às vezes, porém, constata-se a existência de um fato com aparência de ato; a ausência de um requisito vital, entretanto, desnatura-o como ato jurídico (inexistência jurídica).[410]

Uma das condições da ação, como se sabe, é a possibilidade jurídica do pedido. Para que se possa falar em possibilidade jurídica do pedido é preciso averiguar se existe a admissibilidade da demanda no ordenamento jurídico, ou seja, para que o pedido seja juridicamente possível é mister que seja compatível, ainda que em tese, com a ordem jurídica e é tido como juridicamente impossível um pedido quando o mesmo se choca com preceitos do ordenamento jurídico.

Assim, é necessário que inexista, no ordenamento jurídico, qualquer vedação ou proibição, expressa, ao acolhimento da postulação deduzida em juízo, ou seja, é possível do ponto de vista jurídico tudo aquilo que não está vedado. É vedado, por exemplo, cobrar dívida de jogo, deferir usucapião de vias públicas, assim como qualquer pretensão que viole a moralidade administrativa, consagrada no art. 37 da Constituição Federal.

"Para que a demanda seja juridicamente possível, é necessária a compatibilidade de cada um de seus elementos com a ordem

---

[409] 2000, p. 24.
[410] 2000, p. 25.

jurídica",[411] ensina Cândido Rangel Dinamarco. Logo, o pedido que não se amolda ao ordenamento jurídico é juridicamente impossível.

Dinamarco destaca, ainda, o caráter de exceção da impossibilidade jurídica do pedido e só se conclui que um pedido é juridicamente impossível por exclusão. Afirma o processualista:

> A casuística da impossibilidade jurídica evidencia que a esta se chega por exclusão e pelas situações negativas, sendo mais fácil falar dela que da possibilidade. Isso tem um sólido fundamento sistemático, que é a garantia do controle jurisdicional, portadora da regra de que em princípio todas as pretensões de tutela jurisdicional serão apreciadas pelo Estado-juiz (Const., art. 5º, inc. XXXV), só não o sendo aquelas que encontrarem diante de si alguma dessas barreiras intransponíveis.[412]

Em outra obra, Dinamarco[413] chama a atenção para o conceito amplo da possibilidade jurídica, com especial destaque para a impropriedade da expressão "impossibilidade jurídica *do pedido*", ao dizer que pedido é apenas um dos elementos da demanda, que se compõe também da causa de pedir e das partes.

O autor propõe, então, como mais adequada, a locução "impossibilidade jurídica da demanda", na medida em que abrange todos os elementos: a impossibilidade pode estar não só no pedido, como também na "*causa petendi* (dívida de jogo); outras é alguma especial condição da pessoa (não se faz execução contra pessoa jurídica de direito público)".[414]

Como foi visto antes, Calmon de Passos afirma que a impossibilidade jurídica do pedido não é mais considerada uma das condições da ação e somente está prevista em nosso CPC por "gratidão ao *mestre estrangeiro que alfabetizou os caboclos*",[415] referindo-se a Liebman.

No entanto, algumas linhas antes o mesmo autor se contradiz, ao sustentar que é inexistente a sentença de mérito proferida quando se está diante de uma impossibilidade jurídica do pedido, exemplificando com o caso da condenação do réu à pena de morte. Para o afamado jurista, trata-se de uma "sentença impossível, isto é, da sentença que aplica direito não contido expressamente nem implicitamente no sistema legislativo".[416]

---

[411] 2001a, p. 298.
[412] 2001a, p. 299
[413] 2002b, p. 400.
[414] DINAMARCO, 2002b, p. 400-401.
[415] 2002, p. 118.
[416] 2002, p. 102.

São palavras de Calmon de Passos:

> Ela é uma não sentença, pois sentença é aplicação autoritativa do direito que incidiu em um caso particular, e somente pode incidir direito reconhecido, acolhido pelo sistema de direito positivo do país de que o juiz é agente político.[417]

E, em que pese a polêmica doutrinária, no Brasil vigora o Código de Processo Civil de 1973, que expressamente prevê como uma das condições da ação a *possibilidade jurídica do pedido*. E o legislador sequer cogitou em retirá-la do texto legal, muito embora o CPC tenha sido submetido a diversas reformas em seus mais de trinta anos de existência.

Assim, conforme foi estudado, necessário é que inexista, no ordenamento jurídico, vedação ou proibição expressa ao acolhimento da postulação deduzida em juízo, ou seja, é possível do ponto de vista jurídico tudo aquilo que não está explicitamente vedado, raciocínio esse, no entanto, que só é válido para o campo do direito privado. No âmbito de direito público o princípio básico a ser seguido é o de que só é permitido aquilo que a lei expressamente autorizar, pelo que está vedado o que a lei nada se referir.

"A contrário dos particulares, os quais podem fazer tudo o que a lei não proíbe, a Administração só pode fazer o que a lei antecipadamente autorize",[418] alerta o administrativista Bandeira de Mello.

Por isso, se a pretensão envolver direito público e o pedido contido na inicial não estiver *expressamente permitido pelo ordenamento jurídico*, em tese se estará diante de um pedido juridicamente impossível, visto que a "lei para o particular, significa 'pode fazer assim'; para o administrador público significa 'deve fazer assim'",[419] assevera Hely Lopes Meirelles.

Humberto Theodoro, embasado nas lições de Allorio, escreve que não se deve confundir impossibilidade jurídica do pedido frente ao direito material, pois a ausência deste levaria à improcedência do pedido, pelo que

> [...] impõe-se restringir a possibilidade jurídica do pedido ao seu aspecto processual, pois só assim estaremos diante de uma verdadeira condição da ação, como requisito prévio de admissibilidade do

---

[417] 2002, p. 102.
[418] 1993, p. 52.
[419] 2005, p. 88.

exame da questão de mérito. [...] A possibilidade jurídica, então, deve ser localizada no pedido imediato, isto é, na permissão, ou não, do direito positivo a que se instaure a relação processual em torno da pretensão do autor.[420]

Cândido Rangel Dinamarco observa, no entanto, que embora seja "do direito material que ordinariamente vêm os elementos em virtude dos quais se chega a concluir pela carência de ação por impossibilidade jurídica, mas a carência em si mesma é típico fenômeno de direito processual",[421] porque no caso o Estado renuncia em exercer sua função jurisdicional, diz Dinamarco. Ressalta, ainda, que não se pode assimilar a carência de ação à improcedência porque, ao pronunciar aquela, por impossibilidade jurídica da demanda, a situação jurídica entre as partes fica intacta, sem que seja afirmado ou negado o direito material deduzido na inicial.

Assim vista a questão, como condição da ação, a impossibilidade jurídica do pedido (ou da demanda, sugerida por Dinamarco), é certamente a condição de maior importância para o exercício do direito de ação. Para se concluir pela carência de ação ante a sua falta, questões relacionadas ao direito substancial haverão de ser revolvidas e analisadas, para se deparar com a negativa jurídica de existência da pretensão deduzida em Juízo, cuja vedação é tamanha, que sequer está o Estado-juiz autorizado a se pronunciar sobre ela.

Dessa forma, a sentença que, por ventura, julgar o mérito, se na verdade o autor era carecedor de ação por impossibilidade jurídica do pedido, conterá mácula muito mais forte do que aquela situação de ilegitimidade ou falta de interesse. É que impossibilidade jurídica do pedido tem estreita ligação com o direito material em si, porque existirá, no ordenamento jurídico, vedação expressa para a demanda proposta, ou seja, ninguém terá legitimidade ou interesse de agir.

No capítulo 3, tópico 3.3.1.1, afirmou-se que, por ordenamento jurídico, deve-se compreender não apenas as leis positivadas, codificadas, mas também todos os elementos jurídicos a elas agregados, inclusive os princípios gerais, dentre eles o da moralidade no trato da coisa pública. Contudo, sabe-se que o princípio da moralidade, como dito, já está ostensivamente previsto no art. 37 da Constituição Federal, como dogma a ser seguido por *qualquer agente dos Poderes* da União, dos Estados e Municípios, sem exceção. Além disso, há que

---

[420] 2002a, p. 51.
[421] 2002b, p. 404.

se seguir estritamente o que a lei expressamente permite (princípio da legalidade).

A violação de um princípio é muito mais grave do que a transgressão de uma norma qualquer, porque a desobediência não seria apenas a uma determinada lei ou artigo desta, mas a todo um sistema. É o que ensina Celso Antônio Bandeira de Mello:

> Violar um princípio é muito mais grave que transgredir uma norma qualquer. [...] É a mais grave forma de ilegalidade ou inconstitucionalidade, conforme o escalão do princípio atingido, porque representa insurgência contra todo o sistema, subversão de seus valores fundamentais, contumélia irremissível a seu arcabouço lógico e corrosão de sua estrutura mestra. Isto porque, com ofendê-lo, abatem-se as vigas que o sustêm e alui-se toda a estrutura nelas reforçadas.[422]

Assim, o pedido que contiver, em sua essência, uma imoralidade ínsita, obviamente, estará em choque com um dos mais importantes princípios constitucionais que rege a administração pública, qual seja, o da moralidade administrativa, que é ostensivamente protegida por ação popular pela Constituição Federal.

Em contraste com a moralidade administrativa, tem-se, então, um típico pedido juridicamente impossível. E a sentença que, eventualmente, o acolher será, por consequência lógica, sentença que acolherá uma impossibilidade jurídica (aliás, não é sentença).

Posto isso, para completar a linha de raciocínio, mister é que se analise aspecto de interesse deste livro, relativo à própria existência do ato processual.

Sabe-se que, nos termos em que preconiza José Frederico Marques, o ato processual, inclusive a sentença, "como todo ato jurídico, exige, para ser válido, agente capaz, objeto lícito e forma prescrita ou não defesa em lei".[423]

Mas o referido autor ensina ainda

> Há também atos processuais inexistentes, embora difícil, em algumas hipóteses, a distinção entre ato nulo e ato inexistente. Neste, há a impossibilidade de configurar-se o ato em sua fisionomia particular: existirá apenas um *quid* de fato sem qualquer projeção jurídico-processual, pois inadmissível será concebê-lo como ato processual.[424]

---

[422] 1993, p. 409.

[423] MARQUES, José Frederico. *Manual de direito processual civil*. atual. por Vilson Rodrigues Alves. Campinas: Bookseller, 1997a. v. 2, p. 148.

[424] 1997a, p. 149-150.

Dessa forma, no caso do processo, será ele inexistente se não existir a jurisdição ou, existindo esta, não foi a parte requerida validamente citada para se defender. Não existindo o processo, não se pode sequer cogitar da existência de sentença, se esta foi proferida.

O prestigiado processualista Humberto Theodoro Júnior, ao dissertar sobre o tema, distingue o que é sentença nula, rescindível e inexistente; reconhece a imprecisão vigente na doutrina, mas destaca, no entanto, que inexistente "é o julgado que não reúne as mínimas condições sequer para aparentar o ato processual que pretende ser".[425]

Calmon de Passos, do alto de sua respeitabilidade, ao distinguir o ato processual nulo do ato processual inexistente, diz:

> A inexistência é uma negação, e o ato processual inexistente é um não ato processual, vale dizer, é um não-ser e o que "não é" jamais pode ser viciado ou defeituoso. [...] quanto aos efeitos, coincide com o de nulidade absoluta, mas é um conceito que precede ao de nulidade bem como é mais rigoroso e taxativo do que ele.[426]

O princípio da moralidade, na feliz colocação de Wallace Paiva Martins Júnior, "constitui verdadeiro superprincípio informador dos demais (ou um princípio dos princípios)",[427] que não pode ser tido como mero integrante do princípio da legalidade.

Revestindo-se o princípio da moralidade de importância tal, a ponto de ser tida sua afronta como uma das mais graves violações da Constituição,[428] obviamente o ato com essa mácula choca-se frontal e violentamente com o ordenamento jurídico.

Assim, transposta esta análise para o plano processual, eventual sentença que encerrar em seu dispositivo comando que viole o princípio da moralidade, terá deferido pedido dessa mesma natureza e que, por consequência, era juridicamente impossível, dada a sua incompatibilidade com o ordenamento jurídico.

Logo, com essa mácula, o processo, em que se defere pedido juridicamente impossível, ou seja, no qual falta uma das condições da ação, a sentença proferida não pode existir no mundo jurídico.

A ausência de possibilidade jurídica, por afronta ao princípio da moralidade administrativa, deveria ter sido fator impeditivo do próprio pronunciamento de mérito pelo juiz, porque o autor era carecedor de ação.

---

[425] 1998, p. 23-37.
[426] 2002, p. 96.
[427] 2001, p. 31.
[428] 1993, p. 409, conforme retro citado.

*Carência* é o mesmo que a *falta de algo* necessário, a privação ou a *inexistência*. Se o autor não tinha a ação, não poderia ele ter a sentença de mérito favorável.

Apoiada nas lições de Liebman, segundo as quais as condições da ação são, em verdade, *requisitos constitutivos* da ação, Teresa Arruda Alvim Wambier, em obra de sua exclusiva autoria, conclui que "serão inexistentes também os processos a que tenha faltado pressuposto processual da existência, e por conseguinte, as sentenças de mérito neles proferidas".[429] Linhas antes a insigne autora enfatizou: "Tendo sido movida uma ação, estando ausentes uma (ou mais) de suas condições, terá sido exercido direito de petição, e não direito de ação. Ora, inexistente a ação, o mesmo se poderá dizer do processo e, por conseguinte, da sentença".[430]

Neste caso, como dito por Teresa Arruda Alvim e José Miguel Garcia Medina,[431] o autor exerceu apenas *direito de petição*, porque era carecedor de ação. A sentença proferida é mais que nula, é juridicamente inexistente, uma não sentença.

Ovídio A. Baptista da Silva vê com reservas a teoria da inexistência de atos processuais, sob o temor de virem "a produzir alguma consequência, a nosso ver, juridicamente relevante, caso em que não se poderia conceituá-los como *inexistentes*".[432]

É de se observar que o exemplo dado pelo autor gaúcho — de sentença de usucapião não assinada pelo juiz registrada no cartório de imóveis — cujo adquirente do domínio vende para terceiro e este para outro, que vem a falecer, e o herdeiro dá o imóvel em hipoteca bancária, focaliza situação envolvendo apenas relações de Direito Privado.

Em se tratando de situação envolvendo o patrimônio público, o tratamento há que ser diferente, e se a inexistência do ato processual, no caso a sentença, for decorrente de ter deferido pedido juridicamente impossível, por violar princípio constitucional, mais ainda não se pode concordar com posição de Ovídio Baptista, cuja objeção se apoia no argumento de que não se pode "transpor a fronteira dos 'dois mundos' — o mundo daqui de baixo e o mundo dos conceitos, chamado 'mundo jurídico' —, que o inexistente seja capaz de 'aparecer'".[433]

---

[429] 1998, p. 357.
[430] 1998, p. 356.
[431] 2003, p. 26-36.
[432] SILVA, Ovídio A. Baptista da. *Curso de processo civil*. 6. ed. São Paulo: Revista dos Tribunais. 2003. v. 1, p. 220.
[433] 2003, p. 220.

Ora, uma sentença não assinada pode ser posteriormente assinada e passa a existir; se o juiz faleceu ou por outro motivo está impossibilitado de lançar sua assinatura, é sentença inexistente e outra pode ser proferida no mesmo sentido, reconhecendo o direito de usucapião (exemplo de Ovídio Baptista), convalidando atos posteriores.

E se nem uma e nem outra situação ocorrer, sua inexistência jurídica pode ser reconhecida em outra ação declaratória, com consequências no registro imobiliário, voltando-se à situação anterior.

Em que pese o ponto de vista daqueles que repudiam a teoria da inexistência de atos jurídicos, principalmente em face da dificuldade que apontam em separar atos inexistentes de atos nulos, o tema é propício de ser tratado neste livro, em específico no âmbito processual, precisamente na análise da sentença inexistente. No direito processual, segundo boa doutrina, há uma inversão de valores não vista no Direito Civil, que fortalece a defesa dos atos inexistentes, principalmente pelo seu grande proveito prático.

E aí surgem autores de renome que defendem a ocorrência de ato processual inexistente. Ao ensejo, é interessante citar aqui Pontes de Miranda, que, ao analisar as sentenças nulas, fez distinção destas das inexistentes. Sobre as inexistentes escreveu que ocorre "[...] no caso de impossibilidade física, lógica, jurídica e moral, no conteúdo da sentença".[434] Nota-se que Pontes de Miranda fala em impossibilidade moral, que, se deferida, obviamente violaria a moralidade e caso seja sentença que trate de matéria de Direito Administrativo, a violação é da moralidade administrativa.

Giuseppe Chiovenda, ao analisar inexistência e nulidade de ato jurídico, afirma que ainda que a "distinção seja discutível na esfera do direito substancial, é, todavia, necessária teórica e praticamente no processo".[435]

Entre nós, há, ainda, a valiosa opinião de Calmon de Passos:

> Há, entretanto, vícios tão graves que neles a esperança deve ser abandonada de logo; estes vícios podem ser chamados *absolutos* ou *insanáveis* e se classificam em duas categorias. Na primeira se incluem aqueles cuja insanabilidade é expressamente reconhecida pela lei. Na segunda se incluiriam aqueles cuja insanabilidade não fosse uma consequência do mandamento legal, sim da existência de

---

[434] MIRANDA, Pontes de. *Tratado da ação rescisória*. 2. ed. atual. Vilson Rodrigues Alves. Campinas: Bookseller, 2003. p. 444.

[435] 1998b, p. 384.

*vícios essenciais* insanáveis, entendendo-se como vícios dessa ordem a falta de um requisito tal que não somente seja considerado necessário para o fim, sim também que sem ele haja *impossibilidade total* de que aquele fim seja alcançado. *Esse tipo de nulidade absoluta ou insanável, não prevista na lei, costuma ser chamada inexistência.*[436]

Tem-se, então, que inexistente é a sentença, cujo dispositivo entra em choque com o princípio da moralidade, o que, obviamente, tornou o autor carecedor de ação por impossibilidade jurídica do pedido. Por isso, a sentença sequer poderia existir no mundo jurídico. Faltou-lhe uma das condições da ação e o juiz não poderia ter apreciado mérito.

Como afirma o já citado Pontes de Miranda, "Sentença somente *há*, se se juntarem todos os seus pressupostos ou requisitos essenciais; se não há um deles, não há sentença, não pode haver sanação",[437] porque "a sentença fica não-sentença", completa o jurista, repetindo expressão de Agostinho de Bem Ferreira.

Bem fundamentados e numa interessante comparação com o ato jurídico inexistente do casamento de pessoas do mesmo sexo, Teresa Arruda Alvim Wambier e José Miguel Garcia Medina sustentam que pode ocorrer "que o ato processual ao qual falte algum dos elementos integrativos do tipo deixe de figurar, no sistema, como o ato processual que aparentava ser".[438]

Sobre esse importante aspecto Teresa Arruda e José Miguel explicitam mais ainda: "Assim, sentença de mérito proferida sem que haja interesse do autor, sem que as partes tenham legitimidade *ad causa* e quando se formulou pedido não compatível com o ordenamento jurídico é ato juridicamente inexistente".[439]

Dizem, referidos autores, que a sentença que, por um equívoco, "julga o 'mérito' quando, a rigor, encontravam-se ausentes as condições da ação é um arremedo de sentença, pois a questão submetida ao juiz sequer poderia ter sido apreciada (v.g., no caso de sentença proferida entre partes ilegítimas)".[440]

E a sentença inexistente não é impugnável via ação rescisória, conforme alerta Humberto Theodoro Júnior: "O que não existe não pode ser rescindido, de sorte que não se há de falar em ação rescisória sobre sentença inexistente"[441] [...]

---

[436] 2002, p. 92.
[437] 1974a, p. 331.
[438] 2003, p. 27.
[439] 2003, p. 31-32.
[440] 2003, p. 32.
[441] 1994, p. 7.

Essa conclusão do processualista mineiro decorre do fato de que a sentença inexistente, por ser um nada no mundo jurídico, também não faz surgir a coisa julgada.

Aliás, se a inconstitucionalidade de uma lei implica na sua própria inexistência, o mesmo pode-se dizer de uma sentença inconstitucional.

J. J. Calmon de Passos afirma que ato processual inexistente, ao contrário do ato nulo, que deve assim ser judicialmente reconhecido, não tem sequer que ser reconhecido como tal pelo juiz.

O processualista enfatiza:

> Nem mesmo a coisa julgada pode remediá-los, ou convalidá-los, ou fazê-los eficazes. Inclusive, se a inexistência fere o próprio ato decisório, a decisão jamais passa em julgado. [...] Os atos inexistentes, ao contrário, desafiam a coisa julgada, sobrevivem a ela, ou, inclusive, impedem sua constituição.[442]

Mas Humberto Theodoro Júnior afirma que o "dispositivo do julgado haverá de ser decretação de nulidade ou de declaração de inexistência, conforme o caso".[443]

É, portanto, necessária uma declaração judicial reconhecendo a inexistência jurídica. Sem esse reconhecimento formal, na prática, a sentença juridicamente inexistente "existe" sob o aspecto empírico, seja porque está impressa em papel timbrado do Poder Judiciário, seja porque está assinada por um juiz competente e porque pode efetivamente causar danos se cumprido o seu dispositivo. É possível dela obterem-se resultados materiais. O que impede que isso ocorra é, exatamente, outra sentença que declare a sua *inexistência jurídica*.

Assim, a sentença lesiva ao erário público, que é imoral, porque deferiu pedido juridicamente impossível, não pode e nem deve ser atacada através de ação rescisória e dessa forma não lhe são aplicáveis as regras específicas daquele instituto, inclusive o prazo bienal para a sua propositura.

Pode ser atacada por meio de embargos à execução, opostos pela parte executada, no caso a Fazenda Pública contra a qual se voltar a execução ou, ainda, através de ação declaratória, ajuizável a qualquer época. Acrescenta-se mais que, em princípio, nada impede de ser oposta a chamada exceção de pré-executividade.

---

[442] 2002, p. 99.
[443] THEODORO JÚNIOR, Humberto. Nulidade, inexistência e rescindibilidade da sentença. *Revista de Processo*, São Paulo, n. 19, p. 19, jul./set. 1998.

Certo é que, em qualquer das hipóteses, buscar-se-á a proteção do patrimônio público.

No entanto, a sentença com comando lesivo ao erário é imoral, porque afetará o erário público que a todos pertence, legitimará *qualquer cidadão* a lançar mão de ação popular pela qual se busque reconhecimento judicial da inexistência do julgado, para inviabilizar o seu cumprimento, retirando-lhe a força executiva.

A inexistência jurídica da sentença lesiva ao patrimônio público afasta a preocupação com o prazo decadencial para propositura de ação rescisória, como dito, bem como, com a necessidade de ocorrência de uma das situações indicadas como fundamento para sua propositura (incisos I ao IX, do art. 485, do CPC).

Além disso, a ação rescisória não poderá ser proposta por qualquer cidadão, embora prejudicado.

A ação popular, no caso, buscará provimento de cunho declaratório de inexistência jurídica da "sentença" lesiva ao patrimônio público e por isso a sentença proferida terá natureza constitutiva negativa.

Cândido Rangel Dinamarco, apoiado em lições de Emílio Betti, embora encare como portadora de efeitos juridicamente impossíveis a sentença inconstitucional, entende diferente, ao afirmar que não se trata de falta de condição da ação e que sentença nestes moldes "não será um ato jurídico inexistente, embora inexistentes os efeitos substanciais por ela programados".[444]

Teresa Arruda Alvim e José Miguel Medina, no entanto, conforme antes foi citado, divergem de Dinamarco e afirmam:

> Pensamos que, em casos assim, houve sentenças proferidas em processos que se instauraram apesar da falta de possibilidade jurídica do pedido e que, assim como ocorre quando ausente uma das outras das condições, consiste em sentença juridicamente inexistente. [...] Parece-nos, então, dever optar-se por caminho ligeiramente diferente daquele proposto por Cândido Dinamarco, focalizando, em casos citados e em tantos outros, ausência de condição da ação.[445]

Enfim, a concepção de inexistência da sentença lesiva viabiliza a utilização da ação popular como antídoto contra a imoralidade e

---

[444] 2003, p. 27.
[445] 2003, p. 35.

é uma garantia mais ampla em favor do cidadão: não está presa ao curtíssimo prazo de dois anos da rescisória, não tem que se apoiar em nenhuma das hipóteses dos incisos do art. 485, do CPC e está à disposição de qualquer cidadão.

# Conclusão

Com mais de mil anos de existência, o instituto da ação popular atravessou os séculos, ora embalada por ventos de liberdade, ora sufocada pela brutalidade de regimes totalitários, mas sempre reapareceu com o fim de legitimar a qualquer cidadão para buscar a correção de ato contrário ao interesse de muitos.

Certo é que continua viva em muitas legislações e sua tendência é de se destacar, notadamente em países onde a gestão da coisa pública está ao alcance de todos, ou pelo menos deveria, principalmente naqueles que se proclamam democráticos.

A ação popular, garantia constitucional para defesa de interesses difusos porventura lesados pelos agentes públicos, foi a pioneira no ordenamento jurídico brasileiro a ter por objeto a defesa de interesses difusos, uma vez que as demais ações de cunho coletivo vieram a lume mais recentemente, quando já sedimentada a consciência da defesa de direitos e interesses coletivos e difusos.

Como a Constituição Federal e a Lei nº 4.717/65 não distinguem natureza do ato ou da função exercida pelo agente que o praticou, o uso da ação popular deve atingir ato de qualquer natureza, desde que lesivo, mesmo que seja ele o ato jurisdicional típico.

O ato jurisdicional típico é uma das formas de agir do Estado, dentro de uma especial função, de dizer o direito em casos litigiosos; deve, portanto, obedecer aos princípios e valores positivados no ordenamento jurídico vigente, sobretudo aqueles sedimentados na Constituição Federal.

Por ser função com características próprias e especiais, não tem a função jurisdicional o poder absoluto de decidir contra a própria Constituição. Ao contrário, tem que atender aos seus comandos, tal qual deve observar o agente que administra e o que legisla, cujos atos sempre estiveram sujeitos ao controle de constitucionalidade, conforme é plenamente aceito e acolhido por doutrinadores e tribunais do Brasil e de tantos outros Países.

Se a vontade do legislador fosse a de que a ação popular tivesse como objeto apenas o ato administrativo ou o ato legislativo com efeitos concretos imediatos, teria assim indicado expressamente nos dispositivos constitucionais e infraconstitucionais que garantem o exercício da ação popular ao cidadão.

É equivocado o entendimento de doutrinadores, ainda que renomados, que atos de natureza jurisdicional escapariam da incidência da ação popular, e nem pode prevalecer posicionamento jurisprudencial de que tais atos, por não serem de caráter administrativo, não poderiam ser atacados através de ação popular, ao singelo fundamento de que seriam passíveis de recurso próprio, ou que poderiam ser desfeitos através da ação rescisória.

A Lei nº 4.717/65 fala em "ato lesivo", sem distinguir se proveniente do administrador, do legislador ou do juiz no exercício da função judicante, visto que se pode deparar com situações de sentenças ou acórdãos lesivos ao erário público já transitados em julgado e a Constituição Federal, por sua vez, em seu art. 37, impõe ao administrador público de *qualquer dos Poderes* da União a obediência aos princípios de legalidade, impessoalidade, moralidade, publicidade e eficiência, sem distinguir a função do agente.

Afinal de contas, o exercício da cidadania não pode sofrer restrições pela natureza do ato lesivo praticado ou pela função desempenhada pelo seu autor. É, portanto, viável o ajuizamento de ação popular que vise impugnar ato com conteúdo jurisdicional, para garantir o pleno exercício da cidadania frente às três funções do Estado.

Ter o ato jurisdicional típico como inatacável pela ação popular, será o mesmo que amarrar o cidadão e colocá-lo impotente para assistir, passivamente, à prática de imoralidades acobertadas pela sentença judicial.

Juízes, desembargadores e administradores públicos são homens suscetíveis de engendrarem entendimento entre si com a finalidade de lesar os cofres públicos. Prova disso foi o escandaloso caso de fraude à previdência social no Estado do Rio de Janeiro, em que um juiz, um procurador do INSS e uma advogada simularam ações contra a previdência social, para lesar os cofres da autarquia.

Portanto, não é razoável e justo que o ato de conteúdo jurisdicional tenha um privilégio a mais, para ser imune ao controle do povo; se é lesivo ao patrimônio público, portanto contrário à moralidade administrativa, é passível de ser impugnado em juízo pela ação popular.

A sentença judicial, como ato de poder do Estado, é forma de manifestação concreta da ciência do Direito e por isso tem que se curvar aos comandos da Constituição Federal e aos princípios fundamentais que a informam; tem que se constituir de conteúdo e determinação que não entre em choque com aquilo que se tem como justo, digno, moral e aceitável em um determinado momento histórico e social dos homens a quem ela se dirige.

Qualquer cidadão pode e deve, através de ação popular, impugnar sentenças lesivas ao patrimônio público, porque direitos fundamentais assegurados na Constituição Federal, como o acesso à educação, à saúde, à segurança, à previdência social, dentre outros, não podem ser suprimidos do gozo do cidadão, em desvios acobertados por atos tipicamente jurisdicionais, praticados por juízes, desembargadores ou ministros desonestos.

E não se pode, de forma alguma, reconhecer imutabilidade de sentenças lesivas ao erário, porque a coisa julgada inconstitucional não goza mais do privilégio de outrora, em que pese opiniões contrárias.

Como visto, doutrinadores se dedicaram à abordagem do tema e concluíram que não se pode supervalorizar a coisa julgada para prevalecer um pronunciamento jurisdicional contrário aos princípios constitucionais, que não decida com justiça, tal qual concebida e esperada no meio social em que irá incidir seus efeitos concretos.

A proteção constitucional da coisa julgada direciona-se ao legislador e a sua regulamentação está prevista no Código de Processo Civil; pode ser modificada, inclusive para não existir em situações especiais, tal qual já ocorre na própria ação popular e na ação civil pública, quando o juiz julga improcedente o pedido por insuficiência de provas.

E entre mitigar autoridade da coisa julgada em nome da paz social e permitir a lesão imoral ao erário público, a primeira opção parece ser mais acertada no atual estágio de evolução do Estado democrático de direito.

Isso porque a primeira alternativa diz respeito a instituto de natureza processual, que tem o escopo de pôr fim ao litígio, em busca da paz social e tem eficácia via de regra *interpartes*; a segunda opção, por sua vez, pode violar um princípio de grande importância, que é o da moralidade, com lesão ao erário público e enriquecimento ilícito de agentes públicos inescrupulosos, o que é repugnado pelo Direito, sem falar que atinge um número indefinido de cidadãos.

E não há que se falar em aplicar ao caso as regras previstas para a ação rescisória, porque sentença lesiva ao erário público é sentença inexistente, pendente apenas de ser assim declarada em outra sentença, que pode muito bem ser dada em uma ação popular.

É inexistente a sentença lesiva ao erário público, porque é imoral, por ter deferido pedido juridicamente impossível, em uma situação de carência de ação. Quem é carecedor de ação, não tem direito ao processo e muito menos à sentença favorável. A sentença é, então, inexistente porque faltava uma das condições da ação, no caso, a possibilidade jurídica do pedido. Assim, não pode e nem deve ser impugnada através de ação rescisória, não lhe pode ser aplicáveis as regras específicas daquele instituto, inclusive o prazo bienal para a sua propositura.

Faz-se necessária apenas e tão somente uma declaração judicial de inexistência jurídica da sentença lesiva, obedecendo-se o devido processo legal.

E essa declaração, como sustentado, pode ser buscada por qualquer cidadão, a qualquer tempo, porque é fruto de improbidade administrativa, razão pela qual não há que prevalecer nem mesmo o prazo do art. 21 da Lei de Ação Popular depois da Constituição Federal de 1988, posto que o reconhecimento da inexistência jurídica é que permitirá que os cofres públicos sejam indenizados.

O único limite é o de que a alegação de inconstitucionalidade do ato jurisdicional lesivo poderá ser levada à apreciação do Poder Judiciário uma única vez e contra a sentença proferida, ainda que improcedente, não mais se admite a propositura de nova ação popular, porque estará buscando rediscussão dos fatos e direitos apreciados, que é vedada pelo art. 471 do CPC.

Ainda que o ato jurisdicional lesivo ao patrimônio público esteja consubstanciado em acórdão, competente para a declaração de inexistência será o juiz de primeiro grau, a exemplo do que já ocorre em relação aos embargos à execução de título judicial, que também pode ser um acórdão e pode ser modificado por sentença de primeira instância.

Muito embora possa ser aprimorada, é justo reconhecer o valor da ação popular constitucional brasileira, tanto pelo seu caráter corretivo, como pelo fato de ser manejável por qualquer cidadão, frente aos institutos afins existentes em países considerados de primeiro mundo.

Mas em face dos estudos feitos, conclui-se que é de suma importância para o aperfeiçoamento do Estado Democrático de Direito o fortalecimento e o aprimoramento do instituto da ação popular, com vistas a melhor armar o cidadão com eficaz instrumento de controle dos atos de agentes do Estado, inclusive os de natureza eminentemente jurisdicional.

E a melhoria que reclama é principalmente a que diz respeito à pessoa do autor popular.

A cidadania mínima tem que ser a única exigência para a propositura da ação popular.

Além disso, o rol de lesões passíveis de impugnação pelo instituto precisa ser ampliado, para abranger, por exemplo, violações ao direito do consumidor, ao plano diretor das cidades, ao direito à privacidade e, principalmente, à dignidade da pessoa humana, em todas as suas nuances.

O fortalecimento do instituto pode também vir através de proteção especial que pode ser dada ao autor popular, para que não fique à mercê de influências não jurídicas, capazes de desestimulá-lo ou amedrontá-lo.

Com efeito, de *lege ferenda*, propõe-se que a legislação seja aprimorada de forma a prever, quem sabe até mesmo uma premiação extra (sucumbencial) do cidadão que demonstrar iniciativa e bravura cívica ao ajuizar ação popular.

Deveria também, ser inteiramente custeada pelos cofres públicos, principalmente para o caso de perícias e estabelecer proteção pessoal, tal qual ocorre no chamado *programa de proteção à testemunha*, na hipótese de ameaça à integridade física do autor popular.

Além disso, conforme o caso a ser julgado, o instituto do *juiz sem rosto*, que a Itália adotou para o combate do crime organizado, poderia muito bem ser adaptado para a ação popular brasileira. Não é nem um pouco absurda a sugestão depois do assassinato de um jovem magistrado capixaba, que teria delatado colegas vendedores de sentença no Espírito Santo.

Contudo, não se pode perder de vista o outro lado da moeda: em face da acanhada cultura política reinante e a infinita falta de consciência da coisa pública, infelizmente verificável no Brasil, a ação popular é, por vezes, desvirtuada, para ser utilizada como arma para a prática da famigerada politicagem de baixo nível, para ataques infundados e, o pior, usando o cidadão inculto e incauto.

É imprescindível, portanto, que sejam criados mecanismos de efetiva punição para os chamados autores populares "laranjas", que, a mando de terceiros interessados, ajuízam ação popular temerária que causa transtorno no dia a dia da administração pública. No caso, a punição deve ser minimizada ou extinta, para o autor "laranja" que indicar o nome de quem o contratou.

Defende-se, ainda, a própria *responsabilização criminal*, não só do autor popular fantoche, mas também, e principalmente, daquele que estiver por trás da ação, com intuito meramente demandista, dada a importância do instituto, que não pode ter sua finalidade desvirtuada por inescrupulosos.

E afora as questões jurídicas, deve-se dar ao cidadão conhecimentos suficientes sobre seus direitos e deveres inerentes ao exercício da cidadania, através de uma formação sólida, a partir mesmo do ensino fundamental, sobre o patrimônio que é de todos, formado a partir de impostos que todos recolhem, ensinando-lhe os mecanismos para defendê-lo.

# Referências

ALMEIDA, Gregório Assagra de. *Direito processual coletivo brasileiro*: um novo ramo do direito processual. São Paulo: Saraiva, 2003.

AMARAL, Diogo Freitas do. *Curso de direito administrativo*. Colaboração de Lino Torgal. Lisboa: Almedina, 2002. v. 2.

ARAÚJO, Luiz Alberto David; NUNES JÚNIOR, Vidal Serrano. *Curso de direito constitucional*. 7. ed. São Paulo: Saraiva, 2003.

ASSIS, Araken de. Eficácia da coisa julgada inconstitucional. *In*: DIDIER JR., Fredie (Coord.). *Relativização da coisa julgada*: enfoque crítico. Salvador: JusPodivm, 2004. v. 2.

ASSIS, Araken de. *Manual do processo de execução*. 4. ed. São Paulo: Revista dos Tribunais, 1997.

BARBI, Celso Agrícola. *Do mandado de segurança*. 7. ed. Rio de Janeiro: Forense, 1993.

BASTOS, Celso Ribeiro. *Curso de direito constitucional*. São Paulo: Saraiva, 1990.

BEVILÁQUA, Clóvis. *Código Civil dos Estados Unidos do Brasil comentado*. Edição histórica. Rio de Janeiro: Ed. Rio, 1975.

BOBBIO, Norberto. *A teoria das formas de governo*. 6. ed. Brasília: Ed. UnB, 1980.

BOBBIO, Norberto. *O futuro da democracia*: uma defesa das regras do jogo. 5. ed. São Paulo: Paz e Terra, 1986.

BRASIL. *Constituição Federal* (1988). 29. ed. São Paulo: Saraiva, 2002. p. 12. (Coleção Saraiva de Legislação).

BRASIL. Superior Tribunal de Justiça. Recurso Especial nº 218.354/RS. Rel. Min. José Delgado. j. em 17.08.1999. Brasília. *DJU*, p. 49, 11 out. 1999. *Revista do Superior Tribunal de Justiça*, n. 129, p. 147.

BRASIL. Superior Tribunal de Justiça. Recurso Especial nº 226.436/PR. 4ª Turma. Rel. Min. Sálvio de Figueiredo Teixeira. *DJU*, Brasília, p. 370, 04 fev. 2002.

BRASIL. Superior Tribunal de Justiça. Recurso Ordinário em Mandado de Segurança nº 14.967–SP. 6ª Turma. Rel. Ministro Vicente Leal. *DJU*, 22 abr. 2003. *Júris Síntese Millennium*, jul./ago. 2003. CD-ROM.

BRASIL. Supremo Tribunal Federal. Agravo Regimental na Petição nº 2.018-9-SP. 2ª Turma. Rel. Min. Celso de Mello. j. 22.08.2000. *DJU*, Brasília, 16 fev. 2001. *Revista dos Tribunais*, n. 788, p. 173.

BRASIL. Supremo Tribunal Federal. Agravo Regimental na Petição nº 2.018-9-SP. 2ª Turma. Rel. Min. Celso de Mello. j. 22.08.2000. *DJU*, Brasília, 16 fev. 2001. *Revista dos Tribunais*, n. 788, p. 176.

BRASIL. Tribunal de Justiça do Estado de Minas Gerais. Agravo de Instrumento nº 247.666-1/00. 1ª C. Cível. Rel. Des. Francisco Lopes de Albuquerque. j. 30.04.2002. *Jurisprudência Mineira*, Belo Horizonte, n. 161, p. 310.

BRASIL. Tribunal de Justiça do Estado de Minas Gerais. Apelação Cível nº 000.315.015-8/00. 7ª Câmara Cível. Rel. Des. Alvim Soares. j. em 19.12.2002. *Júris Síntese Millennium*, jul./ago. 2003. CD-ROM.

BRASIL. Tribunal de Justiça do Estado de Minas Gerais. Apelação Cível nº 1002403026458-4/001. 5ª Câmara Cível. j. em 18.11.2004. Rel. Des. Maria Elza. *Jurisprudência Mineira*, Belo Horizonte, n. 170, p. 272.

BRASIL. Tribunal de Justiça do Estado de Santa Catarina. Apelação nº 01.001230-3. 5ª Câmara. Rel. Des. César Abreu. j. em 31.10.2001. *Revista dos Tribunais*, v. 796, p. 392.

BRASIL. Tribunal de Justiça do Estado do Amapá. Apelação nº 1.117/02. Câmara Única. Rel. Des. Mário Gurtyev. j. 08.10.2002. *Revista dos Tribunais*, n. 816, p. 297.

BRASIL. Tribunal de Justiça do Estado do Maranhão. Apelação nº 1.369/96. 1ª Câmara. Rel. Des. Jorge Rachid Mubárack Maluf. j. 03.06.2002. *Revista dos Tribunais* n. 806, p. 293.

CAETANO, Marcello. *Manual de direito administrativo*. Coimbra: Almedina, 1990. v. 1.

CÂMARA, Alexandre. Relativização da coisa julgada material. *In*: DIDIER JR., Fredie (Coord.). *Relativização da coisa julgada*: enfoque crítico. Salvador: JusPodivm, 2004. v. 2.

CAMPOS, Ronaldo Cunha. *Limites objetivos da coisa julgada*. 2. ed. Rio de Janeiro: Aide, 1988.

CANOTILHO, José Joaquim Gomes. *Direito constitucional e teoria da Constituição*. 3. ed. Coimbra: Almedina, 1998.

CANOTILHO, José Joaquim Gomes. *Fundamentos da Constituição*. Coimbra: Coimbra Ed., 1991.

CAPPELLETTI, Mauro; GARTH, Bryant. *Acesso à justiça*. Trad. Ellen Gracie Northfleet. Porto Alegre: Sergio Antonio Fabris, 1988.

CARNELUTTI, Francesco. *Instituições do processo civil*. Trad. Adrián Sotero de Witt Batista. São Paulo: ClassicBook, 2000.

CHIOVENDA, Giuseppe. *Instituições de direito processual civil*. Trad. Paolo Capitanio. Campinas: Bookseller, 1998a. v. 1.

CHIOVENDA, Giuseppe. *Instituições de direito processual civil*. Trad. Paolo Capitanio. Campinas: Bookseller, 1998b. v. 2.

COELHO, Paulo Magalhães da Costa. *Controle jurisdicional da Administração Pública*. São Paulo: Saraiva, 2002.

COMPARATO, Fábio Konder. Os obstáculos históricos à vida democrática em Portugal e no Brasil. *Revista Latino-Americana de Estudos Constitucionais*, Belo Horizonte, n. 1, jan./jul. 2003.

COUTURE, Eduardo. *Fundamentos del derecho procesal civil*. Buenos Aires: Depalma, 1974.

CRETELLA JÚNIOR, José. *Curso de direito administrativo*. Rio de Janeiro: Forense, 1992.

CRETELLA JÚNIOR, José. *O "desvio de poder" na Administração Pública*. 4. ed. Rio de Janeiro: Forense, 1997.

DADAM, Luzia Nunes. *Ação popular*: controle jurisdicional e razoabilidade. Rio de Janeiro: Lumen Juris, 2000.

DANTAS, Ivo. Da coisa julgada inconstitucional: novas e breves notas. *In*: TORRES, Heleno Taveira (Coord.). *Direito e poder*: nas instituições e nos valores do público e do privado contemporâneos. Barueri: Manole, 2005.

DEL NEGRI, André. *Controle de constitucionalidade no processo legislativo*: teoria da legitimidade democrática. Belo Horizonte: Fórum, 2003.

DELGADO, José Augusto. Efeitos da coisa julgada e os princípios constitucionais. *In*: NASCIMENTO, Carlos Valder (Coord.). *Coisa julgada inconstitucional*. 2. ed. Rio de Janeiro: América Jurídica, 2003.

DELGADO, José Augusto. Pontos polêmicos das ações de indenização de áreas naturais protegidas: efeitos da coisa julgada e os princípios constitucionais. *Revista de Processo*, São Paulo, n. 103, p. 9-36, jul./set. 2001.

DI PIETRO, Maria Sylvia Zanella. *Direito administrativo*. 5. ed. São Paulo: Atlas, 1995.

DI PIETRO, Maria Sylvia Zanella. Discricionariedade administrativa e controle judicial da administração. *In*: SALLES, Carlos Alberto de (Org.). *Processo civil e interesse público*: o processo como instrumento de defesa social. São Paulo: Revista dos Tribunais, 2003.

DIAS, Ronaldo Brêtas de Carvalho. *Responsabilidade do Estado pela função jurisdicional*. Belo Horizonte: Del Rey, 2004.

DINAMARCO, Cândido Rangel. *A instrumentalidade do processo*. São Paulo: Malheiros, 2001.

DINAMARCO, Cândido Rangel. *Execução civil*. 8. ed. São Paulo: Malheiros, 2002b.

DINAMARCO, Cândido Rangel. *Fundamentos do processo civil moderno*. 5. ed. São Paulo: Malheiros, 2002a. v. 1.

DINAMARCO, Cândido Rangel. *Instituições de direito processual civil*. São Paulo: Malheiros, 2001a. v. 2.

DINAMARCO, Cândido Rangel. *Instituições de direito processual civil*. São Paulo: Malheiros, 2001b. v. 3.

DINAMARCO, Cândido Rangel. Relativizar a coisa julgada material. *Revista de Processo*, São Paulo, n. 109, jan./mar. 2003.

DINIZ, Maria Helena. *Curso de direito civil brasileiro*. 17. ed. São Paulo: Saraiva, 2002. v. 3.

DINIZ, Maria Helena. *Dicionário jurídico*. São Paulo: Saraiva, 1998.

FAGUNDES, Seabra. *O controle dos atos administrativos pelo Poder Judiciário*. São Paulo: Saraiva, 1985.

FERREIRA FILHO, Manoel Gonçalves. *Curso de direito constitucional*. 28. ed. São Paulo: Saraiva, 2002.

FIGUEIREDO, Lúcia Valle. *Curso de direito administrativo*. 6. ed. São Paulo: Malheiros, 2003.

FIGUEIREDO, Marcelo. *Probidade administrativa*: comentários à Lei 8.429/92 e legislação complementar. São Paulo: Malheiros, 1995.

FREITAS, Juarez. *O controle dos atos administrativos e seus princípios fundamentais*. São Paulo: Malheiros, 1997.

GARCÍA DE ENTERRÍA, Eduardo. *Democracia, jueces y control de la administración*. 2. ed. ampl. Madrid: Civitas, 1996.

GARCÍA DE ENTERRÍA, Eduardo; FERNÁNDEZ, Tomás-Ramón. *Curso de direito administrativo*. Trad. Arnaldo Setti. São Paulo: Revista dos Tribunais, 1991.

GARCIA, Emerson; ALVES, Rogério Pacheco. *Improbidade administrativa*. Rio de Janeiro: Lumen Juris, 2002.

GOMES JÚNIOR, Luiz Manoel. *Ação popular – aspectos polêmicos*: lei de responsabilidade fiscal: improbidade administrativa: danos causados por liminares e outros pontos relevantes. Rio de Janeiro: Forense, 2001.

GOMES, Fábio. *Comentários ao Código de Processo Civil*: do processo de conhecimento, arts. 243 a 269. São Paulo: Revista dos Tribunais, 2000. v. 3.

GORDILLO, Agustín. *Tratado de derecho administrativo*. 7. ed. Belo Horizonte: Del Rey, 2003.

GOYARD-FABRE, Simone. *Os princípios filosóficos do direito político moderno.* Trad. Irene A. Paternot. São Paulo: Martins Fontes, 1999.

GRECO FILHO, Vicente. *Direito processual civil brasileiro.* 9. ed. São Paulo: Saraiva, 1995. v. 2.

GRINOVER, Ada Pellegrini. A ação civil pública e a ação popular: aproximações e diferenças. *In*: SALLES, Carlos Alberto de. (Org.). *Processo civil e interesso público*: o processo como instrumento de defesa social. São Paulo: Revista dos Tribunais, 2003.

HABERMAS, Jürgen. *Direito e democracia*: entre facticidade e validade. Trad. Flávio Breno Siebeneichler. Rio de Janeiro: Tempo Brasileiro, 1997a. v. 1.

HABERMAS, Jürgen. *Direito e democracia*: entre facticidade e validade. Trad. Flávio Breno Siebeneichler. Rio de Janeiro: Tempo Brasileiro, 1997b. v. 2.

KELSEN, Hans. *A democracia.* Trad. João Baptista Machado. São Paulo: Martins Fontes, 1993.

LATORRE, Virgilio Latorre. *Acción Popular/Acción Colectiva.* Madrid: Civitas Ediciones, 2000.

LEAL, Rosemiro Pereira. *Relativização inconstitucional da coisa julgada*: temática processual e reflexões jurídicas. Belo Horizonte: Del Rey. 2005.

LEAL, Rosemiro Pereira. *Teoria processual da decisão jurídica.* São Paulo: Landy, 2002.

LIEBMAN, Enrico Tullio. *Eficácia e autoridade da sentença e outros escritos sobre a coisa julgada.* Trad. Alfredo Buzaid e Benvindo Aires. 3. ed. Rio de Janeiro: Forense, 1984.

LIEBMAN, Enrico Tullio. *Manuale di Diritto Processuale Civile.* 3ª ed. Milano: Dott. A. Giuffrè Editore, 1973. v. 1.

LIEBMAN, Enrico Tullio. *Manuale di Diritto Processuale Civile.* 3ª ed. Milano: Dott. A. Giuffrè Editore, 1976. v. 3.

LIEBMAN, Enrico Tullio. *Processo de execução.* 4. ed. São Paulo: Saraiva, 1980.

LIMA, Paulo Roberto de Oliveira. *Contribuição à teoria da coisa julgada.* São Paulo: Revista dos Tribunais, 1997.

LIMBERGER, Têmis. *Atos da Administração lesivos ao patrimônio público*: os princípios constitucionais da legalidade e moralidade. Porto Alegre: Livraria do Advogado, 1998.

MACHADO, Antônio Cláudio da Costa. *Código de Processo Civil interpretado artigo por artigo, parágrafo por parágrafo.* 4. ed. Barueri: Manole, 2004.

MANCUSO, Rodolfo de Camargo. *Ação civil pública*: em defesa do meio ambiente, do patrimônio cultural e dos consumidores. São Paulo: Revista dos Tribunais, 2001.

MANCUSO, Rodolfo de Camargo. *Ação popular*: proteção do erário, do patrimônio público, da moralidade administrativa e do meio ambiente. São Paulo: Revista dos Tribunais, 1998.

MARINONI, Luiz Guilherme. O princípio da segurança dos atos jurisdicionais (a questão da relativização da coisa julgada material). *In*: DIDIER JR., Fredie (Coord.). *Relativização da coisa julgada*: enfoque crítico. Salvador: JusPodivm, 2004. v. 2.

MARINONI, Luiz Guilherme; ARENHART, Sérgio Cruz. *Manual do processo de conhecimento*. São Paulo: Revista dos Tribunais, 2001.

MARQUES, José Frederico. *Elementos de direito processual penal*. atual. por Victor Hugo Machado da Silveira. Campinas: Bookseller, 1997c. v. 4.

MARQUES, José Frederico. *Manual de direito processual civil*. atual. por Vilson Rodrigues Alves. Campinas: Bookseller, 1997a. v. 2.

MARQUES, José Frederico. *Manual de direito processual civil*. atual. por Vilson Rodrigues Alves. Campinas: Bookseller, 1997b. v. 3.

MARTINS JÚNIOR, Wallace Paiva. *Probidade administrativa*. São Paulo: Saraiva, 2001.

MATTOS, Mauro Roberto Gomes de. Improbidade administrativa e atos judiciais. *Revista de Direito Administrativo*, São Paulo, v. 230, out./dez. 2002.

MAXIMILIANO, Carlos. *Hermenêutica e aplicação do direito*. 19. ed. Rio de Janeiro: Forense, 2003.

MAZZILLI, Hugo Nigro. *A defesa dos interesses difusos em juízo*. São Paulo: Saraiva, 1995.

MEDEIROS, Rui. *A decisão de inconstitucionalidade*: os autores, o conteúdo e os efeitos da decisão de inconstitucionalidade da lei. Lisboa: Universidade Católica Editora, 1999.

MEIRELLES, Hely Lopes. *Direito administrativo brasileiro*. 30. ed. São Paulo: Malheiros, 2005.

MEIRELLES, Hely Lopes. *Mandado de segurança, ação popular, ação civil pública, mandado de injunção, "habeas-data", ação declaratória de inconstitucionalidade e argüição de descumprimento de preceito fundamental*. 25. ed. atual. por Arnoldo Wald e Gilmar Ferreira Mendes. São Paulo: Malheiros, 2003.

MELLO, Celso Antônio Bandeira de. *Curso de direito administrativo*. 14. ed. São Paulo: Malheiros, 2002.

MELLO, Celso Antônio Bandeira de. *Curso de direito administrativo*. 4. ed. São Paulo: Malheiros, 1993.

MELLO, Celso Antônio Bandeira de. *Discricionariedade e controle jurisdicional*. 2. ed. São Paulo: Malheiros, 1993.

MILARÉ, Edis (Coord.). *Ação civil pública*: Lei 7.347/85: reminiscências e reflexões após dez anos de aplicação. São Paulo: Revista dos Tribunais, 1995.

MINHOTO JÚNIOR, Alcebíades da Silva. *Teoria e prática da ação popular constitucional*. São Paulo: Revista dos Tribunais, 1985.

MIRANDA, Jorge. *Contributo para uma teoria da inconstitucionalidade*. Coimbra: Coimbra Ed., 1996.

MIRANDA, Jorge. *Manual de direito constitucional*. Coimbra: Coimbra Ed., 1996. t. II.

MIRANDA, Jorge. *Teoria do Estado e da Constituição*. Rio de Janeiro: Forense, 2002.

MIRANDA, Pontes de. *Comentários à Constituição de 1946*. t. V.

MIRANDA, Pontes de. *Comentários ao Código de Processo Civil*. Rio de Janeiro: Forense, 1974a. t. III.

MIRANDA, Pontes de. *Comentários ao Código de Processo Civil*. Rio de Janeiro: Forense, 1974b. t. IV.

MIRANDA, Pontes de. *Comentários ao Código de Processo Civil*. Rio de Janeiro: Forense, 1974c. t. V.

MIRANDA, Pontes de. *Comentários ao Código de Processo Civil*. Rio de Janeiro: Forense, 1974d. t. XI.

MIRANDA, Pontes de. *Tratado da ação rescisória*. 2. ed. atual. Vilson Rodrigues Alves. Campinas: Bookseller, 2003.

MONTESQUIEU. *O espírito das leis*. Trad. Jean Melville. São Paulo: Martin Claret, 2002.

MORAES, Alexandre de. *Direito constitucional*. São Paulo: Atlas, 1998.

MORAES, Germana de Oliveira. *Controle jurisprudencial da Administração Pública*. São Paulo: Dialética, 1999.

MOREIRA NETO, Diogo de Figueiredo. *Curso de direito administrativo*. 13. ed. Rio de Janeiro: Forense, 2003.

MOREIRA, José Carlos Barbosa. Considerações sobre a chamada "relativização" da coisa julgada material. *Revista Dialética de Direito Processual*, v. 22, p. 109.

NASCIMENTO, Carlos Valder do (Coord.). *Coisa julgada inconstitucional*. 2. ed. Rio de Janeiro: América Jurídica, 2003.

NEGRÃO, Theotonio. *Código Civil e legislação civil em vigor*. 21. ed. Colaboração de José Roberto Ferreira Gouvêa. São Paulo: Saraiva, 2002b.

NEGRÃO, Theotonio. *Código de Processo Civil e legislação processual em vigor*. Colaboração de José Roberto Ferreira Gouvêa. 34. ed. São Paulo: Saraiva, 2002a.

NERY JR., Nelson. A polêmica sobre relativização (desconsideração) da coisa julgada e o Estado Democrático de Direito. *In*: DIDIER JR., Fredie (Coord.). *Relativização da coisa julgada*: enfoque crítico. Salvador: JusPodivm, 2004. v. 2.

NERY JÚNIOR, Nelson; NERY, Rosa Maria de Andrade. *Código de Processo Civil comentado e legislação processual civil extravagante em vigor*. 5. ed. São Paulo: Revista dos Tribunais, 2001.

NEVES, Celso. *Coisa julgada civil*. São Paulo: Revista dos Tribunais, 1971.

OLTRAMARI, Alexandre. Furacão da limpeza: na maior devassa da história do Judiciário, a polícia prende juízes sob suspeita de vender decisões – e dá início a uma faxina que tem tudo para fazer bem ao país. *Veja*, São Paulo, ano 40, n. 16, p. 73-78, 25 abr. 2007.

OTERO, Paulo Manuel Cunha da Costa. *Ensaio sobre o caso julgado inconstitucional*. Lisboa: Lex, 1993.

PASSOS, José Joaquim Calmon de. *Comentários ao Código de Processo Civil*. 8. ed. Rio de Janeiro: Forense, 1998. v. 3.

PASSOS, José Joaquim Calmon de. *Esboço de uma teoria das nulidades aplicada às nulidades processuais*. Rio de Janeiro: Forense, 2002.

PAULA, Alexandre de. *Código de Processo Civil anotado*. São Paulo: Revista dos Tribunais, 1998.

PEREIRA, Caio Mário da Silva. *Instituições de direito civil*. 9. ed. Rio de Janeiro: Forense, 1985. v. 1.

PRADE, Péricles. *Ação popular*. São Paulo: Saraiva, 1986.

PRADO, Francisco Octavio de Almeida. *Improbidade administrativa*. São Paulo: Malheiros, 2001.

RAMOS, Elival da Silva. *A ação popular como instrumento de participação política*. São Paulo: Revista dos Tribunais, 1991.

REALE, Miguel. *Filosofia do direito*. 18. ed. São Paulo: Saraiva, 1998.

REMÉDIO, José Antônio. *O mandado de segurança na jurisprudência*: direito material e processual. São Paulo: Saraiva, 1998.

RIPERT, Georges. *A regra moral nas obrigações civis*. Trad. Osório de Oliveira. Campinas: Bookseller, 2000.

RIVERAS, José Antonio. El amparo constitucional contra sentencias judiciales con autoridade de cosa juzgada: una perspectiva del tema en Bolivia. *Revista Latino-Americana de Estudos Constitucionais*, Belo Horizonte, n. 2, p. 372-392, jul./dez. 2003.

SÁ, Djanira Maria Radamés de. *Teoria geral do direito processual civil*: a lide e sua resolução. São Paulo: Saraiva, 1998.

Referências | 233

SALLES, Carlos Alberto de (Org.). *Processo civil e interesse público*: o processo como instrumento de defesa social. São Paulo: Revista dos Tribunais, 2003.

SANTOS, Ernane Fidélis. *Manual de direito processual civil*. 5. ed. São Paulo: Saraiva, 1997.

SANTOS, J. M. de Carvalho. *Código Civil brasileiro interpretado*. 6. ed. Rio de Janeiro: Freitas Bastos, 1955. v. 2.

SCHÖNKE, Adolf. *Direito processual civil*. Trad. Karina Andréa Fumberg, Vera Longuini e Diego Alejandro Fabrizio. Campinas: Romana, 2003.

SIDOU, J. M. Othon. *"Habeas corpus"*, *mandado de segurança*, *mandado de injunção*, *"habeas data"*, *ação popular*: as garantias ativas dos direitos coletivos. 6. ed. Rio de Janeiro: Forense, 2002.

SIDOU, J. M. Othon. *As garantias ativas dos direitos coletivos*: habeas corpus: ação popular: mandado de segurança. Rio de Janeiro: Forense, 1977.

SILVA, José Afonso. *Ação popular constitucional*: doutrina e processo. São Paulo: Revista dos Tribunais, 1968.

SILVA, José Afonso. *Curso de direito constitucional positivo*. 19. ed. São Paulo: Malheiros, 2001.

SILVA, Ovídio A. Baptista da *et al*. *Comentários ao Código de Processo Civil*. São Paulo: Revista dos Tribunais, 2000.

SILVA, Ovídio A. Baptista da. Coisa julgada relativa?. *In*: DIDIER JR., Fredie (Coord.). *Relativização da coisa julgada*: enfoque crítico. Salvador: JusPodivm, 2004. v. 2.

SILVA, Ovídio A. Baptista da. *Curso de processo civil*. 6. ed. São Paulo: Revista dos Tribunais, 2003. v. 1.

SLAIBI FILHO, Nagib. *Ação popular mandatória*. Rio de Janeiro: Forense, 2001.

SOARES, Mário Lúcio Quintão. *Direitos fundamentais e direito comunitário*: por uma metódica de direitos fundamentais aplicada às normas comunitárias. Belo Horizonte: Del Rey, 2000.

SOARES, Mário Lúcio Quintão. *Teoria do Estado*: o substrato clássico e os novos paradigmas como pré-compreensão para o direito constitucional. Belo Horizonte: Del Rey, 2001.

SOUSA, António Francisco de. *"Conceitos indeterminados" no direito administrativo*. Coimbra: Almedina, 1994.

TÁCITO, Caio. Desvio de poder por atos administrativos, legislativos e jurisdicionais. *Revista de Direito Administrativo*, São Paulo, v. 228, abr./jun. 2002.

TESHEINER, José Maria. *Eficácia da sentença e coisa julgada no processo civil*. São Paulo: Revista dos Tribunais, 2002.

THEODORO JÚNIOR, Humberto. A coisa julgada e a rescindibilidade da sentença. *Jurisprudência Mineira*, Belo Horizonte, n. 128, out./dez. 1994.

THEODORO JÚNIOR, Humberto. *Curso de direito processual civil*. 38. ed. Rio de Janeiro: Forense. 2002a. v. 1.

THEODORO JÚNIOR, Humberto. Nulidade, inexistência e rescindibilidade da sentença. *Revista de Processo*, São Paulo, n. 19, jul./set. 1998.

THEODORO JÚNIOR, Humberto. *Processo de execução*. 21. ed. São Paulo: Leud, 2002b.

THEODORO JÚNIOR, Humberto; FARIA, Juliana Cordeiro de. A coisa julgada inconstitucional e os instrumentos processuais para seu controle. *Revista dos Tribunais*, São Paulo, v. 795, jan. 2002.

THEODORO JÚNIOR, Humberto; FARIA, Juliana Cordeiro de. O tormentoso problema da inconstitucionalidade da sentença passada em julgado. *Revista de Processo*, São Paulo, n. 127, set. 2005.

VASCONCELOS, Frederico. *Juízes no banco dos réus*. São Paulo: Publifolha, 2005.

WAMBIER, Luiz Rodrigues; ALMEIDA, Flávio Renato Correia de; TALAMINI, Eduardo. *Curso avançado de processo civil*. São Paulo: Revista dos Tribunais, 2002.

WAMBIER, Teresa Arruda Alvim. *Nulidades do processo e da sentença*. 4. ed. São Paulo: Revista dos Tribunais, 1998. (Coleção de estudos de direito de processo Enrico Tullio Liebman, v. 16).

WAMBIER, Teresa Arruda Alvim; MEDINA, José Miguel Garcia. *O dogma da coisa julgada*: hipóteses de relativização. São Paulo: Revista dos Tribunais, 2003.

WATANABE, Kazuo. *Da cognição no processo civil*. São Paulo: Revista dos Tribunais, 1987.

Esta obra foi composta em fonte Palatino Linotype, corpo 10,5
e impressa em papel Offset 75g (miolo) e Supremo 250g (capa)
pela Gráfica e Editora O Lutador.
Belo Horizonte/MG, agosto de 2010.